高技术企业自主创新能力、创新风险与创新投资研究

李金生　卞曰瑭　刘利平　著

国家自然科学基金项目"高技术企业自主创新的风险传递、公众风险认知和创新投资关系研究"（项目批准号：71372181）

江苏省社会科学基金重点项目"江苏高新技术企业突破性创新的动力机制研究"（项目批准号：18EYA002）

科学出版社

北　京

内 容 简 介

　　增强高技术企业自主创新能力具有重要的时代意义。本书从知识集聚的研究视角，有机地融合自主创新能力理论、创新风险理论、社会认知理论、风险投资理论、创新决策理论等相关理论，紧密结合我国高技术企业技术创新实践，深入分析高技术企业的自主创新能力、创新风险与创新投资及其内在关系，对高技术企业自主创新能力的演进机理、创新风险传递效应、创新投资决策、公众风险认知等一系列问题进行研究，并通过具有创新性、可行性和实用性的系统研究，为高技术企业增强自主创新效能提出具有指导价值的对策和建议。

　　本书可供高等院校的企业管理、技术创新管理等相关专业研究人员和企业的管理人员、研发人员参考使用。

图书在版编目（CIP）数据

　　高技术企业自主创新能力、创新风险与创新投资研究/李金生，卞曰瑭，刘利平著. — 北京：科学出版社，2020.5
　　ISBN 978-7-03-062240-2

　　Ⅰ．①高… Ⅱ．①李… ②卞… ③刘… Ⅲ．①高技术企业－企业创新－研究－中国 Ⅳ．①F279.244.4

　　中国版本图书馆 CIP 数据核字（2019）第 190670 号

责任编辑：马　跃　李　嘉／责任校对：王丹妮
责任印制：张　伟／封面设计：正典设计

科 学 出 版 社 出版
北京东黄城根北街 16 号
邮政编码：100717
http://www.sciencep.com

北京虎彩文化传播有限公司印刷

科学出版社发行　各地新华书店经销

*

2020 年 5 月第　一　版　开本：B5 720×1000
2020 年 10 月第二次印刷　印张：14
字数：430 000
定价：112.00 元
（如有印装质量问题，我社负责调换）

前　　言

当今时代，全球新一轮科技革命和产业变革正处于孕育之中，制造技术、新材料技术、新能源技术、生物技术等正日益渗透到社会生活的各个方面，以大数据、云计算、移动互联网、人工智能等技术为代表的新一代信息技术正逐步改变我们的生产方式和生活方式，并将深刻地改变人类社会的发展格局，科技创新成为引领经济社会发展的核心动力。我国经济发展方式正在由要素驱动和投资驱动向创新驱动转型，在新的历史时期，科技创新在我国经济社会发展中的战略地位实现历史性跃升，对产业升级、经济转型发挥着举足轻重的战略作用。技术自主创新能力和水平是反映一国经济实力与国家能力的重要因素。建设创新型国家，需要拥有一批世界一流的科研机构、研究型大学和创新型企业，通过这些机构、大学和企业的技术自主创新来提升科技竞争力和经济社会综合实力。对我国企业而言，技术自主创新既是谋求企业发展的新产业、新业态和新模式，打造企业创新发展的新动能，也是企业提升持续竞争优势，创造使用价值、市场价值、生态价值和社会价值的增长点。高技术企业是技术自主创新的重要主体，研究高技术企业的自主创新的内在机理和运行机制，对于高技术企业提升自主创新能力具有重要的理论意义和现实价值，也对其他企业培养自主创新能力、赢得技术竞争优势具有重要的借鉴意义。

创新是引领发展的第一动力。而技术自主创新也需要唤醒和激发各类创新主体的内在创新动力和活力。高技术是建立在人类综合科学研究的基础上的，处于当代科技前沿，对发展生产力、促进社会文明和增强国家实力起先导作用的新技术群，是前沿知识技术化、技术产品化和产品市场化的产物。高技术企业需要大量的科技开发人员和富有创新精神的经营管理人员将前沿知识和理论加以综合运用。前沿知识具有知识高度密集的特点，是企业的关键性生产要素。高技术企业的本质是与时俱进、不断创新，通过对高知识和高智力的创新运用而引领科技发展的时代潮流。高技术企业的自主创新是研究和开发拥有自主知识产权的核心技术并实现新产品价值的过程，是一个"厚积薄发"的过程，具有高投入、长周期、高风险的特质。正是由于技术自主创新的高风险，很多企业往往习惯于对风险较小的技术创新后期阶段的商业投资感兴趣，热衷于投资具有较高技术成熟性和高市场回报的创新项目，而对处于自主创新早期和中期阶段的知识投资和战略投资缺乏投资热情，从而导致很多创新项目的基础研究和技术开发缺乏必要的资金投入，因而我国原始创新动力不足，难以获得具有重大自主知识产权的核心先进技术。

高技术企业自主创新动力不足主要来源于两个方面：一是对自主创新的内在机理缺乏了解，特别是原始创新及其能力的形成机理和内在机制，从而难以组织开展有效的技术创新管理；二是对自主创新风险、创新风险传递缺乏充分的认识，特别是来源于"社会源头"的创新风险，即自主创新的公众风险认知及风险认知偏差缺乏科学而合理的认识和评价。例如，谷歌眼镜是谷歌公司研发推出的眼镜式可穿戴电脑，当测试者佩戴其进入公共场所时却遭到了抵制，未能获得预期的创新收益。这些问题最终导致高技术企业难以对自主创新项目做出科学评价和决策，从而导致自主创新动力不足。技术自主创新的高风险性降低了高技术企业进行序列化创新投资的内生动力，进而逆向制约自主创新能力的提升，使高技术企业陷入发展困境。这些问题涉及高技术企业自主创新能力的形成机理、公众风险认知与自主创新投资及它们之间的内在关系。

面对新时代科技创新战略，针对自主创新提升的理论和现实问题，本书对高技术企业的自主创新能力、创新风险与创新投资及其内在关系进行研究。本书共4篇12章，围绕高技术企业自主创新能力的提升，以知识集聚为视角，探讨高技术企业自主创新能力的演进机理及风险要素，深入分析自主创新风险传递机理及对知识集聚的风险效应，并构建自主创新的风险传递效应测度体系；通过分析自主创新的风险传递与创新投资的依存关系，研究基于创新风险传递效应的创新投资决策模型和创新投资绩效评价体系；通过分析自主创新的公众风险认知的影响因素，探讨公众风险认知偏差对自主创新中知识集聚和创新能力的正/负反馈效应机制；以公众风险认知为调节变量，综合分析创新风险传递与创新投资的关系，进而从创新风险传递、公众风险认知和创新投资等角度推动自主创新中的知识集聚，为高技术企业提升自主创新能力提出具有指导价值的对策和建议。

本书立足于高技术企业自主创新的实践高端，对高技术企业自主创新的风险传递、公众风险认知与创新投资关系前沿热点问题进行关注和研究，形成了多个研究特色和创新：①以知识集聚为理论视角，有机融合研发项目管理理论、创新风险理论、风险社会理论、社会认知理论、风险投资理论、创新决策理论和知识链理论等相关理论，从创新投资、创新风险传递和公众风险认知等层面开展研究，推动和拓展高技术企业培育和增强自主创新能力的相关研究。②遵循高技术企业自主创新能力的演进机理，剖析高技术企业自主创新的风险传递机理及其对自主创新形成的风险效应，并对创新风险传递效应进行测度，形成较为系统的关于创新风险研究的新的理论和方法论体系，探索自主创新及风险研究的新途径。同时，从社会源头探究公众对自主创新及其风险的认知，突破了仅从技术源头研究自主创新及其技术风险的传统模式，为提高创新投资决策有效性和自主创新能力进行独特的有益尝试。③结合我国高技术企业实际，分析自主创新的风险传递与创新投资的辩证关系，进而从创新风险传递、公众风险认知和创新投资等角度推动自主创新中的知识集聚，对高技术企业提升自主创新能力提出具有重要实践指导价值的对策和建议。

希望本书的研究结论能够对我国高技术企业激发自主创新动力、提升自主创新能力和自主创新绩效提供理论和实践指导，同时对我国企业的技术创新管理提供实践参考，对我国完善自主创新体系提供一定的研究启示。

著　者

2019 年 9 月 10 日

目　　录

第一篇　研究基础篇

第二篇　自主创新能力篇

第三篇　自主创新风险篇

第四篇　自主创新投资篇

第一篇　研究基础篇

第1章 绪 论

1.1 研究背景和研究意义

技术自主创新是推进我国产业转型和实现经济发展方式转变的重要战略途径。目前，我国经济发展方式正在从要素驱动和投资驱动向创新驱动转型，在我国经济发展中，在发展速度、投资规模等"量"的层面上呈现较快的发展，而在技术进步、环境保护等"质"的层面上的改革目标难以实现。例如，2013年初的雾霾等环境严重污染事件。从深层次看，我国目前已经到了由技术跟踪转向在开放条件下自主创新，进而挑战技术前沿的发展阶段[①]。因此，增强高技术企业的自主创新能力，对我国目前乃至今后经济的健康发展具有重要的现实意义。

技术自主创新是高技术企业应对市场竞争的本能。2017年我国研发经费投入总量为17 500亿元，比2016年增长11.6%，增速较上年提高1个百分点。研发经费投入强度（研发经费与国内生产总值之比）为2.12%，较2016年提高0.01个百分点。其中，2017年我国基础研究经费为920亿元，比上年增长11.8%；基础研究经费占研发经费的比重为5.3%，较上年提高0.1个百分点；企业研发经费为13 733亿元，比上年增长13.1%，连续2年实现两位数增长；政府属研究机构和高等学校研发经费分别为2 418.4亿元和1 127.7亿元，分别比上年增长7%和5.2%。十八大以来，我国研发经费投入强度持续提升。2014年我国研发经费投入强度达到2.02%，首次突破2%，2016年为2.11%，2017年进一步上升至2.12%后，已经比2012年提高了0.21个百分点[②]。从全球来看，我国研发经费投入总量目前仅次于美国，居世界第二位。近年来，我国实施创新驱动发展战略成效显著，科技创新从以跟踪为主迈入跟跑、齐跑和领跑"三跑并存"的历史新阶段，创新能力显著增强，重大成果和顶尖人才不断涌现，大众创业万众创新蓬勃兴起，科技创新为适应和引领经济发

---

① 陈清泰. 改善制度环境是当务之急[J]. 中国发展观察，2012，（2）：57.

② 田阿萌. 2017年我国研发经费投入1.75万亿 居世界第二位[EB/OL]. http://caijing.chinadaily.com.cn/2018-02/24/content_35732474.htm，2018-02-24.

展新常态、培育和增强经济发展新动能提供了强大支撑。

我国政府提出，到 2020 年我国要迈进创新型国家和人才强国的行列。面对创新驱动发展目标，我国在科技创新方面仍存在许多不足。例如，重点产业特别是制造业的技术创新水平与发达国家存在较大差距，原创创新能力还比较弱等。在制造业领域，金属加工机床、仪器仪表、汽车等行业存在高额逆差，高端供给不足矛盾突出，我国高端装备几乎需要 100%进口。在通信设备行业，我国在基础层和物理层的技术积累比较薄弱，最核心的芯片和终端滤波器等关键技术仍然被国外所垄断，从而暴露出我国高技术企业在自主创新能力和水平上存在很多不足。

由此可见，许多高技术企业的技术创新仍然停留在以技术模仿为主的"技术追赶"层次，形成对资源消耗的路径依赖，而对以自主创新为主的"技术领跑"缺乏动力。另外，高技术企业自主创新的后续投入不足，许多高技术企业的自主创新立项初期均获得高额资金投入，但在中后期面临一些研发困难后，许多创新投资的原定计划会取消，许多自主创新项目的资金投入缺乏持续性。

高技术企业的自主创新是研究和开发拥有自主知识产权的核心技术并实现新产品价值的过程，是一个"厚积薄发"的过程，具有高投入、长周期、高风险等性质。西方发达国家的跨国公司有厚重的技术积累，具备强大的原始创新和集成创新能力。我国高技术企业的自主创新水平与西方发达国家的跨国企业相比，具有较大的"技术差距"。美国、德国、法国、英国等发达国家高技术产业 R&D （research and development，研究与发展）强度均为制造业平均水平的 3 倍或 4 倍以上，相比之下，我国高技术产业 R&D 强度只有制造业的 1.6 倍，远远低于上述国家。这表明我国高技术产业技术密集程度很低，企业的自主创新能力仍然处在较低水平。高技术企业自主创新能力不足只是表面现象，实质是因为高技术企业自主创新动力的缺失和创新风险认知的狭隘。

当今人类已经进入一个前所未有的风险社会，而科学化的技术对于塑造当前风险社会起着关键作用[①]。目前许多高技术企业在创新投资中仅仅看到自主创新风险引起的直接的财务收益，对自主创新风险认知缺乏科学的理解：①创新投资没有考虑自主创新风险的扩散和传递效应及其间接影响。创新风险具有"社会放大效应"，自主创新风险能够在社会范围内产生更严重的影响，远远超过了对人类健康或环境的直接伤害[②]。创新投资和技术创新均忽视了公众风险认知，难以达成新产品的社会价值认同和市场认同。②创新投资忽略了创新风险事件与自主创新积累的内在联系。从知识集聚的视角，高技术企业自主创新中的创新风险要

---

① 贝克 U. 风险社会[M]. 何博闻译. 南京：译林出版社，2004.

② Krimsky S，Golding D. 风险的社会理论学说[M]. 徐元玲，孟毓焕，徐玲，等译. 北京：北京出版社，2005.

素及风险事件在产品研发、组织运行和外部网络等层面能够对自主创新形成知识集聚作用[①]。因此，研究自主创新风险传递、公众风险认知和创新投资绩效的内在关系及作用机理，成为高技术企业在提升自主创新能力与绩效时迫切需要解决的一个重要理论与现实问题。

关于创新投资的理论研究，学术界普遍认识到自主创新投资的重要性，但是主要从投资收益和财务风险等角度研究自主创新投资的资本运营战略，而较少从自主创新的长周期性来考虑自主创新投资的序列性，没有研究自主创新投资对提升自主创新的知识积累能力方面的作用和影响，美国的 Tyebjee 和 Bruno 提出了美国第一个创新投资项目评价模型，包括市场吸引力、产品独特性和兑现能力等[②]，至今仍被广泛使用。这一重视投资收益的风险评价没有考虑到知识集聚和自主创新能力积累的内在要求，存在自主创新投资的经济目标近视症，割裂了自主创新投资与自主创新能力培育和提升之间的内在联系。因此，无法指导高技术企业通过自主创新投资来提升自主创新能力。

关于高技术企业自主创新风险的研究，学术界主要从静态视角集中研究技术创新的直接风险，很少研究自主创新风险的次生影响和衍生影响，而从动态视角对自主创新风险扩散和风险传递对自主创新的影响方面的研究才开始起步[③]。学术界在创新管理中普遍关注技术源头创新风险，而忽视创新风险另一方面，即社会源头创新风险——公众风险认知[④]，没有研究自主创新投资与公众风险认知之间的相互影响，没有研究公众风险认知对自主创新的间接作用，无法指导高技术企业的自主创新成果的商业化。因此，加强对高技术企业的自主创新风险传递和公众风险认知的研究，成为提高自主创新能力和绩效的重要方向[⑤]。

作为一个新的研究课题，高技术企业自主创新的风险传递、公众风险认知和创新投资之间仍有一系列重要问题亟待解决：高技术企业自主创新的风险事件如何进行风险扩散，存在什么风险传递机理，会形成哪些直接风险、次生风险和衍生风险？社会公众是如何认知自主创新的风险事件及风险效应的？公众风险认知偏差与技术风险如何共同对自主创新产生作用？序列化的创新投资如何开展？如何看待自主创新的不同阶段能有效促进自主创新能力的积累？在自主创新过程中，在公众风险认知偏差的调节作用下，创新投资与自主创新能力之间产生了哪

① 李金生，李晏墅. 高技术企业原始创新风险传递效应模型研究[J]. 中国工业经济，2012，（1）：110-119.

② Tyebjee T T，Bruno A V. A model of venture capitalist investment activity[J]. Management Science，1984，30（9）：1051-1066.

③ Scanaill C N，Garattini C，Greene B R，et al. Technology innovation enabling falls risk assessment in a community setting [J]. Ageing International，2011，36（2）：217-231.

④ Jonas H. Toward a philosophy of technology[J]. The Hastings Center Report，1979，9（1）：34-43.

⑤ Sleefe G E. Quantification of technology innovation using a risk-based framework [J]. World Academy of Science，Engineering and Technology，International Journal of Industrial and Manufacturing Engineering，2010，4（6）：868-872.

些相互影响？等等。因此，本书从知识集聚的角度，借鉴和融合研发项目管理理论、创新风险理论、风险社会理论、社会认知理论、风险投资理论和知识链理论等研究成果，试图对上述问题开展探索性研究。高技术企业自主创新能力、创新风险与创新投资的研究意义和价值主要在于：

（1）从知识集聚的视角，对高技术企业自主创新的风险传递效应进行研究，分析自主创新风险事件的原生风险、次生风险和衍生风险的评价体系，为创新项目管理和提升自主创新能力提供新的技术和方法。

（2）通过分析公众对自主创新的风险要素和风险事件的社会认知，为高技术企业自主创新的项目选型、提升自主创新能力和促进创新成果产业化提供新的风险测度体系和风险管理策略，拓展技术创新风险管理的研究领域。

（3）通过研究公众风险认知与创新投资之间的相互作用机理，为高技术企业提升创新投资决策的有效性提供理论依据，促进创新投资的知识风险和社会风险等方面的研究，同时为高技术企业提供创新投资建议。

（4）通过综合研究自主创新过程中不同阶段的公众风险认知和创新投资对自主创新中知识集聚和创新能力提升的反作用，探索高技术企业自主创新周期性与创新风险要素和风险事件之间的预警和控制机制，进而为高技术企业提升创新能力提供相关管理策略和措施。

1.2 国内外研究现状与发展动态分析

1.2.1 高技术企业的创新风险与自主创新能力

围绕高技术企业提升自主创新能力，学术界主要从创新风险的制度安排、自主创新的风险评价、技术竞争中的自主创新风险、合作创新中的自主创新风险、自主创新外包风险等角度对自主创新风险开展研究。

1）创新风险的制度安排

高技术企业的技术创新战略及资源潜力之间的协调能力对新产品的研发发挥着重要作用[1]。Hellström 认为，新兴技术及其系统构成对复杂技术、社会机构和关键基础设施有"负协同效应"，制度创新能有效地降低技术创新风险[2]。Lu 认

---

① Chandler G N. Market attractiveness, resource-based capabilities, venture strategies, and venture performance[J]. Journal of Business Venturing, 1994, 9（4）：331-349.

② Hellström T. Systemic innovation and risk: technology assessment and the challenge of responsible innovation[J]. Technology in Society, 2003, 25（3）：369-384.

为，技术创新风险评估制度与技术创新风险具有密切的内在联系①。陆立军和郑小碧分析了产业集群中技术创新的搭便车、囚徒困境和技术锁定三种创新风险，提出建立以网络为基础的非正式风险控制机制②。这些研究主要针对创新战略、产业组织、创新机制等因素对技术创新风险的作用机理。

2）自主创新的风险评价

Das 和 Teng 认为，企业的技术自主创新风险主要是关系风险和绩效风险③。Huang 等主张运用模糊变权评价理论对这些风险进行鉴别，根据技术创新风险可能发生的情境对创新风险做出评估④。宋哲等基于网络层次分析法（analytic network process，ANP）与灰色关联分析法（gray relative analysis process，GRAP）的集成评价方法，构建了 ANP-GRAP（网络层次分析法和灰色关联分析法的组合）评价模型以评价企业技术创新风险⑤。李晓峰等采用基于粗糙神经网络模型的方法设计了企业技术创新项目风险预警系统⑥。这些研究着重对技术创新风险评价和风险预警的指标、技术和方法等方面进行研究，为创新风险管理提供技术支持。

3）技术竞争中的自主创新风险

张海鸥和周霞通过对技术创新战略和技术创新风险的分类，提出了技术创新战略与技术创新风险的博弈整合模型⑦。O'Connor 等分析了实物期权、市场倾向、商业化等市场因素对激进的创新成功的积极影响⑧。Wijnberg 采用系统论的理论框架，通过分析市场细分和技术竞争之间的关系，研究了具有类跨越特征的根本性创新风险的决定性因素⑨。这类观点主要从市场竞争角度揭示来自于高技术企业之间的自主创新风险。

---

① Lu X B. Study on technological innovation risk of China's e-services[C]//Wang W，Li Y，Duan Z，et al. Integration and Innovation Orient to E-Society Volume 2. Boston：Springer，2007：252-261.

② 陆立军，郑小碧. 产业集群技术创新风险控制机制研究[J]. 科技进步与对策，2009，26（10）：65-68.

③ Das T K，Teng B S. A resource based theory strategic alliance [J]. Journal of Management，2000，26（1）：31-61.

④ Huang Y S，Qi J X，Zhou J H. Method of risk discernment in technological innovation based on path graph and variable weight fuzzy synthetic evaluation [C]//Wang L，Jin Y. Fuzzy Systems and Knowledge Discovery. Heidelberg：Springer-Verlag，2005：635-644.

⑤ 宋哲，王树恩，柳洲，等. ANP-GRAP 集成方法在企业技术创新风险评价中的应用[J]. 科学学与科学技术管理，2010，（1）：55-58.

⑥ 李晓峰，徐玖平，颜锦江. 企业技术创新项目风险预警系统构建研究[J]. 四川大学学报（哲学社会科学版），2010，（5）：88-95.

⑦ 张海鸥，周霞. 企业技术创新战略与技术创新风险的整合分析[J]. 科学管理研究，2003，21（6）：28-31.

⑧ O'Connor G C，Ravichandran T，Robeson D. Risk management through learning：management practices for radical innovation success[J]. The Journal of High Technology Management Research，2008，19（1）：70-82.

⑨ Wijnberg N M. Classification systems and selection systems：the risks of radical innovation and category spanning[J]. Scandinavian Journal of Management，2011，27（3）：297-306.

4）合作创新中的自主创新风险

Das 和 Teng 认为，企业的合作技术创新的自主创新风险主要是关系风险和绩效风险[①]。基于这一研究成果，赵骅等研究了上下游企业纵向共性技术合作创新和竞争企业横向共性技术合作创新后道德风险行动的战略均衡[②]。Yang 分析了评价企业合作创新风险的方法，运用小波神经网络等技术构建了合作技术创新的风险控制模型[③]。这些研究揭示了自主创新中合作风险的形成和作用机制。

5）自主创新外包风险

Hoecht 和 Trott 认为，使用信息技术（信息系统）外包会增加创新风险，技术创新的外包风险随之产生[④]。在此基础上，D. C. Chou 和 A. Y. Chou 指出，技术、市场、员工、供应商、投资者等层面的不确定性均可能导致企业创新外包的创新风险，扩大了合作创新风险的研究范畴[⑤]。

除上述五类研究之外，Wu 等研究了创业团队决策对技术创新风险的影响[⑥]，Yang 等从国际贸易的角度提出了缓解高新技术产品风险的模型[⑦]，等等。

上述这些研究成果主要从静态的风险视角研究高技术企业自主创新能力的提升，在技术、经济、伦理、管理等层面分析了自主创新风险要素和风险事件引发的直接风险，而没有考虑创新风险事件引发的次生风险和衍生风险，没有研究自主创新的风险传递效应。

1.2.2 高技术企业的创新风险与创新投资

学术界对高技术企业的自主创新风险与创新投资的研究主要有四类观点。

1）创新投资的财务风险研究

Tyebjee 和 Bruno 通过实证研究提出了美国第一个风险投资项目评价模型，包

---

① Das T K, Teng B S. A resource based theory strategic alliance [J]. Journal of Management, 2000, 26（1）: 31-61.

② 赵骅, 鲜丽姣, 魏宏竹. 企业集群共性技术合作创新后的道德风险治理——基于无惩罚契约与惩罚契约完备两种形式[J]. 科研管理, 2010, 31（6）: 28-35.

③ Yang C H. Analysis model of cooperatively technical innovation risk[J]. Communications in Computer and Information Science, 2011, 144: 37-43.

④ Hoecht A, Trott P. Innovation risks of strategic outsourcing[J]. Technovation, 2006, 26（5-6）: 672-681.

⑤ Chou D C, Chou A Y. Innovation outsourcing: risks and quality issues[J]. Computer Standards & Interfaces, 2011, 33（3）: 350-356.

⑥ Wu D D, Xie K F, Liu H, et al. Modeling technological innovation risks of an entrepreneurial team using system dynamics: an agent-based perspective [J]. Technological Forecasting and Social Change, 2010, 77（6）: 857-859.

⑦ Yang P C, Weeb H M, Liu B S, et al. Mitigating hi-tech products risks due to rapid technological innovation[J]. Omega, 2011, 39（4）: 456-463.

括市场吸引力（如市场规模等）、产品独特性（如边际利润等）、管理能力（如财务技能等）、环境威胁抵抗能力（如贸易圈保护等）和兑现能力（如并购潜力）5 大类评价指标。这 5 大类评价指标集中于对自主创新项目"财务风险"的综合评价[①]。Fried 和 Hisrichz 对 Tyebjee 和 Bruno 的风险投资项目评价模型进行了修正，增加了对自主创新项目"战略思想"（如成长潜力和经营思想等）的评价，构成了战略思想、管理能力和投资收益 3 个方面，共 15 项基本指标[②]。刘常勇等通过对我国台湾地区的风险投资实践的调查和统计，提出经营计划书、经营机构、市场营销、产品与技术、财务计划与投资报酬共 5 个方面的 22 项风险投资项目评价标准[③]。Smit 和 Trigeorgis 采用离散时间的期权博弈方法，主要研究在创新投资决策中 R&D 项目的市场、技术、信息和竞争等因素[④]。杨勇和达庆利根据企业之间的投资成本和经营成本的不对称性，提出自主创新的投资收益函数和投资临界值，实现自主创新投资决策的抢占均衡、序列均衡和同时投资均衡[⑤]。这些研究强调了创新投资项目具有现实的和潜在的财务风险，而没有强调自主创新中的技术风险。

2）创新投资的期权评价研究

Grenadier 和 Weiss 运用实物期权理论研究了在完全垄断的条件下企业进行技术创新的最优投资问题[⑥]。在此基础上，Farzin 等采用相同的方法分析了技术环境对企业最优采用时机的影响[⑦]。Kulatilaka 和 Perotti、Pertti 和 Rossetto 分别从等待期权和增长期权的角度分析投资项目的价值，形成了对传统的折现现金流（discounted cash flow，DCF）法的重要改进[⑧]。Smit 和 Trigeorgis 应用离散时间的期权博弈方法对 R&D 投资策略的问题进行了研究[④]。Carlsson 和 Fullér 在上述研究的基础上结合模糊实物期权和博弈论的有关知识，在模糊环境下建立了对应企业技术创新投资的

① Tyebjee T T，Bruno A V. A model of venture capitalist investment activity[J]. Management Science，1984，30（9）：1051-1066.

② Fried V H，Hisrichz R D. Toward a model of venture capital investment decision making[J]. Financial Management，1994，23（3）：28-37.

③ 刘常勇，段樵，伍凤仪. 创业投资评估决策程序[J]. 中外科技政策与管理，1996，（12）：64-74.

④ Smit H T J，Trigeorgis L. Strategic Investment：Real Options and Games[M]. Princeton：Princeton University Press，2004.

⑤ 杨勇，达庆利. 不对称双寡头企业技术创新投资决策研究[J]. 中国管理科学，2005，13（4）：95-99.

⑥ Grenadier S R，Weiss A M. Investment in technological innovations：an option pricing approach[J]. Journal of Financial Economics，1997，44（3）：397-416.

⑦ Farzin Y H，Huisman K J M，Kort P M. Optimal timing of technology adoption[J]. Journal of Economic Dynamics and Control，1998，22（5）：779-799.

⑧ Kulatilaka N，Perotti E C. Strategic growth options[J]. Management Science，1998，44（8）：1021-1031；Pertti E C，Rossetto S. Internet portals as portfolios of entry options[R]. Tinbergen Institute Discussion Paper，No.00-105/2，Tinbergen Institute，Amsterdam，Rotterdam，2000.

实物期权博弈模型，并结合数值例子予以验证[①]。宋小保和刘星运用实物期权模型分析了企业自主创新投资中控股股东与中小股东的代理关系，分析控股股东代理对企业自主创新项目的技术选择的影响[②]。这些研究成果主要运用实物期权、期权博弈和模糊期权等分析技术对自主创新项目的投资成本、投资机会、技术选择等方面进行评价，但对创新投资评价指标较少涉及，主要集中于个别投资利润指标的评价。

　　3）创新投资的契约风险研究

　　Gifford 认为，创新投资家是出于自己的利益而采取了机会主义行为。创新投资家在投资契约风险的监控中，主要采取积极干预型（hands on）和放任自由型（hands off）两种模式[③]。Sweeting 和 Wong 对创新投资家所做出的实证研究如下：创新投资家较多地关注利润、投资回报率、销售额和市场占有率[④]。创新投资家与高技术企业经营者之间的信息不对称会产生潜在的"道德风险"，创新投资的目的在于使投资回报最大化，而高技术企业经营者追求个人货币收入和非货币收入的最大化，两者目标并非完全一致[⑤]。Visintin 和 Tylecote 指出，股东和经理之间不适当的关系将导致企业短视行为，将对技术创新产生限制作用[⑥]。杨建君等认为，内外部公司治理机制影响高技术企业经营者，进而对技术创新产生影响。股权集中度和高层管理者的激励对创新投资具有显著的正向影响，负债率对创新投资具有显著的负向影响，董事会规模对创新投资的影响不显著[⑦]。这类观点主要从产权治理结构研究创新投资主体之间的关系及其对创新投资结构和投资水平的影响，而没有考虑创新投资与自主创新能力之间的内在关系。

　　4）创新投资的知识产权风险研究

　　Arrow、Cohen 和 Levin 分析了创新信息的外部性对企业后续创新具有负向影

　　① Carlsson C，Fullér R. A fuzzy approach to real option valuation[J]. Fuzzy Sets and Systems，2003，139（2）：297-312；李强，曾勇. 融资能力与技术创新投资决策：一种实物期权方法[J]. 系统工程学报，2009，24（1）：1-8.

　　② 宋小保，刘星. 股东冲突对技术创新投资选择的影响分析[J]. 管理科学，2007，20（1）：59-63.

　　③ Gifford S. On the relationship between the venture capitalist and the entrepreneur[Z]. Boston University Unpublished Manuscript，1995.

　　④ Sweeting R C，Wong C F. A UK hand-off venture capital firm and the handling of post-investment investor-investee relationships[J]. Journal of Management Studies，1997，34（1）：125-150.

　　⑤ 谈毅，冯宗宪. 高新技术风险投资过程中监控模式设计[J]. 中国软科学，2000，（2）：67-69.

　　⑥ Visintin F，Tylecote A. Financial and corporate governance systems and technological change：the incompleteness of fit of the UK and Italy[R]. Sheffield University Management School Working Paper，2003.

　　⑦ 杨建君，李垣，薛琦. 基于公司治理的企业家技术创新行为特征分析[J]. 中国软科学，2002，（12）：124-127；杨勇，达庆利，周勤. 公司治理对企业技术创新投资影响的实证研究[J]. 科学学与科学技术管理，2007，（11）：61-65.

响[①]。Jean 和 Mark 认为，零碎的专利权和普遍存在的专利战略行为，容易导致企业陷入专利诉讼之中，阻止企业有效地开展 R&D 活动[②]。Horng 等分析了企业可能面临的专利侵权和被侵权的环节与外部环境，以及其对企业声誉与产品销售的影响[③]。Knott和Posen基于知识外溢作用不对称性，发现在知识外溢程度高的企业中，企业研究与开发投入更高，并将其解释为竞争效应的结果[④]。赵世海和幸昆仑通过博弈模型分析认为，溢出效应会降低研发投资[⑤]。这些观点主要基于创新投资面临被侵权的风险程度的差别，指出了差别对自主创新投资的不同影响，但忽视了自主创新过程中知识积累和创新能力的提升。

1.2.3 高技术企业的创新风险传递与公众风险认知

当今人类已经进入了一个前所未有的风险社会，而科学化的技术对于塑造当前风险社会起着关键作用，自主创新风险是人类社会生存和发展的内生序参量，同时在社会公众中形成多重信息反馈机制[⑥]。因此，国内外学术界对创新风险传递的外源性和公众风险认知对创新风险的放大效应进行了研究。

1）创新风险传递的外源性

创新风险来自于诸如化学公式的科学思维模式，来自于缺乏对科技自身发展的审视、评价等反思的思维，也来自于缺乏对现实社会的审美追求的思维[⑥]。马尔库塞发现，媒介等公众认知使技术合理性变成了政治合理性，为技术创新风险的生成和扩散提供了重要的社会基础[⑦]。当代发达的互联网等媒体技术为技

① Arrow K J. Economic welfare and allocation of resource for inventions[C]//Universites-National Bureau Committee for Economic Research，Committee on Economic Growth of the Social Science Research Louncil. The Rate and Direction of Invention Activity. Princeton：Princeton University Rress，1962：609-626；Cohen W，Levin R. Empirical studies of innovation and market structure[C]//Schmalensee R，Willig R D. Handbook of Industrial Organization Volume 2. New York：North-Holland，1989：1059-1107.

② Jean O L，Mark S. Protecting intellectual property rights：are small firms handicapped？[J]. The Journal of Law and Economy，47（1）：45-74.

③ Horng M S，Chang Y W，Lin Y. Legal liability risk enterprise R&D：the case of high tech industry in Taiwan[J]. The Journal of American Academy of Business，2006，9（2）：99-104；Berumann I，Butzke D，Walter L，et al. Evaluating the risk of patent infringement by means of semantic patent analysis：the case of DNA chip[J]. R&D Management，2008，38（5）：550-562.

④ Knott A M，Posen H E. Firm R&D behavior and evolving technology in established industries[J]. Organization Science，2009，20（2）：352-367；Knott A M，Posen H E，Wu B. Spillover asymmetry and why it matters[J]. Management Science，2009，55（3）：373-388.

⑤ 赵世海，幸昆仑. 网络外部性下基于投资溢出的企业研发行为研究[J]. 现代管理科学，2010，（5）：51-53.

⑥ 贝克 U. 风险社会[M]. 何博闻译. 南京：译林出版社，2004.

⑦ 马尔库塞 H. 单向度的人——发达工业社会意识形态研究[M]. 刘继译. 上海：上海译文出版社，1989.

术风险的全面扩散提供了重要的现实条件①。因此，自主创新风险一方面来自于技术创新本身，另一方面来自于公众对创新风险要素和风险事件的认知能力和认知水平。广大公众只能在生活中感知风险的存在，这种创新风险的公众认知会因常识判断形成一定的偏差②。

2）公众风险认知对创新风险的放大效应

卡斯帕森和伦内等于 1988 年提出一种称为"风险的社会放大"的新风险分析框架，用来分析技术、经济、社会、制度、文化及心理等各种因素在风险形成过程中的相互作用与相互影响。公众生活在一个存在着技术风险和技术益处的体系中，二者都难以用数量计算并且具有天然的夸大风险③。Pidgeon 等在分析了风险的社会放大效应后认为，风险中的一部分是对人们造成伤害的一种客观的威胁，另一部分是一种文化和社会经历的产物④。雷恩和罗尔曼认为，公众一旦接受了自主创新的风险要素和风险事件等方面的信息，其常识机制就开始处理信息并帮助接受者做出推论⑤。通过心理学研究，谢晓非和郑蕊认为，当公众被暴露在与消极心理特征相联系的技术风险情景中时，强烈的心理背景会影响公众理性的释放⑥，致使公众知觉信息的能力和有效性受到损害，极容易对信息的选择和认知产生偏差。同时公众个体的注意力也会受到干扰，导致对性质不同的信息辨别失误，影响技术风险认知。对于这种风险放大效应，汉森认为，公众认知创新风险会对技术创新本身产生复合影响，进而影响创新投资主体的风险识别和评价能力⑦。

1.2.4　国内外相关研究的评析

国内外理论界关于自主创新投资的研究主要有三个方面：一是对自主创新投资收益水平的评价，突出对创新投资的市场吸引力、产品独特性和市场回报等方面的财务风险评估；二是对自主创新投资的期权博弈分析，主要突出对自主创新的投资成本、投资机会、现金流量和投资利润等的综合分析；三是创新投资的产权治理结构对创新投资规模和收益能力的影响研究。仅从创新投资主体角度来说，这三方面

① 郭洪水. 刍议当代技术风险界定的三个维度[J]. 商业时代，2011，（25）：20-22.

② 贝克 U. 风险社会[M]. 何博闻译. 南京：译林出版社，2014.

③ Lewis H W. 技术与风险[M]. 杨健，缪建兴译. 北京：中国对外翻译出版公司，1994.

④ Pidgeon N, Kasperson R E, Slovic P. The Social Amplification of Risk[M]. Cambridge：Cambridge University Press，2003.

⑤ 雷恩 O，罗尔曼 B. 跨文化的风险感知：经验研究的总结[M]. 赵延东，张虎彪译. 北京：北京出版社，2007.

⑥ 谢晓非，郑蕊. 风险沟通与公众理性[J]. 心理科学进展，2003，11（4）：375-381.

⑦ 汉森 S O. 技术哲学视阈中的风险和安全[J]. 张秋成译. 东北大学学报（社会科学版），2011，13（1）：1-6.

的研究成果对于提高现实的投资回报率具有重要意义，但是忽略了高技术企业自主创新能力的提升，忽略了技术自主创新的内在规律，容易导致创新投资的短期行为，不利于高技术企业培育和增强具有长周期性和高风险性的自主创新能力。这从另一角度印证了我国高技术企业缺乏自主创新能力的深层次原因。

关于高技术企业自主创新风险的研究，学术界集中于从静态层面研究自主创新的风险要素和风险事件所导致的直接风险，普遍没有考虑自主创新过程中风险要素和风险事件所产生的间接风险，忽视了自主创新风险具有动态的传递性和扩散性的特点。同时，学术界关于创新风险的研究集中于风险事件可能导致的经济损失，而没有考虑高技术企业自主创新的内在规律，忽视了自主创新中的知识集聚和创新能力提升之间的内在关系。高技术企业的自主创新是企业自主研究和开发全新技术并实现产业化的行为，是学习知识、积累知识和创造知识的知识集聚过程[①]。因此，从知识集聚的视角研究自主创新风险成为提高自主创新能力的新的理论需要。

国内外理论界关于自主创新的公众风险认知的研究已经开始起步。但是，目前的相关研究仅局限于伦理层面，而没有考虑到公众风险认知对创新投资决策和自主创新的市场收益的影响，更没有考虑公众风险认知对提升自主创新能力的影响。随着当今互联网等新媒体技术的快速发展，公众风险认知已经成为提高创新投资绩效和培育自主创新能力的重要因素。因此，研究高技术企业自主创新的风险传递、公众风险认知和创新投资绩效关系具有重要的理论意义和现实价值。

1.3　研究目标和研究内容

1.3.1　研究目标

围绕提升高技术企业的自主创新能力，本书以知识集聚为视角，借鉴和运用研发项目管理理论、创新风险理论、风险社会理论、社会认知理论、风险投资理论、投资决策理论和知识链理论等相关理论，分析高技术企业的知识集聚与自主创新之间的内在关系，探讨组织学习模式和组织记忆分别对高技术企业的自主创新能力和知识创造能力的作用机理；同时分析高技术企业的技术范式演进机理，进而分析高技术企业动力创新能力。在此基础上，基于知识集聚，分析高技术企业自主创新能力的演进机理及风险要素，分析自主创新的风险要素与知识集聚的内在关系，深入分析自主创新风

---

① Restifo F，Hoguin R. Risk and technological decision-making during the early to mid-holocene transition：a comparative perspective in the Argentine Punta[J]. Quaternary International，2012，256（4）：35-44.

险传递机理及其对知识集聚的风险效应，并构建自主创新风险传递效应的测度体系。探析高技术企业自主创新的风险要素和风险事件引致的公众风险认知，进而分析公众风险认知偏差对自主创新中的知识集聚和创新能力的效应机制；基于创新风险传递机理，以公众风险认知为调节变量，分析公众风险认知对创新投资的调节效应及其对自主创新能力的影响。分析高技术企业自主创新的风险传递与创新投资的依存关系，研究基于创新风险传递效应的创新投资决策模型和创新投资绩效评价体系，从而提出高技术企业培育和增强自主创新能力的策略和方法。通过上述综合研究，不但拓展了相关问题的研究视角和研究领域，而且有助于促进高技术企业的风险管理和创新投资理念，提高创新投资绩效，增强高技术企业的创新优势和核心竞争力。

1.3.2 研究内容

根据本书研究目标，本书的研究内容共有 4 篇 12 章，具体研究内容见图 1.1。

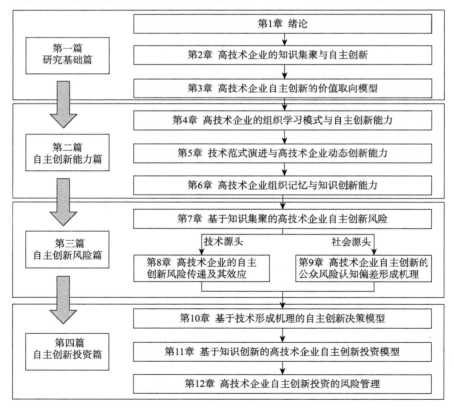

图 1.1 本书研究内容框架

1. 第一篇：研究基础篇

该篇针对我国高技术企业自主创新能力、创新风险与创新投资的现实问题，结合国内外理论界在相关领域的研究动态，提出本书的研究问题和研究目的，设计本书的研究框架和研究方法。这些研究内容构成了"第 1 章：绪论"。在此基础上，本书针对高技术企业自主创新的知识特性，从知识集聚视角，探寻高技术企业自主创新的知识集聚模型，为研究高技术企业自主创新能力、创新风险与创新投资准备相关的理论基础，从而构成了"第 2 章：高技术企业的知识集聚与自主创新"。从技术创新演进的视角，分析了高技术企业技术创新演进的主要阶段，并探讨了高技术企业在技术创新演进不同阶段的价值观危机，进而构建高技术企业自主创新的价值取向模型，从而构成了"第 3 章：高技术企业自主创新的价值取向模型"。

第 1 章：绪论。基于我国经济社会发展背景和创新驱动发展战略，该章主要分析高技术企业自主创新能力存在的不足，提出高技术企业自主创新能力提升、自主创新投资、创新风险管理等核心要素之间的相互影响，从而提出本书的研究问题。对国内外理论界关于高技术企业的创新风险与自主创新能力、自主创新风险与创新投资、创新风险传递与公众风险认知等方面的研究成果进行综述，并加以评析，为相关研究提供理论切入点，同时提出本书的研究目标和主要研究内容，并总结本书研究方法和技术路线，进而阐述本书的主要创新之处。

第 2 章：高技术企业的知识集聚与自主创新。知识是高技术企业从事自主创新的核心资源。该章主要是国内外理论界关于高技术企业的知识集聚与自主创新的理论综述，从知识集聚视角研究高技术企业的自主创新过程。自主创新是高技术企业依靠自身科技实力研究开发，最终实现科技成果商业化的过程，包括创新构思形成阶段、实验原型形成阶段、工业原型开发阶段和商业化阶段。该章分析高技术企业自主创新各个阶段的知识需求，研究高技术企业自主创新各个阶段的知识集聚特性及其对自主创新的作用机理，从而构建高技术企业自主创新的知识集聚模型。

第 3 章：高技术企业自主创新的价值取向模型。高技术企业的创新价值取向是与高技术的产生和发展紧密联系的一种精神作用机制。高技术企业的技术创新是一个技术能力学习、技术能力运用和技术能力创新的螺旋式上升过程，最终实现技术自主创新。该章从技术创新演进的视角，分析了高技术企业技术创新演进的主要阶段，并探讨了高技术企业在技术创新演进不同阶段的价值观危机，构建了高技术企业自主创新的价值取向模型，并运用调查数据实证检验了该模型的合理性，并就该模型的运用得出了相关的管理启示。

2. 第二篇：自主创新能力篇

围绕提升自主创新能力的研究目的，该篇主要由 3 章构成，即"第 4 章：高技术企业的组织学习模式与自主创新能力"、"第 5 章：技术范式演进与高技术企业动态创新能力"和"第 6 章：高技术企业组织记忆与知识创新能力"。这 3 章分别沿着自主创新能力提升→动态创新能力提升→知识创新能力提升的研究脉络，从静态创新能力（第 4 章）到动态创新能力（第 5 章），从整体性创新能力（第 4 章的自主创新能力和第 5 章的动态创新能力）深入内核性创新能力（第 6 章的以知识创新能力为中心的原始创新能力），层层深入，研究高技术企业自主创新能力的内在形成机理。

第 4 章：高技术企业的组织学习模式与自主创新能力。该章主要根据前 3 章的研究结果，基于高技术企业自主创新的知识集聚模型（即高技术企业自主创新各个阶段知识集聚特性及对自主创新的作用机理），进一步从企业生命周期的视角，研究高技术企业在初创期、成长期、成熟期和衰退-更新期的技术自主创新能力维度，同时分析高技术企业组织学习模式维度，进而探讨高技术企业生命周期的不同阶段组织学习模式对技术创新能力的内在作用机理，研究高技术企业在企业生命周期的不同阶段的主导组织学习模式，为我国高技术企业自主创新能力的提升提供相关的管理启示。

第 5 章：技术范式演进与高技术企业动态创新能力。技术范式的演进能促进高技术企业进行技术创新，指引行业发展的方向。在企业生命周期视角研究高技术企业自主创新能力的基础上，该章主要从技术范式演进的视角，分析高技术企业技术范式的演进机理，即从旧技术范式产生-形成阶段、新旧技术范式并存阶段、新技术范式形成阶段等技术自主创新发展的三个阶段，分别分析高技术企业在技术范式演进阶段所面临的创新能力发展风险，进而研究高技术企业在技术范式演进中依次培育动态知识创造能力、动态项目管理能力和动态商业创新能力，从而构建基于技术范式演进的动态创新能力模型，并结合该模型的运用得出相关管理启示。

第 6 章：高技术企业组织记忆与知识创新能力。知识创新是高技术企业提升自主创新能力的核心所在，是高技术企业能够实现原始创新的重要基础，同时知识创新依赖于企业的知识集聚和组织记忆。该章结合第 4 章的"组织学习与自主创新能力的内在关系"和第 5 章的"动态创新能力"，对国内外理论界关于组织记忆与组织创新关系的研究成果进行综述，进而分析高技术企业的组织记忆的分析维度（即行为类组织记忆、文化类组织记忆、规则类组织记忆、系统类组织记忆）和知识创新能力的分析维度（即渐进性创新能力和突变性创新能力），剖析组织记忆与知识创新能力之间的内在关系，并分析组织风险对两者关系的调节作用，进而得出相关管理启示。

3. 第三篇：自主创新风险篇

在激发高技术企业的自主创新动力和提升自主创新能力中，自主创新风险成为重要研究问题。基于第二篇有关高技术企业自主创新能力的研究结果，该篇首先对高技术企业自主创新演进中的各类创新风险进行研究，从而构建基于知识集聚的高技术企业自主创新风险模型，从而构成了"第 7 章：基于知识集聚的高技术企业自主创新风险"。在此基础上，针对技术创新风险的两个源头（即技术源头和社会源头），对高技术企业自主创新风险进行系统研究。其中，"第 8 章：高技术企业的自主创新风险传递及其效应"是从技术创新风险的技术源头对高技术企业自主创新风险进行深入研究，"第 9 章：高技术企业自主创新的公众风险认知偏差形成机理"是从技术创新风险的社会源头对高技术企业的自主创新风险进行研究。

第 7 章：基于知识集聚的高技术企业自主创新风险。高技术企业自主创新受到不确定性信息的影响，在特定条件下会诱发多种创新风险要素，会在产品研发层面、组织运行层面和外部网络层面对原始创新行为产生不同层次的影响。因此，该章基于"第一篇：研究基础篇"中的知识集聚和自主创新的相关研究结果，通过国内外理论界关于自主创新风险的研究综述，分析高技术企业的自主创新风险的内涵、特性和分析维度；同时，立足于高技术企业自主创新的演进阶段（即创新构思产生阶段、技术实现阶段、产品生产阶段、商业化阶段和创新扩散阶段），探析高技术企业自主创新演进阶段的风险因素，进而构建基于知识集聚的高技术企业自主创新风险 CFPC-D[①]模型，并对该自主创新风险模型的运用提出相关管理建议。

第 8 章：高技术企业的自主创新风险传递及其效应。高技术企业的自主创新是高技术企业自主研究和全新技术开发并实现产业化的过程，是学习知识、积累知识和创造知识的知识集聚行为。该章以知识集聚的视角，从技术创新风险的技术源头分析高技术企业自主创新风险，综合考虑自主创新的风险损失和创新风险收益，探析产品研发层面、组织运行层面和外部网络层面的系列化、连锁化的风险传递，进而分别分析原生风险、次生风险和衍生风险，从而构建高技术企业自主创新的风险传递链。高技术企业自主创新风险在不同层面形成不同的风险扩散规律和风险传递方式，构建高技术企业自主创新的风险传递效应模型，并提出相关的管理建议。

---

① CFPC-D 模型即基于知识集聚的高技术企业自主创新风险模型，由构思产生（conception）、技术实现（formation）、产品生产（product）、商业化（commercialize）、创新扩散（diffusion）构成，以下简称高技术企业自主创新风险 CFPC-D 模型。

第9章：高技术企业自主创新的公众风险认知偏差形成机理。企业技术创新风险来自于技术源头和社会源头。该章在第8章分析技术源头的基础上，研究来自社会源头的技术创新风险。公众风险认知是自主创新风险社会源头的重要体现。因此，该章从自主创新风险的社会源头，分析公众风险认知的知识信息因素、情感因素、经济利益因素及价值取向因素等，探析公众风险认知偏差的形成机理，进而探寻高技术企业规避自主创新的公众风险认知偏差的对策。

4. 第四篇：自主创新投资篇

围绕本书激发高技术企业自主创新动力、优化自主创新投资决策，该篇主要包括3章，即"第10章：基于技术形成机理的自主创新决策模型"、"第11章：基于知识创新的高技术企业自主创新投资模型"和"第12章：高技术企业自主创新投资的风险管理"。其中，"第10章：基于技术形成机理的自主创新决策模型"根据技术形成机理，研究基于技术形成机理的企业技术自主创新的决策模型；"第11章：基于知识创新的高技术企业自主创新投资模型"主要从知识创造的视角，研究高技术企业的自主创新投资与知识创造关系，构建基于知识创造的高技术企业自主创新投资模型；"第12章：高技术企业自主创新投资的风险管理"是在第11章的基础上，进一步研究高技术企业的自主创新投资风险，探讨高技术企业自主创新投资的风险管理。

第10章：基于技术形成机理的自主创新决策模型。技术的形成是企业在特定时期将最新的创新思想和前沿知识相结合，并实现产业化的过程，它受到企业内部和外部多种因素的影响和制约。根据技术的形成机理，技术自主创新包括知识技术化、技术产品化和产品市场化三个决策维度，对每个决策维度运用相应的寻优原则进行评价与选择，形成了知识技术化决策模式、技术产品化决策模式和产品市场化决策模式，构建了基于技术形成机理的高技术企业自主创新的决策模型。

第11章：基于知识创新的高技术企业自主创新投资模型。高技术企业的自主创新是一种以市场为导向的知识创造行为，是在知识创造中追求和实现技术创新价值的过程。该章在第5章研究"知识创新能力"的基础上，从知识创造的视角，围绕提升高技术企业的自主创新能力，分析了高技术企业知识创造及其在各个创新阶段的特点，探讨了自主创新投资与知识创造的关系。在持续的创新投资下，高技术企业的知识创造风险、知识门槛风险和知识创造效用在知识技术化、技术产品化和产品市场化等阶段产生了不同的技术创新绩效，形成了不同的创新投资收益水平，从而构建了基于知识创造的高技术企业自主创新投资模型。最后通过调查数据对该模型的科学性和合理性进行验证，提出相关的管理建议。

第12章：高技术企业自主创新投资的风险管理。基于第11章关于高技术企业自主创新投资模型的研究，运用第 7 章、第 8 章和第 9 章有关自主创新风险的研究结果，进一步对高技术企业自主创新的生命周期各个阶段的创新风险特性和构成进行分析，运用价值创造理论等相关理论，构建以"知识价值投资""使用价值投资""顾客价值投资""社会价值投资"为指导的企业创新投资风险管理模型，并对高技术企业规避创新投资风险提出相关的管理建议。

1.4　研　究　方　法

本书以知识集聚为研究视角，围绕提升高技术企业的自主创新能力，借鉴和运用研发项目管理理论、创新风险理论、风险社会理论、社会认知理论、风险投资理论、创新决策理论和知识链理论等研究成果，采用文献搜集与资料研究、理论研究、定量研究、数理实证与案例实证研究和对策研究的技术途径，对高技术企业自主创新的风险传递、公众风险认知和创新投资关系进行研究。

1）文献搜集与资料研究

通过搜集国内外学术界在自主创新能力、创新风险管理、自主创新投资及其相关关系等领域的各类文献，整理国内外高技术企业的相关资料和数据，为相关研究提供理论基础和现实依据。

2）理论研究

围绕提升高技术企业的自主创新能力，以知识集聚为研究视角，设计自主创新能力演进、自主创新风险传递、公众风险认知和创新投资的理论分析框架，通过相关领域的理论梳理与理论推导，形成高技术企业自主创新能力的演进机理、风险传递效应模型、创新投资决策模型、公众风险认知对自主创新中知识集聚和创新能力等一系列的理论假设。

3）定量研究

根据本书研究的总体目标和主要内容，设计自主创新风险传递效应测度、公众风险认知偏差测量和创新投资绩效评价等定量研究框架，制定相应的测度方式、测度工具和测度方法，并通过预先样本调查与测试，检验定量研究体系的信度和效度。

4）数理实证与案例实证研究

运用自主创新风险传递效应测度、公众风险认知偏差测量和创新投资绩效评价等定量研究工具，通过对我国高技术企业自主创新开展实地调查，一方面对项目中提出的系列理论假设进行数理统计分析，另一方面运用一系列典型自主创新管理、创新风险和创新投资等方面的案例进行案例实证研究，以验证相关理论假设的科学性和合理性，并对理论研究进行修正和拓展。

5）对策研究

根据理论研究和实证研究的结果，特别是结合我国高技术企业自主创新的实际需要，分别从自主创新的风险传递、公众风险认知和创新投资等角度，对高技术企业提升自主创新能力提出相关领域的管理策略和措施，形成解决高技术企业相关现实问题的对策和建议。

1.5 研究特色与创新

本书从研究选题到构建理论模型，从定量研究设计到数理/案例实证研究和对策研究，凸显了较强的理论研究特色，体现了项目能够立足于实践高端，对高技术企业自主创新的风险传递、公众风险认知与创新投资关系的相关研究前沿热点问题的关注和研究。

（1）以知识集聚为理论视角，有机融合研发项目管理理论、创新风险理论、风险社会理论、社会认知理论、风险投资理论、创新决策理论和知识链理论等相关理论，从创新投资、创新风险传递和公众风险认知等层面开展研究，推动和拓展高技术企业培育和增强自主创新能力的相关研究。

（2）遵循高技术企业自主创新能力的演进机理，剖析高技术企业自主创新的风险传递机理及其对自主创新形成的风险效应，并对创新风险传递效应进行测度，形成较为系统的关于创新风险研究的新的理论和方法论体系，探索自主创新及风险研究的新途径。

（3）从社会源头探究公众对自主创新及风险认知的认识，透视公众风险认知偏差及其对自主创新的正/负反馈效应机制，突破了仅从技术源头研究自主创新及其技术风险和财务风险的传统模式，为提高创新投资决策有效性和自主创新能力进行了独特的有益尝试。

（4）以公众风险认知为调节变量，结合我国高技术企业实际，分析自主创新的风险传递与创新投资的辩证关系，进而从创新风险传递、公众风险认知和创新投资等角度推动自主创新中的知识集聚，对高技术企业提升自主创新能力提出具有重要实践指导价值的对策和建议。

第2章　高技术企业的知识集聚与自主创新

2.1　高技术企业的知识集聚与自主创新的理论综述

2.1.1　国内外关于高技术的理论综述

1）关于高技术的内涵

1971 年美国科学院编写的《技术与国际贸易》一书中首次使用了"高技术"这一概念。人们笼统地把那些通过利用最新科学技术成果开发、生产出来的新型产品称为高技术产品，把生产、制造这些高技术产品的新兴产业称为高技术产业。美国商务部对高技术产业有这样的定义："研究与开发费用在总附加值中所占的比重为 10%以上，或者科学技术人员在总职工中所占的比重为 10%以上的产业。"美国《韦氏第三版新国际辞典增补 9000 词》把高技术定义为"使用或者包含尖端方法或仪器用途的技术"。但是，这个概念知识只是对高技术的一般特征进行了描述，并没有揭示高技术的技术本质。

在日本，1984 年出版的《今日的日本技术》中提及尖端技术即高技术知识密集的技术领域，如半导体、计算机、信息与电信、办公自动化、机器人、光学、航天、新材料和生物技术。日本学者津曲辰一郎认为，高技术是经济过程中的主导技术，他将高技术定义为：为提高现有商品功能的必要的中心技术，能赋予产品以新功能的主导技术，是构成下一代产品基础的技术。我国国家科技成果管理办公室通过征询国内专家意见形成对高技术的定义：高技术是建立在综合科学研究基础上，处于当代科技前沿的，对发展生产力、促进社会文明和增强国家实力起先导作用的新技术群，它的基本特征是具有明显的战略性、国际性、增值性和渗透性，是知识人才和投资密集的新技术群[①]。

我国关于高技术的提法可以追溯到"国家高技术研究与发展计划"（简称863 计划）。1998 年改变了说法，把高技术改为高新技术。我国科学技术部对高新技术的定义如下：新兴技术、创新的成熟技术和专用技术、专利技术和本土本地区没有的技术。高技术是指基本原理建立在最新科学成就基础上的技术，是位于科学与技术最前沿的综合性技术群。目前高技术正成为一股强大的冲击波，极大地增强人类认识自然和改造自然的能力，改变着社会的基本经济结构、生活方式及生活观念。

国内理论界普遍认为，高技术是指能带来高效益、具有高增值作用，并且能向经济和社会广泛渗透的技术，是第二次世界大战后涌现的新技术群的核心。1991 年 3 月国家科学技术委员会公布的《国家高新技术产业开发区高技术企业认定条件和办法》中高技术范围多达 11 项，包括其他在传统产业基础上应用的新工艺和新技术。《国家高新技术产业开发区高技术企业认定条件和办法》划定的高技术范围主要包括：微电子科学和电子信息技术、空间科学和航空航天技术、光电科学和光机电一体化技术、生命科学和生物工程技术、材料科学和新材料技术、能源科学和新能源高效节能技术、生态科学和环境保护技术、地球科学和海洋工程技术、基本物质科学和辐射技术、医药科学和生物医学工程，以及其他在传统产业基础上应用的新工艺和新技术。

目前我国学者较为普遍地认同国家科技成果管理办公室关于"高技术"的定义，即高技术是建立在综合科学研究基础上，处于当代科技前沿的，对发展生产力、促进社会文明和增强国家实力起先导作用的新技术群。

综合上述观点，可以看出，高技术是建立在综合科学研究基础上，处于当代科技前沿的，对发展生产力、促进社会文明和增强国家实力起先导作用的新技术群，是前沿知识技术化、产品化和市场化的产物。

2）关于高技术的外延

对于高技术的外延，各国提出了不同的看法。日本学者认为，高技术主要包括微电子技术、计算机技术、软件工程、通信技术、空间技术、电子机械技术和生物技术。尽管这些技术显现出前沿性和尖端性，但是这一观点对高技术的外延界定相当狭窄，没有认识到高技术还可以包括新兴技术、创新的成熟技术和专用技术、专利技术和本国本地区没有的技术。

Mitchell 和 Hamilton 从技术管理的角度，认为高技术的生成需要经历这样一个过程：从科学只揭示一种技术可能性，到该技术商品化进入主要市场，再到创

---

① 曹兴. 高技术企业创新行为与创业发展机制研究[D]. 中南大学博士学位论文，2004.

立技术模型。他们认为，高技术的外延主要处于"形式竞争"和"应用竞争"两个交叉点之间的区域。这一观点对高技术外延的界定比较适合于单纯的技术管理，尤其是对从高层管理角度对技术管理进行战略研究具有重要意义，但是不太适合高技术创新及应用①。因此，对于高技术企业来说，高技术的外延应当从"形式竞争"开始，到技术发展的终点为"应用竞争"，并且包括技术的商业化区域。这是因为，高技术是前沿知识技术化、产品化和市场化的产物，它不仅包括生物技术、信息技术、航天技术、新材料技术、新电子与信息技术、生物工程和新医药技术、核应用技术、新能源与高效节能技术、环境保护新技术、现代农业技术，还包括其他在传统产业改造中应用的新工艺和新技术，是新兴技术、创新的成熟技术和专用技术、专利技术和本国本地区没有的技术。

2.1.2　国内外关于高技术企业的理论综述

第二次世界大战以来，由于现代科学技术高度分化和高度综合的发展特点，产生了以电子信息技术、生物技术、新材料技术、新能源技术和海洋航天技术为代表的高技术群落。而应用这些高技术进行产品生产的企业称为高技术企业。

对高技术企业的界定或认定，国内外学者和各国政府都有不同的观点和规定。我国政府对高技术企业的认定主要是根据科学技术部的有关规定，高技术企业应当符合的条件主要如下：①从事如上所述高技术产业规定范围内的一种或多种高技术及其产品的研究、开发、生产、服务和经营等业务；②具有大专以上学历的科技人员占企业员工总数的 20%～30%，其中从事高技术产品研发的科技人员应占企业员工总数的 10%以上；③企业每年用于高技术及其产品研发的经费应占本企业当年总销售额的 4%～5%；④高技术企业的技术性收入与高技术产品销售收入的总和应占本企业当年总收入的 60%～70%等。

与其他国家相比，我国对高技术企业的概念有所拓展，高技术企业不仅包括生产高技术产品的企业，还包括一些在传统产业中采用高技术工艺过程的企业。从有关高技术企业的认定来看，高技术企业具备多个方面的特性：①高技术企业要基于对前沿知识和理论的运用，要体现知识高度密集的特点，突出前沿知识成为企业运用的关键性生产要素。②前沿知识实现技术化，通过两个方面加以体现，一是企业的工艺过程技术，二是企业的产品技术，并且这种技术化结果更新速度较快。③前沿知识的产品化，具有高附加值，能够获得较高的市场收益。④企业需要大量的研发人员和富有创造精神的经营管理人员。⑤企

---

① Mitchell G R，Hamilton W F. Managing R&D as a strategic option[J]. Research &Technology Management，2007，50（2）：41-50.

业的技术、产品、销售和服务能够获得较高的社会认同，取得较高的社会效益。根据这些本质特征可以发现，高技术企业是运用当代前沿知识和理论进行技术、产品和服务创新，并能够获得较高的经济效益和社会效益、具有法人资格的机构。因此，高技术企业具有的特征如下：

（1）知识和技术密集，科技人员的比重大，职工文化、技术水平高。国外高技术企业中具有工程和科学学位的人员占企业员工总数的 45%～65%，相当于传统技术企业部门的 5 倍。

（2）资源、能量消耗少，产品多样化、软件化、批量小、更新换代快、附加值高。高技术企业通常摆脱了传统技术企业的粗放型增长模式，走智力集约型道路。高技术企业生产的产品不是靠其物质含量增加价值，而是以知识含量取胜。

（3）R&D 的投入比例相对于传统产业要高很多，这成为高技术企业获得竞争优势的根本保证。高技术企业只有占据技术的最前沿才能立于不败之地，迫使高技术企业不断增加研发投资以占据技术的最高点。因此，高技术企业的研发投资大，属于资金密集型企业。

（4）企业产品生命周期短、淘汰率高。高技术企业往往可以凭借一个新产品而兴盛，因投资某一新产品失败而倒闭。高技术企业处于一个竞争高度激烈的行业，其寿命周期相对于一般企业而言更短。例如，美国的高技术企业只有 10% 活过 5 年，多数企业寿命不到 4 年。我国高技术企业平均寿命只有 3 年，在中关村，每 9 分钟就有一家中小企业消亡。高技术企业平均寿命短与高技术的高创新性、高时效性等密切相关。

（5）企业产品市场国际化程度高。高技术产品的竞争是世界范围的，并且涉及人才竞争、科技竞争、信息竞争、市场竞争等多个方面。高技术企业存在的前提是科学技术创新，没有科学技术的发明创造，高技术企业就失去了存在的基础。因此，高技术企业自身的特征决定了该类型的企业需要更多的创新，并以创新作为一种标志，如 IT（information technology，信息技术）行业[①]。

2.1.3　国内外关于高技术企业知识管理的理论综述

在知识经济时代，知识是高技术企业的核心资产。因此，从知识集聚视角研究高技术企业的自主创新意义重大。自主创新是高技术企业依靠自身科技实力研究开发，最终实现科技成果商业化的过程。高技术企业是知识密集、技术密集的经济实体，其自主创新能力的提升，无论对高技术企业的持续发展还是对国家竞争力的提升，都十分重要。王玉香认为，我国的高技术企业发展快

---

① 齐媛媛. 高技术企业自主创新能力评价研究[D]. 哈尔滨工程大学硕士学位论文，2008.

速，由小规模向健康、持续发展状态转变，呈现出良好的发展势头①。总体来说，我国高技术企业自主创新能力还相对薄弱，拥有自主品牌、自主知识产权、高附加值的产品比重较低，国际竞争力不强。García-Muiña 等认为，在知识经济时代，智力资本是企业创新的基石，高技术企业最重要的资产是其所拥有的知识②。从知识管理的角度看，安新颖和冷伏海认为，高技术企业的自主创新能力是通过企业内外各种知识资源的获取，强化知识学习机制，激发研发人员的显性知识和隐性知识的转化，创造出适应市场需求和行业技术发展特点的新知识，不断开发出新产品和新技术，从而不断提升企业的核心竞争力③。可见知识对高技术企业自主创新的重要性，从知识角度研究高技术企业自主创新成为人们关注的重要问题。

国内外学者对高技术企业知识管理的研究，主要有以下三种观点。

1）研究高技术企业的知识管理与企业核心竞争力的关系

Leonard-Barton 认为，高技术企业的核心竞争力应定义为识别和提供优势的知识体系④；Hamel 和 Heene 提出，一种核心竞争力毫无疑问地包括隐性知识和显性知识⑤；刘冀生和吴金希提出了知识管理战略的概念，认为企业知识管理的重点在于企业知识链管理⑥；项国鹏和汪良军从知识角度分析企业核心竞争力，认为知识创新是企业核心竞争力培育、更新的源泉⑦。此类观点主要从企业核心能力的角度分析并肯定了知识管理的价值，但是没有对知识创新的过程进行深入研究。

2）研究企业知识创新的内在机理

朱祖平通过构建知识进化的生物态模型，提出了知识创新的机理⑧；芮明杰和陈娟提出知识场的概念，并研究了体系内知识点通过知识场进行互动的基本模

① 王玉香. 高技术企业技术创新能力与盈利能力的关系研究[D]. 南京财经大学硕士学位论文，2011.

② García-Muiña F E，Pelechano-Barahona E，Navas-López J E. Knowledge codification and technological innovation success：empirical evidence from Spanish biotech companies[J]. Technological Forecasting & Social Change，2009，76（1）：141-153.

③ 安新颖，冷伏海. 知识管理在提升企业自主创新能力中的作用[J]. 图书情报工作，2008，52（9）：47-51.

④ Leonard-Barton D. Core capabilities and core rigidities：a paradox in managing new product development[J]. Strategic Management Journal，1992，（13）：111-125.

⑤ Hamel G，Heene A. Competence-based Competition[M]. New York：John Wiley & Sons Ltd.，1994.

⑥ 刘冀生，吴金希. 论基于知识的企业核心竞争力与企业知识链管理[J]. 清华大学学报（哲学社会科学版），2002，17（1）：68-72.

⑦ 项国鹏，汪良军. 知识视角的企业核心竞争力[J]. 外国经济与管理，2001，23（3）：11-16.

⑧ 朱祖平. 知识进化与知识创新机理研究[J]. 研究与发展管理，2000，12（6）：16-19.

式与作用机制[①]；潘辉和刘广平对项目导向型企业的特征进行探讨，构建了这一类型企业的知识创新体系[②]；Nonaka 等提出的 SECI（socialization，社会化；externalization，外在化；combination，组合化；internalization，内隐化）模型，深入透彻地研究了知识创新的机理，研究指出明晰知识和模糊知识之间的相互作用产生了知识创新，作用的方式包括社会化、外在化、组合化和内隐化，并将知识创新机理简化为知识场、知识创新过程和知识资产三个部分[③]；沈桂平和任红波在野中郁次郎的知识创造模型的基础上，引入动态知识价值链，提出了高新技术企业知识创新机理[④]。此类观点研究了知识创新的内在机理，但是知识创新的内在机理更多的表现是一种基本思想，是关于知识创新的概念模型，对知识创新过程缺乏深入而具体的分析。

3）研究组织学习与知识创新的关系

Baets 指出随着组织学习过程的进行，新的知识不断地产生、积累和运用，推动组织的知识创新[⑤]；Bennet 和 Tomblin 提出在新知识的开发中，组织学习扮演了关键性的角色[⑥]；March 从组织学习对知识存量的改变角度对组织学习进行了维度划分，分为利用性的学习和开发性的学习[⑦]；曾萍和蓝海林构建了一个反映组织学习、知识创新、动态能力及组织绩效关系的理论模型，并应用结构方程模型进行实证检验，发现组织学习需要将知识创新作为中介变量，才能间接提高绩效水平[⑧]。组织学习阐述了知识创新的路径，即新知识的不断产生、扩散和集聚，但忽略了高技术企业的自主创新是一个由多个创新行为构成的连续而统一的过程，且各个创新行为的知识结构的不同，导致各创新行为的具体知识活动的不同。

因此，从知识集聚的视角分析高技术企业自主创新过程中各个创新行为的知

① 芮明杰，陈娟. 高技术企业知识体系概念框架及其内部互动模型——一个解释知识创新过程的新框架[J]. 上海管理科学，2004，（2）：7-10.

② 潘辉，刘广平. 项目导向型企业知识创新机理研究[J]. 科技与经济，2011，24（1）：16-19.

③ Nonaka I，Takeuchi H. The knowledge-creating company[J]. Harvard Business Review，1991，69（1）：96-104；Nonaka I，Konno N. The concept of "Ba"：building a foundation for knowledge creation[J] California Management Review，1998，40（3）：40-54.

④ 沈桂平，任红波. 高新技术企业知识创新机理研究[J]. 科学学与科学技术管理，2004，（10）：45-48.

⑤ Baets W. Organizational Learning and Knowledge Technology in Dynamic Environment[M]. Dordrecht：Kluwer Academic Publishers，1998.

⑥ Bennet A，Tomblin M S. A learning network framework for modern organizations：organizational learning，knowledge management and ICT support[J]. The Journal of Information and Knowledge Management Systems，2006，36（3）：289-303.

⑦ March J G. Exploration and exploitation in organizational learning[J]. Organization Science，1991，2（1）：71-87.

⑧ 曾萍，蓝海林. 组织学习、知识创新与动态能力：机制和路径[J]. 中国软科学，2009，（5）：135-146.

识活动，通过分析高技术企业自主创新各个创新行为的技术创新特性和知识集聚，探讨提升高技术企业自主创新能力的知识集聚模型，以提升高技术企业的自主创新能力。

2.2　高技术企业知识集聚与自主创新过程分析

高技术企业是从事高技术研究、开发、制造、生产，且技术含量达到国内先进技术水平的企业，高技术企业的特征决定了它的高知识含量。高技术企业的自主创新是指企业主要依靠自身的技术力量进行研发，并且在此基础上实现科技成果的商品化，最终获得市场的承认[①]。要探讨高技术企业自主创新的知识集聚模型，需要对高技术企业的知识集聚与自主创新过程进行分析。

2.2.1　高技术企业知识集聚

高技术企业与传统企业的根本区别在于高技术企业具有相对较高的知识存量，并且知识是高技术企业进行创新活动的源动力。知识具有复杂性、丰富性、积累性、创新性和共享性[②]。高技术企业的核心能力体现为以下三个方面：以知识为基础的技术能力、组织管理能力和驾驭市场能力。知识的特性决定了高技术企业技术能力、组织管理能力及驾驭市场能力的发展性，高技术企业只有不断进行知识集聚才能提升企业竞争力，并实现自主创新。自主创新的目标是实现产品的成功商业化，需要高技术企业各方面的综合能力，而不止于技术能力，这就要求高技术企业在各方面都进行充足的知识集聚。高技术企业的自主创新是一个积累前沿知识并加以聚变的创造过程，即知识集聚。因此，将知识集聚界定为在某一特定区域内，大量与产业联系密切的知识创造、传播和推广主体（主要由大学和研究机构构成）在现实空间或虚拟空间上的聚集，并形成知识创造及应用的规模效应和可持续效应的现象[③]。

高技术企业自主创新是高技术企业在高科技领域取得前所未有的创新成果，是积累前沿知识、聚合前沿知识、创造前沿知识并实现技术或产品知识创新的过程。高技术企业的自主创新是一个积累前沿知识并加以聚变的创造过程，即知识

①　傅家骥. 技术创新学[M]. 北京：清华大学出版社，1998.

②　李晏墅，李金生. 基于技术形成机理的自主创新决策模型研究[J]. 中国工业经济，2007，（6）：105-112.

③　张钢，王宇峰. 知识集聚与区域创新 —— 一个对我国 30 个地区的实证研究[J]. 科学学研究，2010，28（3）：449-457.

集聚[①]。知识集聚反映了高技术企业自主创新能力演进的一般规律，有助于高技术企业提升自主创新能力。对于高技术企业的自主创新来说，知识集聚具有多个方面的优势。

1）知识集聚可以促进知识分工专业化

从价值链角度来看，知识集聚不但增加了现有价值链环节的知识，而且完善了价值链环节及其知识，使得知识的分工更加精确、更具专业性。专业化的知识提供了更加专业化的服务，使人们的生活更加舒适。知识集聚强化了知识竞争，使得服务成本和服务效率也更具竞争力，以便下游客户更安心专注于自己的事业和专业。知识的集聚为知识专业化提供了丰富的"养料"，加深了知识的创新力度，使得新知识和新技术更具实用性和针对性。

2）知识集聚有利于知识交流和共享

知识集聚使得知识载体发生碰撞的概率增加，相应地增加了知识的交流。起初可能是知识载体的无意识交流。后来，通过知识交流获得的益处使得知识载体逐渐主动而有意识地加强交流。当然，这只是知识的局部交流和共享。而要做到知识提供者与知识接受者均获益，必须建立有序的知识交易市场。知识交易市场使得知识的集聚与转移更加有秩序，保护了知识交易双方的权益。但所有的知识交流、知识共享，以及知识交易市场都是建立在知识集聚的基础上的。

3）知识集聚有助于知识溢出

高精尖的专业化知识和技术，或是通过自主创新获得，或是通过模仿创新获得。而模仿创新的前提是自主创新的知识溢出，自主创新的前提是有 R&D 和人才。知识溢出的途径有两条：一是知识的正式扩散，通过研究自主创新的产品而解密；二是知识的非正式扩散，有专业化知识的个人之间信息与构想的非正式交流。知识的集聚必有市场的驱动，当市场需求出现时，会有更多的人才被吸引，个人事业动机也能够发挥积极作用。

4）知识集聚能够产生产业扩散效应

高技术企业的知识集聚能够不断促进新企业产生，带动更多的竞争，释放更多的创造力，激发更新的创新。知识的集聚也就是专业技术人才的集聚，很多例子表明，在这样的人才集聚地，酒吧、茶室、野炊、舞会都可能是重要的知识扩散源。一次不经意的闲聊也许就是一个信息的传播。有用的技术资料可能在许多的企业、设计者和工程师间流动。另外，劳动力市场通过人才流动加速了知识的

---

① Tallman S, Jenkins M, Henry N, et al. Knowledge, clusters, and competitive advantage [J]. The Academy of Management Review, 2004, 29（2）: 258-271.

扩散。集聚的高技术企业有比孤立的企业更好的知识溢出渠道，不论是正式的还是非正式的，企业都会获得更高的生产率。

在美国，公司一般都相信靠近大学能获益，公司和大学能通过多种方式进行科研合作而相互受益，并且它们的 R&D 产学结合模式往往具有地域性：公司雇员和大学教授及研究生互相参加学术研讨会，这种知识交流一般是在某个城区，地理范围不大，使得参加研讨交流的成本很低，如人们参加的每周一次的研讨，如果这种研讨只需花上两三个小时并且很少需要事先计划和准备的话，很少有人愿意旅行几个小时却仅为了两个小时的会议。地理位置靠近对合作项目也有好处，因为往往面对面交流是很重要的。

知识集聚是知识在空间和时间这两个维度的集中过程，是在时间轴上某个空间中知识的集聚与进化[1]。高技术企业只有对时间轴上的创新过程都进行积极的知识集聚，使知识集聚在一定空间内达到一定水平，才可能使企业的自主创新顺利进行，并不断提升自身的自主创新能力，强化自身的竞争优势。多维度、不断进行的知识集聚对高技术企业提升自主创新能力具有重要意义。

高技术企业所获取的知识是以其知识背景为依托的，高技术企业依据自有的知识结构基础做决策，决定哪些知识是企业需要的[2]。高技术企业将与企业原有知识体系相协调的知识吸收到企业中，完成知识筛选过程，并进行知识集聚。高技术企业的知识集聚具有路径依赖性，与企业原有知识结构不匹配或跳跃性太大的知识都无法进行有效的知识集聚，高技术企业在进行知识选择时应考虑所选取的知识是否有利于企业知识的螺旋上升。知识密集型企业有两种知识管理模式：一种模式强调隐性知识；另一种模式强调显性知识[3]。显性知识和隐性知识共存于高技术企业，且高技术企业创新过程的螺旋上升在显性知识与隐性知识的不断相互转化中完成。进行组织学习是获取隐性知识的唯一手段，高技术企业在组织学习中，将组织积累的显性知识和隐性知识加以运用，产生诸如技术等一类的隐性知识，或将隐性知识具体化为新的显性知识，包括显性知识和隐性知识在内的知识对高技术企业的创新过程具有很重要的作用。高技术企业必须做好显性知识的获取，并注重实践，在实践中积累隐性知识，并创造新的显性知识。高技术企业的知识集聚并不是知识的简单堆积，而是通过对各种知识的不断应用，使其有

① 郭瑜桥，和金生，张雄林. 基于知识集聚的企业持续竞争能力研究[J]. 未来与发展，2007，（7）：45-48，44.

② Nonaka I, Takeuchi H. The knowledge-creating company[J]. Harvard Business Review, 1991, 69（1）：96-104.

③ 芮明杰，李鑫，任红波. 高技术企业知识创新模式研究——对野中郁次郎知识创造模型的修正与扩展[J]. 外国经济与管理，2004，26（5）：8-12.

机地结合，扩充企业的知识库[1]。

2.2.2 高技术企业自主创新过程

高技术企业的自主创新更加强调技术创新的内生性，企业凭借自身努力，攻破技术难关，在此基础上，依靠自身力量实现产品商业化，创新与自主创新在本质上具有相关性和内在统一性。高技术企业的创新过程是一个连续的行为过程，可以分为创新构思形成、实验原型形成、工业原型开发和商业化[2]。每个创新行为都是该创新行为对上一创新行为的自然延续，高技术企业的创新过程依次经过上述四个创新行为，就会产生成功的创新。高技术企业自主创新的实质是知识的集聚与运用，并在知识运用的过程中创造新知识，产生新的知识集聚。只有当高技术企业的知识集聚达到一定程度时，高技术企业的自主创新活动才能顺利完成。以上四个创新行为的知识集聚的不断进行，使高技术企业具备了自主创新能力，并随着知识集聚的不断进行，高技术企业的自主创新能力获得了不断提升。

高技术企业自主创新过程中的各个创新行为具有不同的创新要求。第一，创新构思形成。高技术企业捕捉到市场的变化、科学技术的新进展，或者基于对某种需要的认识及竞争对手的活动，构思出一个新概念。第二，实验原型形成。实验原型形成的重点是产品试制，高技术企业以创新构思为依据，对创新构思所依赖的前沿知识进行评价、选择和运用，目标是验证创新构思的可实现性，并为工业原型开发提供依据。第三，工业原型开发。技术由实验室向制造部门转移，并在进行试制的过程中验证创新产品的经济可行性和技术可行性，确定产品大批量生产所需的适当工艺。第四，商业化。高技术企业对在工业原型开发中选择的工艺进行大批量生产，并选择合适的时机和市场营销手段将产品售出，以期产生显著的商业效果。

2.3 高技术企业自主创新知识集聚模型构建

高技术企业的自主创新依次包括创新构思形成、实验原型形成、工业原型开发和商业化四个创新行为，分别构成创新构思形成中的知识集聚、实验原型形成中的知识集聚、工业原型开发中的知识集聚和商业化中的知识集聚，从而构成高技术企业自主创新的知识集聚模型。各个创新行为皆集聚足量的相关知识，高技

---

① 李金生，杨云涵. 高技术企业自主创新知识集聚模型[J]. 科技进步与对策，2015, 32（10）：124-128.
② 傅家骥. 技术创新学[M]. 北京：清华大学出版社，1998.

术企业的自主创新即可成功完成。通过探讨各个创新行为所需集聚的知识种类，分析知识集聚的目标及知识集聚方式。

2.3.1　创新构思形成中的知识集聚

高技术企业的创新过程始于创新构思。一项综合创新研究成果和基于专利、投资及调研数据的研究显示，3 000 个初始思想中，仅有 1 个能够在商业上获得成功。高技术企业的技术自主创新是一个对创新思想和前沿知识进行多样性选择的过程，需要经历一个技术创新隧道①。在创新构思形成中，高技术企业应考虑该创新行为所形成的概念能否得到足够的技术知识支持，即创新思想的可行性。另外，应考虑该创新构思形成的预期产品能否获得市场认可。此创新行为应考虑技术知识要素、道德要素和市场要素对创新构思的影响。高技术企业在创新构思形成中获取并集聚的知识为 K_1，主要包括与预期产品形成相关的技术知识、伦理道德知识和预期产品的市场知识。

当高技术企业处于行业领先地位时，可通过自身的选择获取创新构思形成预期产品所需的技术知识，当高技术企业所处地位不是那么有利时，则可通过向科研院所等掌握前沿技术知识的单位寻求帮助，判断技术知识是否可以支持创新构思的实现。由于违背伦理道德的产品必然不会获得市场成功，故高技术企业在产品市场评价前，应系统获取伦理道德相关知识，并考虑预期产品能否在社会现存的伦理道德体系中生存，判断伦理道德知识对创新构思可行性的影响。最后，高技术企业应考虑预期产品是否可以获得市场的认可，并在市场竞争中占一席之位，应获取预期产品的市场信息。此时，高技术企业应获取预期产品在市场上的竞争产品与可替代产品的市场情况及竞争力，充分搜集相关产品的产品信息和市场状况，并考虑市场知识是否会对创新构思的可行性产生影响。

只有对伦理道德知识、技术知识和市场知识进行充分的集聚，即 K_1 达到相对足够的程度，创新构思的可行性才能进行较准确的判断，此创新行为方可形成有价值的创新构思。

2.3.2　实验原型形成中的知识集聚

实验原型形成是创新构思形成的自然延续，创新构思通过可行性评价，进行实验原型开发，技术和市场是实验原型形成的主要影响因素。高技术企业在实验

---

① Stevens G A，Burley J. 3000 raw ideas equals 1 commercial success! [J]. Research Technology Management，1997，40（3）：16-27.

原型形成中获取并集聚的知识为 K_2，主要包括与实验原型形成相关的技术知识和市场知识。

实验原型开发是前沿知识进行技术化的过程，前沿知识技术化达到某一技术水平，代表了一定的技术领先程度。在高技术企业中，研发人员运用自己的知识，与其他研发人员进行协作，开展研发活动，可达到某一技术水平，即高技术企业技术水平。企业进行技术知识集聚的方式是在前沿知识技术水平与企业技术水平相比较的情况下考虑前沿知识所形成技术的领先程度确定。

当前沿知识开发产生实验原型的技术水平领先于市场现有产品技术水平时，若高技术企业技术水平高于前沿知识技术水平，表明高技术企业已具备此项领先技术的研发能力，说明高技术企业处于该行业的领军地位，此时高技术企业具有的技术知识处于行业领先水平。只需在现有的技术知识水平上进行组织学习，创造新的技术知识，便可完成实验原型的开发，此状态应选择高技术企业自行研发的方式进行技术知识集聚。若前沿知识技术水平高于企业技术水平，表明该实验原型处于技术领先水平，且高技术企业还不具有对该项技术进行实验原型开发的能力，此时高技术企业往往没有办法利用企业现存知识进行知识创造，高技术企业应通过人才引进等方式从企业外部获取领先知识，并通过组织学习的方式将新知识在企业中扩散，达到知识集聚的目的，最好能产生新知识的创造，此时知识集聚将超速进行。

当该前沿知识开发所产生实验原型的技术水平与市场现有产品的技术水平相比不具备领先水平时，若高技术企业技术水平高于前沿知识技术水平，说明该前沿知识的实验原型与市场现有产品的技术水平接近或落后于现有技术水平，且高技术企业具备该实验原型开发所需的能力。由于实验原型不具有领先水平，若进行实验原型的开发，企业的知识将低于常速进行螺旋上升，此时进行技术知识集聚是不合理的，此状态下应放弃该创新构思。若前沿知识技术水平高于高技术企业技术水平，说明开发的技术不具备领先水平，但高技术企业不具有对该技术进行研发的能力，企业可以考虑开展该项研发活动，通过引进外部知识，进行组织学习，在此情况下，外部知识的获取相对是比较容易的，通过这一过程，可以提升自身带有模仿性的实验原型开发技术的知识集聚。

实验原型的开发具有高技术知识密度，因此实验原型的开发结果具有高度不确定性，开发的实验原型不一定是预期的实验原型，因此仍应密切关注市场情况，获取实验原型开发出的预期产品的市场竞争产品知识及各竞争产品的竞争力知识。另外，市场状况的变化性也决定在实验原型形成中市场知识集聚的必要性。

高技术企业只有依据自身技术实力进行恰当的技术知识集聚并进行市场知识集聚，即 K_2 朝正确的方向进行充分集聚，才能使创新构思形成有价值的实验原型。

2.3.3　工业原型开发中的知识集聚

在工业原型开发中，高技术企业寻找合适的生产材料和工艺等进行成本控制和质量控制，由制造部门生产出符合市场需求的产品。在工业原型开发中，生产工艺和组织管理是决定工业原型开发成败的主要因素。高技术企业在工业原型开发中获取并集聚的知识为 K_3，主要包括与工业原型开发相关的生产工艺知识和组织管理知识。

在工业原型开发中，高技术企业完成产品的中试和大试时，有两项主要任务：一是确定合适的生产工艺，用恰当的原材料生产预期的产品；二是在生产过程中进行质量管理和成本控制，以最低的成本生产高质量的产品。由于实验原型具有高知识密度的特点，该技术由实验室部门向制造部门的转移，应有研发部门人员和制造部门人员的共同参与，这是完成以上两项任务的前提。研发部门与制造部门的结合，能够提高产品试制的成功率与效率，并为生产出更优质的产品提供可能。高技术企业在工业原型开发中只有合理安排组织结构，并使各部门进行有效的沟通合作，才能将研发部门和制造部门有机地结合起来，将实验室技术成功转移到制造部门，并实现期望中的产品功能。工业原型开发为生产工艺知识和组织管理知识的集聚提供了一个很好的平台，高技术企业应充分发掘存在于企业内外的生产工艺知识和组织管理知识，并结合实验原型的特点，选取与实验原型相适应的生产工艺知识和组织管理知识，在工业原型开发中进行组织学习，将新知识进行充分扩散，并力求产生新的生产工艺知识和组织管理知识。充分集聚的生产工艺知识和组织管理知识将更好地为工业原型开发服务。

高技术企业只有结合实验原型的特点，进行充分的生产工艺知识和组织管理知识集聚，才能依靠 K_3 完成工业原型的开发，产生有价值的工业原型。

2.3.4　商业化中的知识集聚

高技术企业的产品具有高技术含量、高附加值的特点，由于高技术产品结构复杂、理论深奥，顾客对其了解和认识较少。这就要求高技术企业在产品投放市场前对产品进行推广，扩大产品的认知度，同时收集产品相关信息，并选择在合适的时机进行产品投放。若产品投放过早，则可能因顾客对产品认知不够导致产品商业化失败；若产品投放过晚，则可能因错过产品投放的最佳时机而失去占领市场的机会。产品推广和产品投放时机的选择是产品商业化成功的关键因素。高技术企业在商业化中获取并集聚的知识为 K_4，主要包括与高技术产品商业化相关的产品推广知识和投放时机选择知识。

产品推广的方式很多，如果高技术企业在该产品推广前成功推广过高技术产品，则该高技术企业具有一定知识积累，高技术企业应将之前的产品推广知识转化为此次产品推广的知识基础，而不应使其成为企业进行产品推广的障碍。不同的高技术产品具有不同的特点，这就导致不同的高技术产品需要采用适应自身产品特点的产品推广方式，高技术企业应在已有的知识基础上对适合新产品特点的产品推广方式进行选择，并在产品推广过程中进行产品推广的知识集聚。

如果企业现有产品推广知识不足以使企业顺利完成新产品推广，高技术企业可向相关企业借鉴，或向专业公司寻求帮助，获取相关知识后再进行产品推广，高技术企业还应在产品推广过程中集聚有益的产品推广知识。产品推广进行到一定程度，达到了产品投放的最佳时机，但这个时机并不是所有企业都能抓住，产品投放时机选择知识成为此过程中最重要的知识，但该知识不是一蹴而就的。在企业投放时机选择知识比较薄弱时，高技术企业应不间断地收集市场对该企业产品的了解程度和需求情况，并在不同需求程度时试投放，观察市场的反应，通过几次试错，高技术企业将找到产品的最佳投放时机。因此，高技术企业应研究此投放时机的市场各指标的情况，并结合该产品的情况，感受产品投放时机的选择，并将抽象出的投放时机选择知识集聚到高技术企业的知识库中。

高技术企业只有结合产品特点，进行充分的产品推广知识和投放时机选择知识的集聚，才能依靠 K_4 完成产品的商业化，获取最大的商业利润。

一项自主创新依次经过创新构思形成、实验原型形成、工业原型开发和商业化四个创新行为，则会产生一次成功的自主创新。高技术企业的自主创新能力（C_I）与 K_1、K_2、K_3、K_4 的关系符合柯布－道格拉斯生产函数的基本特征。$C_I = K_1^{\alpha} K_2^{\beta} K_3^{\gamma} K_4^{\theta}$，其中，$\alpha$ 为 K_1（即创新构思形成所集聚知识）产出的弹性系数，β 为 K_2（即实验原型形成所集聚知识）产出的弹性系数，γ 为 K_3（即工业原型开发所集聚知识）产出的弹性系数，θ 为 K_4（即商业化所集聚知识）产出的弹性系数。只有当 K_1、K_2、K_3、K_4 都相对充分时，高技术企业才具备自主创新能力或实现在现有能力上的提升。α、β、γ、θ 的取值由 K_1、K_2、K_3、K_4 决定。K_1、K_2、K_3、K_4 中的一个或若干个发生变动都可能对 α、β、γ、θ 的取值产生影响。高技术企业的每一组 K_1、K_2、K_3、K_4 对应一组 α、β、γ、θ 取值。

（1）当 $\alpha + \beta - \gamma + \theta = 1$ 时，高技术企业刚刚具备自主创新能力，企业的创新构思形成、实验原型形成、工业原型开发和商业化四个创新行为所集聚的知识（K_1、K_2、K_3、K_4）恰好能使高技术企业的创新构思完成商业化，完成一项成功的自主创新。此时，高技术企业应积极进行 K_1、K_2、K_3、K_4 的集聚，争取自主创新能力的提升。

（2）当 $\alpha + \beta + \gamma + \theta > 1$ 时，高技术企业具备较高的自主创新能力，此时高技术企业处于行业领先水平，除了具备该创新行为所需的知识，还掌握该行业的前沿发展状况。在此状态下，高技术企业仍应在自主创新过程中注意 K_1、K_2、

K_3、K_4 的集聚，保持并提升企业的自主创新能力。

（3）当 $\alpha + \beta + \gamma + \theta < 1$ 时，高技术企业不具备自主创新能力，无法依靠自身力量完成创新构思的成功商业化。此时，高技术企业应注重外部知识的吸收与组织学习，并进行 K_1、K_2、K_3、K_4 的集聚，争取早日具备自主创新能力。

2.4　管理启示

高技术企业是知识密集的经济实体，自主创新对高技术企业的生存和发展意义重大，提升高技术企业的自主创新能力是高技术企业的终极任务。高技术企业自主创新过程中不同创新行为的创新目标不同，所需知识也不同。只有根据各个创新行为的特点，集聚各个创新行为所需的知识，才能有效提升高技术企业的自主创新能力。结合自主创新过程中各个创新行为的特点，分析各个创新行为的知识集聚种类和方式：①在创新构思形成中，高技术企业考虑有价值创新构思形成的影响因素，充分集聚技术知识、伦理道德知识和市场知识。②在实验原型形成中，高技术企业应以形成有价值的实验原型为目标，根据企业自身的技术实力进行恰当的技术知识集聚并进行市场知识集聚。③在工业原型开发中，高技术企业应以形成有价值的工业原型为目标，结合实验原型的特点，进行充分的生产工艺知识和组织管理知识集聚。④在商业化中，高技术企业应以商业效果最大化为目标，结合高技术产品的知识特性，进行充分的产品推广知识和投放时机选择知识的集聚。

根据上述研究结论，我们对高技术企业的知识集聚和自主创新获得如下管理启示。

（1）高技术企业应有侧重地集聚与自主创新行为相匹配的知识。高技术企业的自主创新是一个连续过程，不同创新行为的知识需求不同。高技术企业应认清各个创新行为的特点，并有侧重地进行相关知识集聚，只有进行充分的知识集聚，才能推动自主创新向下一创新行为推进。

（2）实验原型形成的知识集聚应考虑前沿知识研发可能达到的技术领先水平。技术领先水平并不是决定高技术企业知识集聚方式的唯一标准，特别是当前沿知识研发不具有技术领先水平，且高技术企业不具备前沿知识研发所需的能力时，企业应进行研发。因为通过这一过程，可以提升自身带有模仿性的实验原型开发技术的知识集聚，为后面具有技术领先水平新产品的研发打下基础。

（3）高技术企业自主创新的知识集聚方式应与企业的知识水平相联系。高技术企业在进行新的知识集聚前处于某一知识水平，这一知识水平的高低对企业进行知识集聚的方式有影响。当企业所处知识水平较低时，企业更倾向于通过从外部引进新知识的方式进行知识集聚。但还应注意，企业的知识引进应以其原有的知识结构为基础，否则新知识将无法得到有效的集聚。

（4）高技术企业的自主创新能力提升不仅是技术创新能力的提升。从传统观念来看，提到自主创新能力，首先会想到技术创新能力。但其实只有技术，而不考虑管理、营销等能力，高技术企业的创新将止于技术创新，以此为基础的成功商业化将无法完成。此时高技术企业的自主创新无法完成，自主创新能力更无法提升。高技术企业应转变观念，不仅要注重技术的培育，还应注重管理、营销等能力的培育。

第3章 高技术企业自主创新的价值取向模型

3.1 关于自主创新价值取向的研究综述

高技术企业的技术自主创新与创新价值取向有着紧密的联系。如何通过建立合理的自主创新价值取向以促进高技术企业提高技术创新水平，成为人们目前关注的重要问题。理论界对此提出五种观点。

1）社会价值取向观

Hoffman 和 Hegarty 研究发现，社会文化会影响创新主体的创新意愿和行为，并会直接影响企业管理人员的决策模式偏好[1]。Nakata 和 Sivakumar 分析了社会文化对新产品开发不同阶段的影响[2]。Herbig 和 Dunphy 指出，企业管理人员的社会文化价值观会影响企业是否、什么时候及以什么方式采纳技术创新[3]。Waarts 和 van Everdingen 通过 10 个欧洲国家的企业调查研究，分析了文化差异对企业创新速度的影响[4]。高展军等认为，持续的技术创新和对不同社会文化的适应已经成为全球激烈竞争中企业取得成功的两个关键因素，他们分析了四个社会文化维度

① Hoffman R C，Hegarty W H. Top management influences on innovation：effects of executive characteristics and social culture [J]. Journal of Management，1993，19（3）：549-574.

② Nakata C，Sivakumar K. National culture and new product development：an integrative review[J]. Journal of Marketing，1996，60（1）：61-72.

③ Herbig P，Dunphy S. Culture and innovation[J]. Cross Cultural Management：An International Journal，1998，5（4）：13-21.

④ Waarts E，van Everdingen Y. The influence of national culture on the adoption status of innovations：an empirical study of firms across Europe[J]. European Management Journal，2005，23（6）：601-610.

对渐进创新与突变创新的不同影响[①]。Richards 和 Yang 通过调查中国、印度、日本和美国在 1985~2004 年的 543 项技术研发合作项目，提出了交易成本理论和民族文化观念共同影响技术研发的成功性的观点[②]。社会价值取向观主要强调社会文化对企业技术创新的影响，指出了企业技术创新的外在文化依赖性。

2）复杂系统价值观

Holland 根据复杂适应系统（complex adaptive system，CAS）理论，认为由于缺乏可以依赖的规律和准则来决定采取何种确定性的行为，企业在技术创新中需要观察市场的竞争情况，及时调整组织目标和相应的基础支持结构[③]。Stacey 认为，企业是复杂适应系统，需营造学习的企业价值取向，提高企业的创新能力[④]。Rosser 指出，企业系统的发展规律性是由其企业文化决定的，企业文化构成了企业的"吸引子"，以适当方式扰动一个复杂系统，就能促使该系统在技术创新中产生协同作用[⑤]。复杂系统价值观着重强调通过企业文化来增加技术创新在环境中的适应性。

3）员工价值取向观

Scott 和 Bruce 研究发现，个人的创新行为是个人、领导、工作团队及组织氛围共同作用的结果，而组织氛围是企业的创新价值取向的重要体现[⑥]。刘志迎和程瑶分析了 X 效率与企业创新价值取向的关系，认为高技术企业需要建立宽松的适合脑力劳动者创新的文化氛围，运用柔性的管理方式来调动新型员工的劳动积极性、主动性和创造性[⑦]。Price 认为，员工个体责任会激发员工的技术创新理念，企业应努力营造强调责任意识的文化氛围，以促进员工的技术创新[⑧]。员工价值取向观主张通过强化员工的价值观念和责任意识，来激励员工

① 高展军，李垣，雷宏振. 不同社会文化对企业技术创新方式选择的影响[J]. 科学学与科学技术管理，2005，（11）：69-73，78.

② Richards M，Yang Y. Determinants of foreign ownership in international R&D joint ventures: transaction costs and national culture [J]. Journal of International Management，2007，13（2）：110-130.

③ Holland J H. Hidden Order: How Adaptation Builds Complexity[M]. Upper Saddle River: Addison-Wesley Publishing Company，1995.

④ Stacey R D. The science of complexity: an alternative perspective for strategic change processes[J]. Strategic Management Journal，1995，16（6）：477-495.

⑤ Rosser Jr J B. On the complexities of complex economic dynamics[J]. The Journal of Economic Perspectives，1999，13（4）：169-192；胡笑寒，万迪昉. 组织混沌与组织文化变革及创新关系的研究[J]. 中国软科学，2003，（10）：75-79.

⑥ Scott S G，Bruce R A. Determinants of innovative behavior: a path model of individual innovation in the workplace [J]. The Academy of Management Journal，1994，37（3）：580-607.

⑦ 刘志迎，程瑶. X 效率与高技术企业文化建设[J]. 科技与管理，2006，（6）：63-65.

⑧ Price R M. Infusing innovation into corporate culture[J]. Organizational Dynamics，2007，36（3）：320-328.

的技术创新行为。

4）企业文化建设周期观

孙爱英等根据Wallach提出的创新型、支撑型、官僚型企业文化，研究了这三种企业文化对渐进创新技术创新和突变创新技术创新的不同影响[1]。由于高技术企业成长与企业文化具有互动关系，万良杰和陈喆认为企业文化在高技术企业不同成长阶段具有不同内涵，其形式由参与型企业文化到秩序型企业文化再到创新型企业文化演进[2]。韩炜从关系维度、任务维度及学习力维度出发，对高技术企业虚拟团队的文化障碍进行研究，认为高技术企业的文化建设分为四个时期[3]。企业文化建设周期观主要强调通过企业文化与技术创新的周期性匹配来促进技术创新。

5）企业内部资源整合观

Bate 认为，企业必须不断地进行制度、战略、技术、组织、营销、文化的创新，才能成为"创新型企业"[4]。Lau 和 Ngo 通过对我国香港 332 家企业的调查研究，认为组织文化是企业人力资源机制和产品创新之间的调节者，范围广泛的培训、以绩效为基础的薪酬和团队发展对于创建以创新为导向的组织文化非常重要[5]。刘元芳认为，核心竞争力是企业技术创新和企业文化的耦合，是通过以企业家精神、人力资源管理、研发管理和组织创新为代表的企业文化环境和以自主创新、合作创新、模仿创新、引进创新为内涵的技术创新过程的耦合来构建的[6]。

上述观点从不同角度研究了企业文化与技术创新的关系，并围绕企业的技术创新提出了相应的企业创新价值取向。但是，这些观点没有考虑到高技术企业技术创新的演进过程及其对企业创新价值取向产生的内在要求。因此，从技术创新演进的角度，分析高技术企业在技术创新演进不同阶段的价值观危机，探讨高技术企业自主创新的价值取向模型。

---

① Wallach E J. Individuals and organizations: the cultural match[J]. Training and Development Journal, 1983, 37（2）: 45-76; 孙爱英，李垣，任峰. 组织文化与技术创新方式的关系研究[J]. 科学学研究，2004，22（4）: 432-437.

② 万良杰，陈喆. 高新技术企业成长与企业文化演进的协调性[J]. 理论与改革，2006，（4）: 108-110.

③ 韩炜. 高新技术企业虚拟型学习团队跨文化管理研究[J]. 经济论坛，2006，（21）: 91-92，101.

④ Bate S P. Towards a strategic frame work for changing corporate culture[J]. Strategic Change, 1996, 5（1）: 27-42.

⑤ Lau C M, Ngo H Y. The HR system, organizational culture, and product innovation[J]. International Business Review, 2004, 13（6）: 685-703.

⑥ 刘元芳. 核心竞争力: 技术创新与企业文化的耦合[J]. 科学学与科学技术管理，2006，（4）: 169-170.

3.2 高技术企业的技术创新演进

梁娟根据企业技术创新和企业文化之间内在联系及它们的动态匹配，认为企业的技术创新主要包括自主创新、模仿创新和合作创新三种模式[1]。高技术企业的技术创新演进是一个技术能力学习、技术能力运用和技术能力创新的螺旋式上升过程，最终能够实现高技术企业的技术自主创新。高技术企业的技术创新演进主要经过四个阶段，即技术创新学习、技术创新模仿、技术创新-模仿和技术自主创新。这四个演进阶段是一个不断上升与突变的过程（图3.1）[2]。

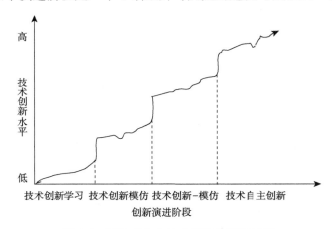

图 3.1 高技术企业技术创新的演进过程

1）技术创新学习

技术创新学习是高技术企业技术创新演化过程的最初阶段，此阶段高技术企业对技术创新的原理、技术、方法、路径和条件等方面进行学习，并将这些学习成果运用于产品的生产、销售和服务。技术创新学习的典型表现是高技术企业对技术创新的前沿知识及新兴技术的引进、消化和吸收。在这个演进阶段，高技术企业并不具备对前沿知识和理论加以技术化的能力，也不具备技术模仿或技术创新的能力，是高技术企业进行技术模仿或技术创新的准备阶段。

① 梁娟. 基于企业技术创新模式的企业文化研究[J]. 华东经济管理，2007，21（4）：94-96.

② 李金生，李晏墅，周燕. 基于技术创新演进的高技术企业内生文化模型研究[J]. 中国工业经济，2009，（5）：108-118.

2）技术创新模仿

技术创新模仿是高技术企业技术创新的发展阶段，即在技术创新学习的基础上，高技术企业对技术创新的技术、方法和路径等方面进行模仿，同时模仿其他高技术企业将前沿知识进行技术化、产品化和市场化，并将其用于产品生产、销售和服务之中。技术创新模仿的典型表现是高技术企业对新兴技术进行仿制。在这个演进阶段，高技术企业不具备真正意义上的技术创新能力，主要表现为较强的技术转化能力和技术运用能力，是高技术企业走向自主创新的发展阶段。

3）技术创新-模仿

技术创新-模仿是高技术企业技术创新的提升阶段，即在技术创新-模仿的基础上，高技术企业将前沿理论和新兴技术部分运用于产品及生产之中，在技术模仿中进行部分的技术创新尝试，实现"模仿"和部分"创新"的技术化、产品化和市场化，实现对创新-模仿技术的运用。技术创新-模仿的典型表现是高技术企业在产品模仿中进行部分工艺创新，或在工艺模仿中进行部分产品创新。在这个阶段，高技术企业具有较强的技术模仿能力，并具有一定的技术创新能力，但是没有实现技术的自主创新。

4）技术自主创新

技术自主创新是高技术企业技术创新的成熟阶段，即在技术创新-模仿的基础上，高技术企业能够独立地分析、研究和运用前沿理论和新兴技术，自主地将前沿理论和新兴技术进行技术化、产品化和市场化，拥有自主知识产权，即实现企业的技术自主创新。技术自主创新的典型表现是高技术企业能够研制专利类产品。在这个阶段，高技术企业不但能够进行技术创新学习和技术创新模仿，而且能够实现技术自主创新。

高技术企业的技术创新演进是高技术企业的技术创新能力不断上升与突变的过程。在这个演进过程中，后一个演进阶段的技术创新能力明显要高于前一个演进阶段，是对前沿理论和新兴技术的学习、运用和创造的突变。同时，在某一个演进阶段中，高技术企业对前沿理论和新兴技术的学习、运用或创造能力可能会有所上升或下降，但不会改变所处阶段的技术创新演进阶段的性质。高技术企业的技术创新演进呈现一个螺旋式上升的过程。

3.3　技术创新演进阶段的价值观危机分析

高技术企业的本质是与时俱进、不断创新，并通过高知识、高智力的创新运用引领科技发展的时代潮流。这种高科技的创新性特质必然使其文化内涵的层次相对高于一般企业，同时要求其文化能够随着时代的发展和企业经营活动的推进而不断创新，适时地把塑造和建设特色企业文化作为改革与发展的基础工程，以观念、战略、机制等方面的创新为切入点，行之有效地推进企业文化的创新发展[①]。人们习惯地认为高技术企业文化是一种创新型文化，注重团队协作，强调自我实现的价值观。这是人们对高技术企业文化形成的一种比较笼统的看法，把企业文化对技术创新和企业发展的作用机制视为一个"黑箱"，最终导致了企业文化在高技术企业运行与发展中的"泛化"或无用论。事实上，企业文化对技术创新的作用并不是一个"黑箱"，而是针对高技术的形成、发展与演化过程中的价值观危机和问题联系在一起形成的精神作用机制。

企业文化在表面上是可见物像和可观测行为，反映了存在于组织成员思想中的深层次价值观[②]，常常在较长时期内保持稳定状态，对企业良好的长期经营业绩存在负面作用的企业文化并不罕见[③]。随着创新环境的变化，以往促进高技术企业技术创新的企业文化可能会不适应技术创新演进的需要。企业员工在传统价值观的影响下对技术创新会形成"路径依赖"，对技术创新演进会形成负反馈的作用机制（即价值观危机），阻碍技术创新水平的提高。在技术创新演进中，企业文化在每一阶段都存在着相应的价值观危机。

1）技术创新学习阶段的价值观危机

在技术创新学习阶段，高技术企业的运行与发展的成功之处不在于技术创新，而在于对经营策略、市场推广、资本运营、资源禀赋等方面的有效运用。由于此阶段技术创新的风险较高，从事技术创新学习的成本较大，许多高技术企业往往不愿意培育创新学习能力，形成对原有成功经营经验的路径依赖，即依赖于非技术因素的"偷懒行为"。这种行为容易导致高技术企业形成"技术无用论"（technology useless，TU）为主导的价值观，认为企业成功的路径非常多，不一定要依赖于技术进步与创新。"技术无用论"的价值观危机使高技术企业忽视了自身与传统技术企业的区别所在，束缚了企业的技术创新。据此提出假设3.1：高技术企业在技术创新学习阶段存在"技术无用论"的价值观危机。

2）技术创新模仿阶段的价值观危机

在技术创新模仿阶段，许多高技术企业具有一定的技术模仿能力，能够对一些新兴技术进行模仿并制造和销售相应的产品。影响技术模仿的决定性因素是模仿的

① 史永铭. 高新技术企业文化创新战略[J]. 高技术与产业化，2007，（2）：24-26.
② 达夫特 R L. 组织理论与设计精要[M]. 李维安，等译. 北京：机械工业出版社，1999.
③ 科特 J P，赫斯克特 J L. 企业文化与经营业绩[M]. 李晓涛译. 北京：中国人民大学出版社，2004.

机会成本，以其利润最大化作为技术模仿的基本决策依据。处于此阶段的企业，习惯性地将"利润最大化"（profit maximization，PM）作为企业的价值取向，并在企业发展过程中形成对技术模仿的路径依赖。这种企业文化容易导致高技术企业陷于"利润最大化"的价值观危机之中，使企业轻易地放弃技术自主创新。据此提出假设 3.2：高技术企业在技术创新模仿阶段存在"利润最大化"的价值观危机。

3）技术创新-模仿阶段的价值观危机

在技术创新-模仿阶段，高技术企业不但具有较强的技术模仿能力，而且具有一定的技术创新能力，但还没有达到完全自主创新。这些企业在技术模仿中降低研发成本，能够在技术创新中获得竞争优势。这种类型的高技术企业很容易将赢得竞争优势作为企业的经营理念和发展战略，从而陷入"竞争优势论"（competitive strength，CS）价值观危机。"竞争优势论"价值观主要是强调将赢得竞争优势作为企业实现发展目标的最有效手段，在技术发展中一旦确保了市场竞争中的优势地位，便不再进行技术创新和产品研发，限制了企业向技术自主创新阶段的发展。据此提出假设 3.3：高技术企业在技术创新-模仿阶段存在"竞争优势论"的价值观危机。

4）技术自主创新阶段的价值观危机

在技术自主创新阶段，高技术企业具有一定的技术自主创新能力，并且能够研制独家品种，填补市场空白，获得较大的投资收益。因此，许多高技术企业就会将技术自主创新作为自身的一项"核心能力"，并以此水平的自主创新能力作为企业的发展路径，从而形成新的偷懒行为，出现"核心能力论"（core competence，CC）价值观危机。在"核心能力论"价值观的影响下，高技术企业过分地依赖以往的创新能力和创新经验，形成价值取向的思维定式，而人为地排斥技术自主创新的更大投入和创新能力的进一步提高，容易导致高技术企业在低水平的技术自主创新阶段徘徊。据此提出假设 3.4：高技术企业在技术自主创新阶段存在"核心能力论"的价值观危机。

3.4　高技术企业自主创新的价值取向模型

基于高技术企业的技术创新演进，高技术企业自主创新的价值取向应能够根据各阶段的价值观危机，注重从内源性角度对企业文化进行创新与发展，以内生性创新价值取向为主文化，在技术创新学习、技术创新模仿、技术创新-模仿和技术自主创新阶段，分别塑造技术型价值取向、原创型价值取向、前沿型价值取向和愿景型价值取向，形成高技术企业自主创新的价值取向模型（图3.2）。

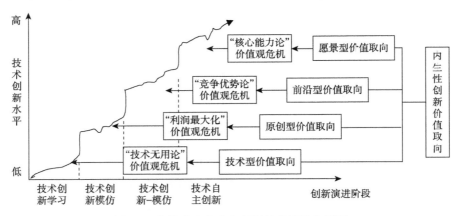

图 3.2　高技术企业自主创新的价值取向模型

3.4.1　高技术企业自主创新的核心价值取向

高技术企业的内生性创新价值取向是通过对企业价值观的自我更新来克服前一阶段企业文化对技术创新所形成的惯性及"路径依赖"，从而使企业能够根据技术创新的需要，适时调整企业价值观，促进技术自主创新。内生性创新的价值取向源于技术创新，能够引导企业的技术创新行为，在高技术企业的内在生态系统中具有生态导向和生态服务功能，即企业文化与技术创新和企业发展是紧密相连的有机整体，通过倡导具有导向性的价值取向和价值标准，对技术创新和企业发展进行价值评价和价值判断，使企业做出合乎"内生性创新的价值取向"的决策和行为。内生性创新是引导技术创新和企业发展的一种内生性精神动力。这种内生性精神动力构成了高技术企业的创新价值取向，是技术创新能力得以发展的一种内源性动力。据此提出假设3.5：在技术创新演进中，高技术企业以内生性创新价值取向为创新价值取向。

3.4.2　技术创新学习阶段的创新价值取向

技术型价值取向是指在高技术企业的运行与发展过程中，突出以技术和技术创新的决定性战略意义为核心的价值观体系。技术型价值取向要求高技术企业的全体员工形成对技术和技术创新的价值认同，并以此为价值标准要求全体员工注重技术进步与创新。技术型价值取向主要适合处于技术创新学习阶段的高技术企业。这是因为，处于此阶段的高技术企业容易陷入"技术无用论"价值观危机，而倡导技术型价值取向能够有效降低或避免"技术无用论"带来的负面影响，使高技术企业充分认识到自身区别于传统技术企业的本质所在，从而推动企业各个组织层面进行技术创新能力的学习，增强创新学习能力，推动技术创新向更高阶段发展。据此提出假设 3.6：在技术创新学习阶段，高技术企业以技术型价值取向为主。

3.4.3　技术创新模仿阶段的创新价值取向

原创型价值取向是以技术研发的原创性为核心的阶段性价值观体系，以原创性技术作为评价企业技术发展水平的价值标准。原创型价值取向比较适合于处于技术创新模仿阶段的高技术企业。在这个阶段，高技术企业模仿新兴技术并制造和销售相应的产品已经没有太大问题，而是容易陷入"利润最大化"的价值观危机。原创型价值取向就是鼓励高技术企业不要以近期的机会成本为考虑问题的出发点，不要片面地追求利润最大化，而应将长远利益与近期利益相结合，在模仿中进行技术创新，促进企业的研发投入和技术开发，推动企业从技术创新模仿向技术创新-模仿阶段发展。据此提出假设 3.7：在技术创新模仿阶段，高技术企业以原创型价值取向为主。

3.4.4　技术创新-模仿阶段的创新价值取向

前沿型价值取向是以技术研发的前沿性为核心的阶段性价值观体系，以前沿理论和新兴技术的运用和创新作为企业产品研发的价值取向。前沿型价值取向鼓励企业开展独立的技术创新，排斥技术创新中的模仿成分，比较适合处在技术创新-模仿阶段的高技术企业。当高技术企业具有技术创新-模仿能力时，容易受"竞争优势论"价值观的影响，满足于已有的部分创新能力和模仿能力。而前沿型价值取向则是鼓励企业提高技术创新的能力和水平，不断提高自有知识产权的比重，直至实现完全自主创新。据此提出假设 3.8：在技术创新-模仿阶段，高技术企业以前沿型价值取向为主。

3.4.5　技术自主创新阶段的创新价值取向

愿景型价值取向是以企业的共同愿景和发展战略为核心的阶段性价值观体系，把企业的远期发展规划和共同愿景作为激励员工、群体和企业进行技术创新的精神标杆和规范。由于共同愿景是企业的长远发展规划和蓝图，对技术自主创新的层次和水平要求均比较高。因此，愿景型价值取向是鼓励高技术企业从低水平的技术自主创新向更高水平的技术自主创新发展，与"核心能力论"价值观危机正好相反，对处于技术自主创新能力阶段的高技术企业形成明确的导向作用。据此提出假设3.9：在技术自主创新阶段，高技术企业以愿景型价值取向为主。

由内生性创新价值取向为核心文化，技术型价值取向、原创型价值取向、前沿型价值取向和愿景型价值取向，共同构成高技术企业创新价值体系，不仅从总体上代表了高技术企业员工所认同及接受的信念、期望、理想、价值观、态度、行为及思想方法和行为准则，而且明确了高技术企业阶段性的思想观念、思维方式、行为方式和组织规范。这一企业创新价值取向体系在高技术企业运行与发展中所发挥的作用和价值，形成了高技术企业内生文化能力。这种文化能力排斥了对外来文化的依赖，强调价值观念的自我更新与发展，强调价值观体系在高技术企业内在生态系统中的生态导向与生态服务性。

3.5 实 证 研 究

3.5.1 实证研究设计

1）研究样本选择

为验证基于技术创新演进的高技术企业自主创新的价值取向模型，我们对长三角地区（苏、浙、沪）高技术企业的研发投入与技术创新情况进行了调查，调查的高技术企业主要涉及医药、电子、软件、精密仪器、电力设备等 10 多个行业。调查主要涉及两个方面：一是采用调查表对高技术企业的投资、生产和经营情况进行调查，包括资产规模、投资结构、产品研发、销售收入等 16 项指标；二是采用态度测量量表调查高技术企业的高层经营人员、中层管理人员和技术研发人员的价值观念、技术学习、技术研发等情况。本调查发放调查问卷 400 份，收回调查问卷 295 份，问卷回收率为 73.75%，其中有效问卷为 287 份，问卷有效率为 71.75%，共获得 16 072 个有效数据，高层经营人员、中层管理人员、技术研发人员和其他人员分别占 8.70%、24.52%、56.46% 和 10.32%。调查数据运用 SPSS 12.0 统计分析软件进行数据分析。

2）问卷的可靠性分析

运用 SPSS 12.0 统计分析软件的可靠性分析（reliability analysis）技术对态度

测量量表及其各关键变量进行信度检验。检验获得的 Cronbach's α 值见表 3.1。技术创新学习阶段的价值观危机的 Cronbach's α 值为 0.895 9，技术创新模仿阶段的价值观危机的 Cronbach's α 值为 0.817 9，技术创新-模仿阶段的价值观危机的 Cronbach's α 值为 0.827 2，技术自主创新阶段的价值观危机的 Cronbach's α 值为 0.878 5；技术型价值观的 Cronbach's α 值为 0.783 7，原创型价值观的 Cronbach's α 值为 0.807 1，前沿型价值观的 Cronbach's α 值为 0.889 3，愿景型价值观的 Cronbach's α 值为 0.831 9；总量表的 Cronbach's α 值为 0.925 1。表 3.1 中数据显示，所有的 Cronbach's α 值均超过 0.700 0，说明此研究的量表具有较好的内部一致性，调查量表具有较高的可靠性，通过了信度检验。

表 3.1　各变量及总量表的可靠性分析

价值观危机变量	题量	Cronbach's α 值	创新价值取向变量	题量	Cronbach's α 值
技术创新学习阶段的价值观危机（TU）	3	0.895 9	技术型价值观（V_T）	3	0.783 7
技术创新模仿阶段的价值观危机（PM）	5	0.817 9	原创型价值观（V_O）	4	0.807 1
技术创新-模仿阶段的价值观危机（CS）	5	0.827 2	前沿型价值观（V_F）	4	0.889 3
技术自主创新阶段的价值观危机（CC）	6	0.878 5	愿景型价值观（V_W）	5	0.831 9
总量表	35	0.925 1			

3）因子分析与验证性因子分析

为了检验我们设计的技术创新演进中价值观危机变量和创新价值取向变量的结构效度，使用 SPSS 12.0 对指标数据进行了因子分析和验证性因子分析（表 3.2）。由统计结果得知取样足够度的 KMO 度量值为 0.958，Bartlett 的球形度检验的 Sig.值为 0.000，说明原变量适合进行因子分析。

表 3.2　价值观危机变量和创新价值取向变量的结构效度分析

取样足够度的 KMO 度量		0.958
Bartlett 的球形度检验	近似卡方	12 470.431
	df	1 431
	Sig.	0.000

通过因子分析，得到两类因子，第一类是技术创新各阶段的价值观危机因子，即技术创新学习阶段的价值观危机因子、技术创新模仿阶段的价值观危机因子、技术创新-模仿阶段的价值观危机因子、技术自主创新阶段的价值观危机因子；第二类是技术创新各阶段的创新价值取向因子，即技术型价值观因子、原创

型价值观因子、前沿型价值观因子和愿景型价值观因子。

3.5.2 技术创新演化中价值观危机的实证分析

对于高技术企业技术创新演进过程中各阶段的价值观危机，运用 SPSS 12.0 软件对技术无用论、利润最大化、竞争优势论和核心能力论等价值观危机与各阶段的技术创新目标进行相关分析，得到的皮尔逊相关系数见表 3.3。表 3.3 中相关系数可以反映技术创新演化阶段与价值观危机存在的内在联系。

表 3.3   技术创新演进中价值观危机的相关分析

技术创新演进阶段		价值观危机			
		技术无用论	利润最大化	竞争优势论	核心能力论
技术 创新学习	皮尔逊相关系数 Sig.（双尾）	−0.520** 0.000	−0.179* 0.018	−0.043 0.034	0.178 0.112
技术 创新模仿	皮尔逊相关系数 Sig.（双尾）	−0.043 0.018	−0.443** 0.000	−0.197* 0.101	−0.029 0.021
技术 创新-模仿	皮尔逊相关系数 Sig.（双尾）	0.186* 0.067	−0.112 0.089	−0.403** 0.000	0.095 0.007
技术 自主创新	皮尔逊相关系数 Sig.（双尾）	0.034 0.013	−0.012 0.005	0.180 0.068	−0.493** 0.000

**表示在0.01水平上显著（双尾）；*表示在0.05水平上显著（双尾）

（1）技术创新学习与技术无用论、利润最大化、竞争优势论和核心能力论价值观危机的相关系数分别为−0.520、−0.179、−0.043 和 0.178，技术无用论价值观危机与技术创新学习呈显著的负相关，技术无用论成为阻碍高技术企业技术创新学习的价值观危机。这说明假设3.1是成立的，但也需注意利润最大化价值观危机产生的负面影响。

（2）技术创新模仿与技术无用论、利润最大化、竞争优势论和核心能力论价值观危机的相关系数分别为−0.043、−0.443、−0.197 和−0.029，技术创新模仿与利润最大化价值观危机呈显著负相关，说明在技术创新模仿阶段，高技术企业较易产生利润最大化的价值观危机。这说明假设3.2是成立的，但也需注意竞争优势论价值观危机对高技术企业技术创新模仿产生的负效应。

（3）技术创新-模仿与技术无用论、利润最大化、竞争优势论和核心能力论价值观危机的相关系数分别为 0.186、−0.112、−0.403 和 0.095，技术创新-模仿与竞争优势论价值观危机呈显著负相关，竞争优势论成为高技术企业在技术创新-模仿阶段的重要企业创新价值取向障碍。这说明假设3.3是成立的，但同时需要注意利润最大化价值观危机可能对高技术企业技术创新产生的负面作用。

（4）技术自主创新与技术无用论、利润最大化、竞争优势论和核心能力论价值观危机的相关系数分别为 0.034、−0.012、0.180 和−0.493，技术自主创新与核心能力论价值观危机呈显著负相关，说明高技术企业在技术自主创新阶段容易存在核心能力论的价值观危机。这说明假设3.4 是成立的。

3.5.3　高技术企业创新价值取向的实证分析

1）技术型价值取向与技术创新学习的回归分析

在技术创新学习阶段，为检验技术型价值取向与技术创新学习效果之间的内在联系，将反映技术型价值取向的两个变量 V_{T1} 和 V_{T2} 作为自变量，将高技术企业的技术创新学习效果（E_{TS}，包括对技术无用论价值观危机的反作用和促进技术创新学习）作为因变量，运用多元一次线性回归方程进行回归分析，回归分析结果见表 3.4。

表 3.4　技术型价值取向与技术创新学习的回归分析

模型	非标准化系数		标准化系数	t	Sig.
	B	Std. Error	Beta		
常数	20.671	3.635		5.686	0.000
V_{T1}	0.272	0.050	0.267	5.478	0.000
V_{T2}	0.477	0.044	0.527	10.824	0.000

在表 3.4 中，自变量 V_{T1} 和 V_{T2} 的标准化系数 Beta 分别为 0.267 和 0.527，它们的 t 值分别为 5.478 和 10.824，均大于 Sig.值（为 0.000），回归分析通过了显著性检验。这说明高技术企业在技术创新学习阶段倡导技术型价值取向对消除技术无用论价值观的负面影响和促进技术创新学习产生了显著作用。这说明假设3.6 是成立的。

2）原创型价值取向与技术创新模仿的回归分析

在技术创新模仿阶段，将反映原创型价值取向的三个变量（V_{O1}、V_{O2} 和 V_{O3}）作为自变量，将高技术企业的技术创新模仿效果（E_{TO}，包括对利润最大化的反作用和促进技术创新模仿）作为因变量，运用多元一次线性回归方程进行回归分析，以检验原创型价值取向与技术创新模仿效果之间的内在联系。回归分析结果见表 3.5。

表 3.5 原创型价值取向与技术创新模仿的回归分析

模型	非标准化系数		标准化系数	t	Sig.
	B	Std. Error	Beta		
常数	11.158	5.067		2.202	0.028
V_{O1}	0.266	0.059	0.251	4.508	0.000
V_{O2}	0.068	0.086	0.221	2.794	0.008
V_{O3}	0.433	0.070	0.394	6.192	0.000

表 3.5 中，自变量 V_{O1}、V_{O2} 和 V_{O3} 标准化系数 Beta 分别为 0.251、0.221 和 0.394，它们的 t 值均大于 Sig.值，此项回归分析通过了显著性检验。这说明原创型价值取向有利于高技术企业在技术创新模仿阶段降低利润最大化价值观危机带来的负面影响，促进企业进行技术创新模仿。这证明了假设 3.7 是成立的。

3）前沿型价值取向与技术创新-模仿的回归分析

在技术创新-模仿阶段，为检验前沿型价值取向与技术创新-模仿效果之间的内在联系，将反映前沿型价值取向的三个变量 V_{F1}、V_{F2} 和 V_{F3} 作为自变量，将高技术企业的技术创新-模仿效果（E_{CS}，包括对竞争优势论价值观危机的反作用和促进技术创新-模仿）作为因变量，运用多元一次线性回归方程进行回归分析，回归分析结果见表 3.6。

表 3.6 前沿型价值取向与技术创新-模仿的回归分析

模型	非标准化系数		标准化系数	t	Sig.
	B	Std. Error	Beta		
常数	6.394	4.536		1.410	0.160
V_{F1}	0.290	0.056	0.287	5.180	0.000
V_{F2}	0.267	0.079	0.191	3.359	0.001
V_{F3}	0.339	0.061	0.334	5.600	0.000

表 3.6 中，自变量 V_{F1}、V_{F2} 和 V_{F3} 的标准化系数 Beta 分别为 0.287、0.191 和 0.334，它们的 t 值分别为 5.180、3.359 和 5.600，均大于 Sig.值，回归分析通过了显著性检验。这说明高技术企业在技术创新-模仿阶段倡导前沿型价值取向对消除竞争优势论的负面影响和促进技术创新-模仿产生了显著作用。这说明假设 3.8 是成立的。

4）愿景型价值取向与技术自主创新的回归分析

在技术自主创新阶段，将反映高技术企业愿景型价值取向的四个变量（V_{W1}、V_{W2}、V_{W3} 和 V_{W4}）作为自变量，将高技术企业的技术自主创新（E_{AI}，包括对核心能力论的反作用和促进技术自主创新）作为因变量，运用多元一次线性回归方程进行回归分析，以检验愿景型价值取向与技术自主创新之间的内在联系。回归分析结果见表 3.7。

表 3.7　愿景型价值取向与技术自主创新的回归分析

模型	非标准化系数		标准化系数	t	Sig.
	B	Std. Error	Beta		
常数	11.625	4.121		2.821	0.005
V_{W1}	0.266	0.061	0.249	4.376	0.000
V_{W2}	0.141	0.035	0.216	4.044	0.000
V_{W3}	0.229	0.059	0.246	3.883	0.000
V_{W4}	0.207	0.062	0.184	3.351	0.001

表 3.7 中，自变量 V_{W1}、V_{W2}、V_{W3} 和 V_{W4} 标准化系数 Beta 分别为 0.249、0.216、0.246 和 0.184，它们的 t 值分别为 4.376、4.044、3.883 和 3.351，均大于 Sig.值，此项回归分析通过了显著性检验。这说明愿景型价值取向有利于高技术企业在技术自主创新阶段降低核心能力论价值观危机带来的反作用，促进企业开展自主创新。这证明了假设 3.9 是成立的。

5）高技术企业创新价值取向的内生性分析

为检验高技术企业四种创新价值取向的内生性，将四种创新价值取向与其内生性和外生性进行了相关分析，它们的相关系数见表 3.8。

表 3.8　高技术企业创新价值取向的内生性分析

变量		高技术企业的创新价值取向			
		V_T	V_O	V_F	V_W
内生性	皮尔逊相关系数 Sig.（双尾）	0.516** 0.000	0.403** 0.000	0.424** 0.000	0.372** 0.000
	N	286	286	287	285
外生性	皮尔逊相关系数 Sig.（双尾）	0.270* 0.000	0.169 0.067	0.257 0.145	0.118 0.000
	N	284	285	285	283

**表示在0.01水平上显著（双尾）；*表示在0.05水平上显著（双尾）

在表 3.8 中，四种创新价值取向与内生性均显示了较高的相关系数，说明了在高技术企业的技术创新演化中均显示出较高的内生性。也就是说，高技术企业在实现技术自主创新过程中需要通过价值观的自我更新，才能更好地消除前一阶段企业创新价值取向所产生的"路径依赖"及其负面影响。这一分析结果说明假设 3.5 是成立的。但是，V_T 与外生性的相关系数也达到 0.270，这说明了创新价值取向所具有的外生性。所以，高技术企业的内生性创新价值取向不能完全排斥其外生性，但内生性创新价值取向仍然是高技术企业在促进技术创新过程中的主导性因素。

3.6 管 理 启 示

高技术企业的技术创新演进是一个技术能力学习、技术能力运用和技术能力创新的螺旋式上升过程，最终能够实现高技术企业的技术自主创新。高技术企业技术创新演进经过了技术创新学习、技术创新模仿、技术创新-模仿和技术自主创新四个阶段。高技术企业自主创新的价值取向是与高技术的形成、发展与演进过程价值观危机和问题相联系的一种精神作用机制。在技术创新演进的四个阶段，高技术企业分别面临着技术无用论、利润最大化、竞争优势论和核心能力论等价值观危机。这些价值观危机在相应的阶段使高技术企业在技术创新中形成"路径依赖"。因此，高技术企业应能够根据价值观注重对企业价值取向，形成高技术企业自主创新的价值取向模型，即内生性创新价值取向为核心价值取向，对应于技术创新学习、技术创新模仿、技术创新-模仿和技术自主创新这四个阶段，分别塑造技术型价值取向、原创型价值取向、前沿型价值取向和愿景型价值取向。基于上述理论和实证研究，对于高技术企业在技术创新演进过程中充分发挥企业创新价值取向的作用，得到以下几个管理启示。

1）高技术企业需要充分审视技术创新演进过程中面临的价值观危机

成功的强势企业文化在特定时期能够对高技术企业的技术创新起到促进作用。但是，随着高技术企业技术创新环境的变化，这种强势企业文化会不再适应高技术企业在新阶段技术创新的需要，并且会形成作用"惯性"和"路径依赖"，对新阶段的技术创新形成阻碍。由于这种构成阻碍的企业文化曾帮助高技术企业获得成功，所以它不易被企业经营管理人员察觉。因此，高技术企业需要根据技术创新环境的变化不断审视自身的价值观危机，以便及时消除技术创新面临的无形障碍。

2）高技术企业需重视塑造内生性创新价值取向

由于高技术企业在技术创新演进过程中遇到的价值观危机具有极强的内源性和隐蔽性，外部因素难以反映或作用于这些价值观危机，因此，高技术企业应重视塑造内生性创新价值取向，建立企业价值观的自检机制，定期对企业文化传统进行反省和评价，及时发现价值观危机，形成内源性的企业价值取向的创新路径，使企业创新价值取向在技术创新演进中发挥其应有的价值。

3）高技术企业需要根据技术创新演进阶段权变地建设多元化的内生性价值取向

内生性创新价值取向强调高技术企业对技术创新演进中的内源性文化创新与发展。但是在不同的技术创新演进阶段，高技术企业会面临不同的价值观危机，甚至会面临多重价值观危机。例如，在技术创新模仿阶段，高技术企业同时面临利润最大化和竞争优势论的两个价值观危机。因此，高技术企业需要根据价值观的危机类型，结合企业自身的特点，权变地倡导相应的多元化的创新价值取向。

4）高技术企业需要建立企业创新价值取向的"工程化"企业文化塑造和推广模式

高技术企业内生性创新价值取向不能是停留在抽象层面的企业愿景，而应转化为具象层面的"工程化"企业文化塑造和推广模式，即高技术企业根据技术创新战略及其演进阶段，运用内生性创新价值取向模型科学地建立价值观危机的预警机制、自检机制、评价机制、新价值观塑造机制和推广机制，类似于工程项目管理，形成具有较强可操作性的内生性创新价值取向塑造和推广模式[①]。

---

① 李金生，贾利军，李晏墅. 高技术企业的组织存货效应模型研究[J]. 中国工业经济，2006，（3）：122-128.

第二篇　自主创新能力篇

第4章 高技术企业的组织学习模式与自主创新能力

高技术是建立在人类综合科学研究的基础上，处于当代科技前沿，对发展生产力、促进社会文明和增强国家实力起先导作用的新技术群，是前沿知识技术化、产品化和市场化的产物。纵观国内外关于高技术企业的认定标准，不难发现，高技术企业需要大量的科技开发人员和富有创新精神的经营管理人员，需要将所在时代的前沿知识和理论进行综合运用，体现出知识高度密集的特点，突出了前沿知识成为企业运用的关键性生产要素。同时，高技术企业将前沿知识运用于生产工艺和产品功能等方面的改进和更新，即将前沿知识技术化；在此基础上，研发人员运用新技术研究和开发具有高附加值的新产品，能够获得较高的社会认同，取得较高的经济效益和社会效益。由此可以看出，高技术企业是运用当代前沿知识和理论进行技术、产品和服务创新，并能够获得较高的经济效益和社会效益，具有法人资格的机构。

随着我国经济发展步入新常态，经济发展方式从要素驱动和投资驱动向创新驱动转型，高技术企业面临急剧变化的外部环境，需要建立学习型组织，加强对外部环境的了解、认识和适应，从而更好地顺应外部环境的变化，并更好地开展技术自主创新，提升自身的自主创新能力，进而提升企业的技术创新绩效，实现企业的可持续发展。因此，研究高技术企业的组织学习模式及其对自主创新能力的影响和作用，成为高技术企业顺应我国振兴制造业、进行经济转型的迫切需要。

4.1 关于高技术企业自主创新能力演化的研究综述

高技术企业的自主创新能力是企业持续健康发展的动力和源泉，关系社会生产力水平的提高与国家创新体系的建设和完善。如何培育和提升高技术企业的自主创新能力，尤其是如何依靠高技术企业自身力量提高自主创新能力，成为人们持续关注的一个重要问题。这就需要研究和掌握高技术企业自主创新能力的演化机理。国内外关于高技术企业自主创新能力的演化方面的研究主要包括以下几种观点。

1）知识创新论

Haider 认为，高技术企业的知识存量影响着技术创新，高技术企业可以通过弥补知识缺口来促进自主创新[①]。芮明杰和陈娟认为，高技术企业是追求持续知识创新的知识体系，主张知识点通过知识场进行互动的基本模式与作用机制[②]。于晓宇等认为，知识管理与高技术企业技术创新模式具有较强的耦合性，将知识管理的重心聚焦在推动技术创新模式的演进上，以全面提升技术创新绩效[③]。欧光军和李永周以产品创新网络化为背景，构建基于集群产品创新系统有序集成的集群知识网络平台，提出系统平台的创新实现机制[④]。知识创新论强调了知识引进和知识积累在高技术企业自主创新中所具有的创新意义，提出知识管理对自主创新的机理。

2）企业集聚论

Malmberg 和 Maskell 认为，高技术集群内的企业在强化技术竞争中推动技术的自主创新[⑤]。Carbonara 认为，高技术产业集群能够促进企业提高自主创新能力，并获得产业集群持续发展的动力[⑥]。魏江认为，集群技术学习是以集群共享的制度、规则、程序和规制为基础，集群成员相互协调行动以实现在技术创新中的知识积累和转移[⑦]。张铁山和赵光认为，高技术企业集群发挥了知识溢出、创新要素获取、创新氛围营造等作用，使集群内企业获得自主创新所需要的知

① Haider S. Organizational knowledge gaps: concept and implications[R]. DRUID Summer Conference 2003, 2003; 韩赟, 高长元. 高技术企业知识缺口弥补流程研究[J]. 科学学研究, 2009, 27（9）: 1370-1375.

② 芮明杰, 陈娟. 高技术企业知识体系概念框架及其内部互动模型——一个解释知识创新过程的新框架[J]. 上海管理科学, 2004, （2）: 7-10.

③ 于晓宇, 谢富纪, 彭鹏. 知识管理与高技术企业技术创新模式的耦合性机理研究[J]. 情报科学, 2007, 25（2）: 302-305.

④ 欧光军, 李永周. 高技术企业集群产品创新知识集成实现研究[J]. 科技管理研究, 2009, （10）: 404-406.

⑤ Malmberg A, Maskell P. The elusive concept of localization economies: towards a knowledge-based theory of spatial clustering [J]. Environment and Planning A: Economy and Space, 2002, 34（3）: 429-449.

⑥ Carbonara N. Innovation processes within geographical clusters: a cognitive approach[J]. Technovation, 2004, 24（1）: 17-28.

⑦ 魏江. 产业集群——创新系统与技术学习[M]. 北京: 科学出版社, 2003.

识创新能力、文化创新能力和要素创新能力①。企业集聚论强调高新技术企业集聚为企业自主创新提供了有利的外生条件。

3）资本运营论

Landier②、Winton 和 Yerramilli③、de Bettignies 和 Brander④分析了高技术企业融资与自主创新之间的关系，针对高技术创业企业融资中面临的信息不对称、逆向选择和道德风险等问题进行研究，选择了合适的融资方式和契约结构。龙勇和常青华依据高技术创业企业成长过程，从企业的产品创新特性出发，研究了不同类型投资者对高技术企业自主创新的影响⑤。乐琦等在"技术创新投入—技术创新产出—竞争力水平"关系模型基础上，认为研发资金的投入与企业技术创新的综合产出水平和企业的竞争力水平具有正相关关系⑥。资本运营论强调了研发资金投入在高技术企业自主创新中的重要性。

4）组织结构论

王步芳认为，高技术企业的组织结构应从传统的机械组织向有机式组织演变，创造性地实现网络组织管理，以促进技术创新⑦。张维迎等利用中关村科技园区的企业数据，分析了企业年规模、年龄、技术效率、研发投入和负债率等因素对高技术企业成长和技术创新的影响⑧。组织结构论主要分析了高技术企业的组织结构与企业创新之间的关系。

上述这些研究成果分别从知识创新、产业环境、资本投入和组织结构等角度分析了高技术企业如何创造条件来提高自主创新能力，并为高技术企业促进自主创新进行了相应的制度安排。但是，这些研究成果没有系统地考虑高技术企业自主创新的内源性因素，没有分析高技术企业自主创新能力提升的内在规律。

① 张铁山，赵光. 集群对高技术企业创新能力的影响分析[J]. 中国科技论坛，2009，（1）：31-35.

② Landier A. Start-up financing：from banks to venture capital[R]. Working Paper，University of Chicago，2002.

③ Winton A，Yerramilli V. A model of entrepreneurial finance[R]. Working Paper，University of Minnesota，2004.

④ de Bettignies J E，Brander J A. Financing entrepreneurship：bank finance versus venture capital[J]. Journal of Business Venturing，2007，22（6）：808-832.

⑤ 龙勇，常青华. 高技术创业企业创新类型、融资方式与市场策略关系研究[J]. 科学学与科学技术管理，2008，（1）：70-74.

⑥ 乐琦，蓝海林，蒋峦. 技术创新战略与企业竞争力——基于中国高技术行业中本土企业与外资企业的比较分析[J]. 科学学与科学技术管理，2008，（10）：47-52.

⑦ 王步芳. 新经济与高科技企业创新[J]. 经济工作导刊，2001，（20）：4-6.

⑧ 张维迎，周黎安，顾全林. 高新技术企业的成长及其影响因素：分位回归模型的一个应用[J]. 管理世界，2005，（10）：94-101，112.

4.2 关于组织学习模式与自主创新能力关系的研究综述

技术自主创新能力是高技术企业健康发展的核心能力，是一个高技术企业在未来市场上能否赢得竞争优势的关键因素。我国的高技术企业发展迅速，由不规模向健康、持续发展状态转变，呈现出良好的发展势头①。然而，与发达国家相比，我国的高技术企业技术创新水平仍相对较低。在过去的 30 年里，知识学习与技术自主创新一直是学术界关注的主体。从知识的流动和创造的角度看，技术自主创新的本质是知识的获取、传播、分享和利用的组织学习过程②。因为技术自主创新能力主要取决于新知识的量。高技术企业为学习型企业的代表，从组织学习角度研究高技术企业技术自主创新能力的提高成为人们关注的重要问题。对于知识学习与技术自主创新能力的关系研究，国内外学术界的主要看法有以下几方面。

1）知识的学习进程观

陈国权和马萌把学习过程分为发现、发明、执行、推广和反馈，以提高组织学习绩效进而提高企业竞争能力③。Figueiredo 等认为，高技术企业有效提升知识获取、知识转化、知识扩散、知识整合和知识创造的进程，可加快企业技术自主创新能力积累的速度，这也是企业技术能力提升的关键④。Aragon-Correa 等认为，领导力可以通过影响组织学习的进程，进而影响企业组织的技术自主创新⑤。李艳等通过技术看门人对获取技术情报的有效搜集和筛选，有效加快了组织学习的进程，进而加快了技术自主创新能力提升进度⑥。

---

① 王玉香. 高技术企业技术创新能力与盈利能力的关系研究[D]. 南京财经大学硕士学位论文，2011.

② 黄光阳. 企业组织学习与技术创新的能动效应研究[J]. 科学管理研究，2011，29（4）：84-86.

③ 陈国权，马萌. 组织学习的过程模型研究[J]. 管理科学学报，2000，3（3）：15-23.

④ Figueiredo P N. Learning processes features and technological capability-accumulation：explaining inter-firm differences[J]. Technovation，2002，22（11）：685-698；魏江，刘锦. 基于协同技术学习的组织技术能力提升机理研究[J]. 管理工程学报，2005，19（1）：115-119；李相银，余莉莉. 高新技术企业中的组织学习与技术创新[J]. 科技管理研究，2012，（10）：15-19.

⑤ Aragon-Correa J A，Garcia-Morales V J，Cordon-Pozo E. Leadership and organizational learning's role on innovation and performance：lessons from Spain[J]. Industrial Marketing Management，2007，36（3）：349-359.

⑥ 李艳，赵新力，齐中英. 基于技术竞争情报和组织学习提升企业技术创新能力[J]. 科学管理研究，2010，28（3）：16-19.

2）提升内外部学习环境和机制

张钢提出，应该建立利于组织学习的设施、网络和氛围，将学习各要素有效联系起来，以利于创新[①]。Calantone 等认为根据组织外部环境进行合适的组织学习可以有效提升企业创新能力[②]。孙小强提出增强组织学习文化氛围和建立激励机制可以促进组织学习，进而提升企业技术创新能力[③]。

3）学习源的辨识和获取

周玉泉和李垣指出，内部学习和外部学习对组织运作能力和动态能力产生影响，进而影响企业的突破性创新和渐进性创新[④]。谢言和高山行描述了企业内外部知识源对企业创新的重要性，并分析不同学习方式和环境对其的中介和调节作用[⑤]。这类观点强调通过对学习源的辨识和获取来提高企业的技术创新能力。

4）组织学习方式观

Mckee 研究了单环学习方式与双环学习方式对渐进性创新和突破性创新的影响[⑥]。刘兰剑和司春林指出开拓性学习方式对渐进性创新产生有益影响，开发性学习方式对突破性创新产生有益影响[⑦]。弋亚群等从理论上扩展了企业家导向通过对组织学习方式（探索式学习和利用式学习）的影响进而影响企业技术创新的能力[⑧]。

综上所述，国内外学术界从知识学习进程、组织学习源、组织学习所在的内外环境和组织学习方式等角度对组织学习与技术创新能力之间的关系进行研究，为高技术企业提高技术创新能力提供了重要的理论指导。然而，这些研究没有考虑到高技术企业在不同的发展阶段对组织学习和技术创新的特殊要求，忽略了不同维度的组织学习与技术创新能力之间的交互关系，导致高技术企业难以根据自身所处的发展阶段选择合适的组织学习模式。因此，本章以企业生命周期为切入点，分析高技术企业各个发展阶段的组织学习和技术创新能力的特点，探讨高技术企业在不同发展阶段的组织学习模式与提升技术创新能力的关系。

---

① 张钢. 企业组织创新过程中的学习机制及知识管理[J]. 科研管理，1999，20（3）：40-45.

② Calantone R J，Cavusgil S T，Zhao Y S. Learning orientation，firm innovation capability，and firm performance[J]. Industrial Marketing Management，2002，31（6）：515-524.

③ 孙小强. 企业技术创新与组织学习的关系研究[J]. 中共青岛市委党校青岛行政学院学报，2010，（6）：18-21.

④ 周玉泉，李垣. 组织学习、能力与创新方式选择关系研究[J]. 科学学研究，2005，23（4）：525-530.

⑤ 谢言，高山行. 组织学习对企业技术创新影响的实证研究[J]. 中国科技论坛，2013，（1）：11-17.

⑥ Mckee D. An organizational learning approach to product innovation[J]. Product Innovation Management，1992，9（3）：232-245.

⑦ 刘兰剑，司春林. 嵌入性-跨组织学习-技术创新之关系研究[J]. 技术与创新管理，2010，31（1）：9-12，26.

⑧ 弋亚群，邹明，谭国华. 企业家导向、组织学习与技术创新的关系研究[J]. 软科学，2010，24（8）：17-20.

4.3 基于企业生命周期的高技术企业自主创新能力的维度分析

高技术企业自主创新能力是企业在资金能力支撑下，为支持技术创新战略的实现，以产品创新能力和工艺创新能力为主体并由此决定的系统整合功能[①]。高技术企业的形成和发展经历了周期性的演进阶段。高技术企业在不同发展时期的经营目标和技术创新任务不同，所以在不同阶段所需的技术创新能力也有所差异。根据高技术企业的特点，结合企业生命周期理论，从技术核心能力、企业规模及经营结构三个维度将高技术企业生命周期分为四个阶段：初创期、成长期、成熟期和衰退-更新期，并从技术、管理、产品生产和服务及市场营销等方面对高技术企业在这四个阶段的特点进行描述，并分析出高技术企业在各个发展阶段所需提高的技术自主创新能力维度。

4.3.1 初创期的技术自主创新能力

在初创期，高技术企业的发展规模相对偏小，技术创新能力较弱。在技术研发方面，虽然部分高技术企业拥有自主技术的产品，但是由于资金不充实和知识积累薄弱，高技术企业仍不具有核心竞争能力。研发技术覆盖面较窄，专业化程度较高，新产品种类偏少。高技术企业通常需要综合利用组织内外的一切资源，实现技术创新项目并产生最终核心成果。在技术创新管理方面，高技术企业的管理层次少且灵活性高，但管理制度不完善，运行的规范度不高，高技术企业的技术创新面临的风险较大。在生产制造方面，由于高技术企业没有竞争力强的产品，对于随时都有可能被取代的现有非核心产品不适宜大量生产，以免为将来的库存积压带来风险。但是，由于高技术企业生产制造能力较弱，必须进行生产制造知识的积累。在市场营销方面，高技术企业产品的市场知名度低，在市场开发上处在导入阶段，产品缺乏市场竞争优势。

因此，高技术企业在初创期的技术自主创新能力呈现明显特征：高技术企业在技术研发上需要注重知识积累，增强技术创新能力，同时需要在加强原有技术积累的基础上实现企业的突破性创新，培育核心竞争力；在技术创新管理上需要建立适宜核心技术的管理制度，营造良好的组织运行环境；在生产制造上，要注

---

① 魏江，许庆瑞. 企业技术能力与技术创新能力之关系研究[J]. 科研管理，1996，17（1）：22-26.

重生产知识的积累，为企业的生产制造奠定坚实基础；在市场营销上，需要注重市场调研，以准确地确定企业的核心技术的市场导向。

4.3.2　成长期的技术自主创新能力

在成长期，高技术企业规模逐渐扩大。在技术研发上，高技术企业核心技术刚刚形成，已有一定的竞争力，但核心技术还不够完善，所以成长期是技术核心能力延伸和强化的过程。在技术创新管理上，适应高技术企业核心技术研发的管理制度、规章等已慢慢形成，组织内机构增加，虽然较初创期的管理有所进展，但分工不够详尽，责任不够明确。在生产制造上，高技术企业较传统技术企业弱，同时由于知识积累薄弱，企业在结构上主要从事专业化生产，产品和服务比较集中，没有与核心技术相配套的设施，并且没有设定产品质量标准。在市场营销上，高技术企业销售能力变强，经过前一阶段的市场调研，高技术企业已经了解了核心技术的市场导向，并且基本形成合理的营销观念。

因此，高技术企业在成长期的技术自主创新能力呈现阶段性特点：高技术企业应进一步对核心技术进行完善，以便加快核心技术的形成，并将核心技术转化为高技术产品。在技术创新管理上，一方面，需要关注管理制度的优化能够满足核心技术研发的需求；另一方面，需要对制度环境加以固化，以便做到管理适宜。在生产制造上，为了较快抢占一定市场份额，高技术企业需要有效进行新产品试制、新产品生产及配套。

4.3.3　成熟期的技术自主创新能力

在成熟期，高技术企业规模进一步扩大，经营绩效保持在较高水平，使企业获得充裕的资金，形成较强的市场竞争力。在技术研发上，高技术企业拥有自主知识产权的核心技术已完全成熟，具有较强的竞争力，从而增强了进行规模扩张的能力。在技术创新管理上，高技术企业的各项制度比较完善和稳定，外部环境竞争虽然加大，但整体的环境没有发生实质性的变化。在生产制造上，高技术的生产设备水平、工人技术水平都较高。外界激烈的竞争环境要求企业生产多元化。在市场营销上，出现大量竞争对手和潜在的行业进入者，市场竞争激烈。

因此，高技术企业在成熟期的技术自主创新能力呈现鲜明特点：高技术企业需要对产品进行多元化的生产经营来稳定企业销售业绩及其所占的市场份额，即在现有产品的基础上进行技术和工艺的改进，以满足消费者的多样化需求。同时，很多高技术产品虽然功能强大，却因性能不稳定等原因被消费者抱怨，多元化的产品对高技术企业的产品质量标准水平提出了更高的挑战。所以，在生产制造上，高技术企业只有继续提高生产制造能力，才能配合好企业的渐进性创新；在市场营销上，高技术企业不但要注意现有消费者的个性化需要，同时还要考虑消费者的潜在需要，当高技术企业在衰退-更新期来临时，能尽快确定企业的市场导向。

4.3.4 衰退-更新期的技术自主创新能力

在衰退-更新期，高技术企业规模庞大，资金充裕，但是诸多弊端也显露出来。在技术研发上，高技术企业核心竞争力明显下降，现有核心技术已满足不了消费者的需求。在技术创新管理上，高技术企业技术创新管理模式僵化，灵活性降低，组织惰性显现，高技术企业容易依赖以往的成功经验从而阻碍企业的发展。同时，由于企业内部的相互推诿卸责等问题，高层管理人员的控制力减弱，导致在管理上缺乏创新。在生产制造上，虽然高技术企业产品和服务多元化特征明显，但是现有产品已满足不了消费者的偏好。在市场营销上，市场竞争进一步加剧，消费者对产品的兴趣明显减弱，业绩滑坡，利润降低。

因此，高技术企业在衰退-更新期的技术自主创新能力呈现显著特点：在技术研发上，高技术企业应该着手下一代产品的研发，做一些风险较高的创新来提高企业的核心竞争力；在技术创新管理上，高技术企业还应从战略方面重新审视企业的发展，以做出适宜的管理计划来实现企业的长远目标；在生产制造上，高技术企业需减少运行的生产资本；在市场营销上，高技术企业应重新确定技术研发的方向，在对市场潜在需求进一步调查的同时，不忘设计营销方案将现有的产品推销出去，以免加大库存压力。

4.4 高技术企业组织学习模式的维度分析

1958 年，March 和 Simon 第一次提出了组织学习的概念。"组织学习"之父 Argyris 认为，组织学习是组织发现不足，并对组织不足加以分析，进而进行修正和重新审视组织学习的过程[①]。对于组织学习的概念界定，不同学者研究重点差异很大。组织学习是为了一定的目标，而有意识地对系统内各要素的知识进行有效的收集、整理、归纳和扩散，最终提高组织整体的学习能力和竞争能力的过程。同时，由于高技术企业具有高知识密集性、高技术密集性、高资金密集性、高风险性和高效率等特点，高技术企业的组织学习需要更多的知识积累，更快的

---

① Argyris C，Schön D A. Organizational Learning：A Theory of Action Perspective [M]. Upper Saddle River：Addison-Wesley Publishing Company，1978.

知识更新和知识转化。

组织学习模式是指有关组织学习形式的总的看法与观点，是指导组织学习实践的理论基础。这反映了指导组织学习的思维方式与工作方法，决定了组织学习的效率与效果[①]。高技术企业的成长是一个主流组织学习模式不断变化的过程。因此，借鉴 Lyles 在 1988 年对组织学习模式的划分方式[②]，结合高技术企业自身的行业特点和企业生命周期的特性，将组织学习模式划分为模仿性组织学习模式、经验性组织学习模式和创造性组织学习模式三个维度。

4.4.1　模仿性组织学习模式

模仿性组织学习是与组织对外部认知系统信息知识的收集密切相关的[③]。模仿性组织学习是高技术企业在面临现实所遇到的问题时，利用从不同渠道获得的知识去解决问题的组织学习模式。这些渠道包括科学技术咨询处、供应商、消费者和竞争者，还包括参加的讨论会和贸易会[④]。模仿性组织学习始于模仿的过程，其中还包含对所模仿知识的提升和规范化。模仿性组织学习包括对核心技术、设计方法、技术创新管理机制、创新氛围的塑造、生产设备、工艺流程、产品服务和市场调研方法等的模仿。这是将显性知识隐性化的过程。在高技术企业实力较弱或面对复杂的内外部环境不知所措时，模仿性组织学习可有效降低企业风险和成本，加快企业的运行效率。

4.4.2　经验性组织学习模式

经验性组织学习是高技术企业面临现实所遇到的问题时，利用已有的经验和理论知识去解决问题的一种组织学习模式。经验性组织学习中新知识的发展基于做一些事情，如通过操作程序，利用知识，在进行试验和纠正错误的进程中实现知识的学习和积累。高技术企业根据在以往学习过程中积累的知识在企业内部进行共享和应用，在知识内部化的过程中提高了企业员工的学习能力和解决问题的能力，主要是显性知识隐性化的过程，其中也包含隐性知识显性化的辅助过程，

①　孟晓飞. 组织学习的模式及应用研究[D]. 合肥工业大学硕士学位论文，2001.

②　Lyles M A. Learning among joint venture sophisticated firms[J]. Management International Review，1988，23（special issue）：85-97.

③　Huber G P. Organizational learning：the contributing processes and the literatures[J]. Organization Science，1991，2（1）：88-115.

④　Carbonara N. Innovation processes within geographical clusters：a cognitive approach[J]. Technovation，2004，24（1）：17-28.

即组织通过实践来发展新知识。通过对知识和事件的不断实践来提高和改善核心技术、管理制度、生产工艺和市场营销方案策略。高技术企业进行经验性组织学习模式可有效提升企业自身的知识储备和综合运行能力。

4.4.3 创造性组织学习模式

创造性组织学习是高技术企业对现实存在的问题和未来有可能出现的问题采取的一种非常规、未有先例的解决方法和策略，并同时加强反复的实验和反馈。在创造性组织学习模式下，高技术企业更容易实现突破性创新，表现出企业优势性和核心性的学习过程，很多时候还带有一定的储备性。创造性组织学习不但要求对现有环境做出创新，而且要求对未来有一定的预见性，它是隐性知识显性化的过程。与前两种学习模式不同，创造性组织学习更强调要有自己的认识的新方法和进行突破性的创新[1]。实现创造性组织学习有两种情况：一种是高技术企业同其他企业形成技术联盟；另一种是高技术企业进行自主的创新学习。在高技术企业进行技术联盟实现创造性组织学习时，可根据自身情况选择竞争性学习和合作性学习。竞争性学习是合作一方尽可能地向另一方学习而不是把共同学习作为首要任务。合作性学习更倾向于同合作伙伴一起学习[2]。创造性组织学习是高技术企业完全依据自己的实力来进行的突破性创新。

4.5 高技术企业组织学习模式与技术自主创新能力关系研究

尽管组织学习是源于组织和个人学习的结果，但是不同的组织学习模式的本质还是存在很大差别的。因此，需根据高技术企业生命周期每一阶段的任务目标，分析组织学习模式对技术自主创新能力所需维度的作用。在满足了高技术企业在一定阶段的能力需要后，才能有效提升高技术企业自主创新能力。

组织学习模式随着周期阶段而变化，以便与高技术企业的内部技术能力和外部竞争环境的变化相一致[3]。根据高技术企业生命周期内技术创新能力提升的需要和组织学习维度对技术创新能力维度提升关系的特点，高技术企业可以选择与

---

① 刘津. 学习型企业的组织学习模式和构建模型研究[D]. 天津大学硕士学位论文，2004.
② 王伟. 组织学习理论研究述评[J]. 郑州大学学报（哲学社会科学版），2005，38（1）：68-71.
③ 吴晓波. 动态学习与企业的核心能力[J]. 管理工程学报，2000，14（B12）：21-25.

企业生命周期相匹配的组织学习模式，从而有效提升高技术企业自主创新能力和整体运行效率，有效降低企业运行成本，进而建立组织学习模式与生命周期各阶段的匹配关系（表4.1）。高技术企业面对的环境复杂，技术自主创新的实践中不可能存在唯一或者单纯的组织学习模式，因此在高技术企业生命周期不同阶段存在不同的组织学习模式。因此，需从技术自主创新能力提升过程、技术自主创新能力类型和组织学习的知识流程等方面对技术自主创新能力的影响，系统地研究组织学习是如何提升技术创新能力。

表 4.1　高技术企业生命周期与组织学习模式匹配关系

组织学习模式	初创期	成长期	成熟期	衰退−更新期
模仿性组织学习	√		√	√
经验性组织学习		√	√	
创造性组织学习	√	√		

注："√"表示不同生命周期选择的组织学习模式

4.5.1　初创期的组织学习模式与技术自主创新能力关系

高技术企业在初创期的市场需求变化较小且行业内竞争对手较少。面对相对稳定的外部环境，高技术企业比较容易分析和预测行业内竞争对手的规模、产品质量、价格水平、竞争战略甚至行业的竞争态势。高技术企业在初创期的技术创新目标是实现突破性技术创新，建立适宜管理制度，积累产品生产知识和市场营销知识，确定市场导向，以有效提升高技术企业的自主创新能力。

高技术企业通过获取行业内具有代表性的企业或竞争对手的市场信息，分析行业内其他企业的调研方法和营销模式并进行模仿，提高市场知识的积累，提高市场调研水平和营销人员水平，进而确定企业的市场导向。同时，高技术企业通过模仿性组织学习进行生产知识积累，提高高技术企业员工的技术水平。高技术企业市场知识的积累是提升市场营销能力的动力和基础。然而模仿性组织学习很难实现技术的突破性创新和创建适合高技术核心能力生成的管理机制、创新氛围和创新体系。创造性组织学习正好弥补了这一缺点：高技术企业在有选择地从外部知识源获取技术和管理知识基础上，实行创造性组织学习提高研发成功率，从而实现突破性技术创新和管理创新，进而有效提升高技术企业的技术研发能力和技术创新管理能力。

同样，模仿性组织学习还可以有效降低高技术企业生产成本，将更多的资金用于高技术企业 R&D 投入。R&D 投入通过提高企业的无形资产数量、技术员工数量和专业技术设备数量来提升高技术企业的技术资源拥有量，能够帮助高技术企业更快地开展技术创新[①]。创造性组织学习模式可帮助高技术企业实现突破性技术创新和建立适宜突破性技术的管理体制，且在知识技术化过程中达到知识寻优和组织寻优[②]。而经验性组织学习是建立在以往的知识积累的基础上的。作为处于初创期的高技术企业，采取经验性组织学习相当于闭门造车，将使企业的发展之路越走越窄，最终走向消亡。因此，高技术企业在初创期适宜采用模仿性组织学习和创造性组织学习为主的组织学习模式来提升企业技术创新能力。

4.5.2 成长期的组织学习模式与技术自主创新能力关系

高技术企业成长期的内外部环境相对较稳定，消费者需求日益扩大。高技术企业能清晰分辨消费者的需求。在成长期，高技术企业需要提升生产制造能力，生产高质量的产品，完善核心技术来提升技术自主创新能力和完善组织管理制度。

高技术企业在积累技术和管理相关知识后，采取经验性组织学习对管理和技术相关知识进行消化和应用，提升高技术企业自身学习能力并对管理机制进行优化，同时完善管理创新战略，从而提升高技术企业技术创新管理能力。经验性组织学习在促进技术的渐进性创新方面起到了完善核心技术的作用，有效地提升了高技术企业的自主创新能力。经验性组织学习更注重做事，是知识隐性化的过程，为技术和管理知识的积累起到了积极作用。高技术企业通过创造性组织学习更容易产生技术跳跃式创新：一方面，高技术企业在对引进的生产知识进行吸收和归纳的基础上，进行生产工艺创新，完成新产品的试制、生产和配套；另一方面，高技术企业可通过与其他机构的合作来实现生产工艺的创新。

不同核心技术的生产工艺往往差别很大。如果高技术企业此阶段依然以模仿性组织学习为主，很难使高技术企业在核心技术设备和产品生产上实现较高水平的标准化，将不利于高技术企业自主创新能力的积累。而经验性组织学习与创造性组织学习不但能够促进技术的渐进性创新和实现技术的储备，而且可以进一步完善技术创新管理制度和战略。创造性组织学习可以帮助企业实现生产工艺创新和生产技术创新，提升高技术企业对新产品的研制效率。因此，高技术企业在成长期宜实行以创造性组织学习和经验性组织学习为主的组织学习模式来提升技术创新能力。

---

① 杜跃平，王良. 高科技成长型企业 R&D 投入与绩效的关系——基于企业生命周期视角的实证研究[J]. 科技进步与对策，2011，28（12）：83-87.

② 李晏墅，李金生. 基于技术形成机理的自主创新决策模型研究[J]. 中国工业经济，2007，（6）：105-112.

4.5.3　成熟期的组织学习模式与技术自主创新能力关系

尽管高技术企业在成熟期的外部市场竞争程度较为激烈，但是顾客对高科技产品的需求没有发生质的变化，此时高技术企业已经有了完善的管理制度和自主核心技术。为了更充分发挥现有核心技术的优势，实现产品多元化和巩固产品市场占有率，高技术企业需要提升生产制造能力和市场营销能力。

如果将组织看作信息处理系统，那么组织必然存在储存知识和信息的机制，这是企业能有效进行经验性组织学习的基础[①]。当高技术企业遇到问题时，通过以往积累的丰富经验和生产知识对高技术企业的生产技术和工艺流程等进行完善和改进，使企业变得更有效、更迅速并且生产成本更低，从而提升企业的生产制造能力。成熟期的高技术企业提高市场营销能力从两点出发：一是高技术企业可以进行经验性组织学习，利用丰厚的知识积累来进行渐进性创新，提升市场调研水平。二是过于依赖经验，使高技术企业故步自封而难以发展。高技术企业要密切注意竞争对手的市场变动，向竞争力强的企业进行营销方法和手段的借鉴和模仿，同时结合自身的经验进行有效整合，提高销售人员水平和产品市场占有率，从而提升高技术企业的市场营销能力。

创造性组织学习使跳跃性创新的实现成为可能，但本阶段高技术企业的主要创新目标是实现产品多元化。如果实行以创造性组织学习为主的组织学习模式，会耗费企业过多资源，不利于实现产品和市场的进一步扩大。同时由于处于本阶段的高技术企业难以把握未来产品市场导向，实行创造性组织学习为主的组织学习模式会使企业面临较大的风险。因此，采取经验性组织学习和模仿性组织学习为主的组织学习模式，可有效提升高技术企业的生产制造能力和市场营销能力，这是本阶段提升高技术企业创新能力的最优选择。

4.5.4　衰退-更新期的组织学习模式与技术自主创新能力关系

新的市场需求要求高技术企业不断有效提升市场营销能力，将现有产品销售出去并确定市场导向；通过有效提升技术创新管理能力来克服高技术企业的信息流通不畅、路径依赖等管理模式的弊端；实现技术的突破，进而为高技术企业塑造新的核心竞争力。

在技术自主创新模仿能力低的高技术企业中，由于知识获取能力低而造成资源成本的浪费；反之，在技术自主创新模仿能力强的高技术企业中，知识可以以低成本的方式被有效地吸收，并且在企业组织内进一步进行知识整合和知识运

---

① 周晓. 组织学习对组织创新的影响研究[D]. 哈尔滨工业大学博士学位论文，2007.

用，从而扩大高技术企业的知识积累，促进技术自主创新。衰退-更新期的高技术企业模仿能力较强，采取模仿性组织学习可以帮助高技术企业获取竞争对手的市场知识和信息，并根据信息分析竞争对手的市场竞争策略，能够快速地把握市场营销导向，从而提升高技术企业的市场营销能力。模仿性组织学习可以对高技术企业技术创新的元件、结构及其中的连接进行修改和完善，但不适宜重大技术创新的突破。衰退-更新期的高技术企业亟须颠覆性的创新来实现技术的突破性创新。因此，高技术企业采用创造性组织学习，吸收国际先进技术和管理知识，进行管理知识和技术知识的创新，是一种对知识结构的根本性改变，也是高技术企业能实现突破性技术创新的关键。高技术企业需要对技术创新战略和管理机制进行优化和创新，更新技术创新的管理氛围，谋求技术创新的突破性进展。

采取经验性组织学习为主的组织学习模式，高技术企业会保持原有的技术创新战略和运行模式，可能会有局部的优化和改善，但是局部的优化和改善不足以支撑高技术企业在本阶段的技术自主创新目标。采取创造性组织学习的方式来进行市场营销能力的提升，高技术企业的技术创新管理机制也能适应市场变化，而通过模仿竞争力强的企业可以降低风险并帮助高技术企业加快知识更新。因此，高技术企业可采取模仿性组织学习和创造性组织学习为主的组织学习模式来提升技术研发能力、技术创新管理能力和市场营销能力。

4.6　管　理　启　示

技术自主创新是高技术企业生存和发展的基础，技术自主创新能力是实现技术创新的核心因素。因此，高技术企业的技术创新能力是衡量企业在激烈的市场环境下竞争力的重要指标。在企业生命周期的不同阶段，高技术企业需要具有的技术创新能力水平各异。只有满足在不同阶段高技术企业对技术自主创新能力水平的需要，才能真正实现高技术企业的自主创新能力的提升。根据高技术企业不同生命周期阶段的特点，采取不同的组织学习模式，有效提升技术自主创新能力，根据对高技术企业的组织学习和技术创新管理优化的研究可以获得相应的管理启示。

（1）高技术企业在初创期应当采取模仿性组织学习与创造性组织学习相结合的组织学习模式来提升技术创新能力，从而更好地适应外部市场的环境变化，进行技术研发和产品创新。

（2）高技术企业在成长期应当采取经验性组织学习与创造性组织学习相结合的组织学习模式进行技术自主创新能力的提升。这不仅可以促进高技术企业管理和技术的知识积累和知识创新，还能提升高技术企业生产制造能力，实现高技术企业技术创新环境和氛围的优化。

（3）高技术企业在成熟期拥有具有自主知识产权的核心产品，并且能够实现高技术产品的大规模生产。面临激烈的市场竞争，高技术企业应采取模仿性组织学习和经验性组织学习相结合的组织学习模式来提升技术创新能力。高技术企业继续开发新产品的市场空间，并对新产品进行渐进性创新，持续提升高技术企业的经营绩效。

（4）高技术企业在衰退-更新期应当采取模仿性组织学习与创造性组织学习相结合的组织学习模式来提升技术自主创新能力，以进一步挖掘潜在客户，并进行产品技术的提升和改造。市场环境的变化要求高技术企业进一步完善技术创新管理体系。

根据上述研究结果，高技术企业在组织学习时应关注如何有效提高技术创新能力，在知识管理中应根据企业所处的生命周期阶段选择相应的组织学习模式。同时，高技术企业应从发展战略出发实现技术自主创新能力的提升。较传统企业而言，高技术企业更应该注重自身知识的积累和创新。高技术企业在引进知识和选取组织学习模式时，不仅要考虑创新成本和创新收益，还应该考虑组织学习模式对企业知识积累和知识创新之间的内在关系的影响。

第5章 技术范式演进与高技术企业动态创新能力

5.1 技术范式与动态创新能力分析

5.1.1 技术范式与技术创新

1）新常态下的技术创新需求

第三次工业革命席卷全球，依托信息平台的技术革命给人类的工作和生活带来翻天覆地的变化，同时也使高技术企业面临信息革命的挑战，科学技术的进步及产业结构的重组要求高技术企业拥有动态的生存模式以适应巨变后的市场。我国经济社会发展正步入新常态，高技术企业将面临新的发展机遇和挑战。新常态就是不同以往的、相对稳定的状态，这是一种趋势性的、不可逆的发展状态，意味中国经济已进入一个与过去三十多年高速增长期不同的新阶段[①]。

习近平总书记在 2014 年 5 月河南考察时首次提出"新常态"，"新"就是"有异于旧质"，"常态"就是固有的状态。经济发展理念的转变基于中国所处的经济环境变化的背景。中国处于经济发展方式转变和经济结构性调整的重要时期，受到资源和环境的限制，传统要素驱动经济发展战略已经无法推动经济社会的持续发展。同时，在全球进入第三次科技革命的背景下，科学技术对经济社会发展的促进作用越来越明显，但是我国科技自主创新能力和国际发达国家相比仍存在显著差距，未能对我国经济发展发挥应有的促进作用。党的十八大和十八届三中全会明确强调要实施创新驱动发展战略，加快经济发展方式

---

① 王敬文. 习近平新常态表述中的"新"与"常" [EB/OL]. http://finance.chinanews.com/gn/2014/08-10/6477530.shtml，2014-08-10.

转变，推动经济社会全面发展。

国际竞争历来就是时间和速度的竞争，谁动作快，谁就能抢占先机，掌控制高点和主动权；谁动作慢，谁就会丢失计划，被别人甩在后边。在全球范围内，面临大数据时代技术创新的挑战，中国经济多年以来主要的增长动力是要素驱动和投资驱动，依赖于低成本要素的大量投入，虽然增长率明显升高，但是有更多的问题亟须解决。新常态理念旨在转变粗放型经营方式，实现经济增长方式从要素驱动和投资驱动向创新驱动转变。我国经济正在向形态更高级、分工更复杂、结构更合理的阶段演化。面对新的形势和背景，我国经济社会发展进入新常态，迫切需要以科技进步和技术创新的新成果加快转变经济发展方式、调整经济结构开辟新空间。在转变的过程中，既不能让经济增速迅速降低，又要实现结构更优、效率更高。这意味着不能再依赖于传统的经济增长引擎，要更多地向技术创新谋求发展动力。

新常态下，创新驱动成为我国产业升级的核心动力，高技术企业是创新最重要的主体，因而对高技术企业的技术创新提出了更高的要求。技术创新作为经济社会发展的源动力，越来越受到政府、社会和企业的重视[1]。

2）经济转型与技术创新进化

进入 21 世纪以来，我国经济发展进入了非常关键的转型期，调整经济结构、转变经济增长方式已成为我国应对国际国内经济发展和经济形势变化的必然选择，加快推进经济结构战略性调整刻不容缓。技术创新进化不是生产要素的简单投入，而是投入要素的有机互动，是在开放环境下多重反馈关系的非线性耦合，是在确定性方向下时空结构的不确定发展，是在组织化引导下系统要素的自组织演化。技术创新过程的研究，需要基于复杂系统分析理论，建立起一般性的分析框架，逐渐形成新的研究范式[1]。

经济转型期间，不应只是国家层面理念的转变，企业的价值取向也应当做出相应的调整，这对高技术企业来说尤为重要。高技术企业的技术创新和进化是一个涉及价值取向、资金、技术、人员、管理和经营理念等各个方面的复杂系统[2]。高技术企业技术创新演化的过程又是从低级到高级逐步进化而成的，在经济转型的背景之下，作为市场转型的重要力量，高技术企业的发展较传统技术企业对技术和创新有更高的要求。

经济增长方式从要素驱动和投资驱动向创新驱动转变，建设创新型国家、发展创新型经济成为经济发展的国家战略，注重技术自主创新成为企业经营发展的必然趋势。作为技术自主创新的主体，高技术企业面临着激烈的技术竞争。为了

---

① 李北伟，鞠德珩. 经济转型过程中的技术创新问题[J]. 经济纵横，2010，（8）：38-41.
② 孙祥斌. 技术创新进化原动力分析[J]. 科技进步与对策，2004，（10）：12-13.

保持持续的技术竞争优势，高技术企业需要适应快速变化与发展的技术变革形势。近年来，技术创新飞速发展，新技术和新产品的更新速度越来越快，从而使这些技术或产品的生命周期不断缩短，技术范式的转换频率逐渐加快。追求自主创新和顺应技术范式演进，已经成为高技术企业赢得技术持续竞争优势的常态。不同的技术范式具有不同的产品价值和产业形态，进而会产生不同的企业发展战略和技术创新管理模式，这些客观因素都要求高技术企业具有技术创新的动态能力（即动态创新能力），以适应快速演进中的技术范式。因此，如何顺应技术范式的演进，如何在技术范式转移中优化技术创新管理体系，如何有效地培育企业的动态创新能力，这些问题成为众多高技术企业关注的热点。

3）技术范式与动态创新能力

关于技术范式和动态创新能力问题的研究，可溯源到 1962 年托马斯·塞缪尔·库恩的代表作《科学革命的结构》。关于技术范式演进问题，国内外理论界给予了高度关注，并提出了不同的见解和看法。Dosi 受到库恩科学范式理论的影响和启发，正式提出了技术范式和技术轨道的概念，并认为技术范式是对技术、经济活动等相关问题进行解决后的知识、措施及方案的集合[1]，其目的在于防止这些新知识扩散而被竞争对手掌握，从而对企业自身构成威胁。技术范式的演进能促进高技术企业进行技术创新，持续指引行业发展的方向。当技术的绩效开始下降时，技术的生命就开始接近"自然极限"[2]。吴贵生对技术范式给出了明确的定义：是在已经选定的材料技术和自然科学原理之上，针对所选技术问题解决方案的"模式"或"模型"，是与解决方案相关的一组"重要"问题、特定知识和程序。技术范式立足于自然科学，是解决技术经济问题的一种模式。

因此，结合技术创新过程技术范式的内涵可以从三个角度进行阐述：①把技术范式看作一个适用于特定阶段的技术体系；②基于库恩科学范式中提出的新科学理论范例，认为技术范式在技术创新的初始阶段的实物表现形态是技术样品；③技术范式是一个技术的汇聚物，在技术创新的展开过程中，按照技术范式自身的发展和功能对其他相关技术在内容上的体现，在某一方向上对其他技术进行选择，并将其限定在预定的发展路径上。

4）技术范式演进

与技术范式经常联系在一起的概念——技术轨道。每个技术范式在特定的技术与经济平衡中规定着技术"进步"的方向，形成技术轨道。技术轨道是每个技术

① Dosi G. Technological paradigms and technological trajectories: a suggested interpretation of the determinants and directions of technical change [J]. Research Policy, 1993, 22（2）: 102-103.

② 克里斯腾森 C. 创新者的窘境[M]. 吴潜龙译. 南京：江苏人民出版社，2001.

范式中"常规"问题解决活动或技术进步的模式，也就是说，技术轨道是一组可能的技术方向，其外部边界由技术范式规定。技术范式包含于技术轨道。

技术轨道具有连续性、有限性（但无限逼近）、系统性、排他性与多样性等基本特性。技术的发展不是一蹴而就的，是一个不断积累的历史过程。任何技术的发明和创造都是在原有技术基础上继承、发展的。技术的继承性使得技术轨道具有连续性。技术范式和技术轨道既受到技术自身发展规律的影响，也受到社会和经济因素的影响。

影响技术轨道的关键要素总结为三大类：第一类是与科学、技术相关的。科学的根本性发展和技术的内生性积累奠定了技术轨道形成的基础。较强的科学基础能够支撑较快的技术进步。科学的进步尤其是其根本性创新对技术轨道形成有引导性和外生性助推作用。某产业或者相关产业的重大技术突破很有可能导致新技术轨道的出现。第二类是与经济因素相关的（如市场需求等）。经济因素如市场需求、生产成本、价格变动等对技术轨道演化的速率、方向，以及潜在技术范式的选择有较大的影响。第三类是与制度因素相关的。技术轨道的形成演化也较多地受到制度因素的综合影响。制度因素（政策、法律法规、文化等）的变迁对技术进步的影响作用是显而易见的，创新活动的"自然轨道"是技术、制度、市场等共同演化的结果，制度因素的动态变化也影响着技术进步的动态更新[①]。

根据技术创新中技术和技术轨道的关系，把技术创新分为"选轨"创新、"顺轨"创新和"转轨"创新。"选轨"创新是指在相互竞争的不同技术轨道中选择某个技术轨道进行创新。"顺轨"创新是指沿着某一技术轨道发展方向的创新。"转轨"创新是指从已有技术轨道向新出现的技术轨道转变的创新。

从技术创新的内涵和外延及创新实践来看，技术创新并不是仅仅局限于技术的活动，仅从技术轨道来认识创新活动的规律是不够的。广义轨道理论将视角从技术维度扩展到技术创新设计的其他维度，如市场、商业运作等，从更广义的角度考察技术创新。

面对复杂多变的市场需求和持续发展的技术范式，如果高技术企业不考虑技术范式及技术创新的持续性，就难以保持其在各自行业中的领先地位。技术范式演进与高技术企业边界变动是动态变化的，对置身于技术范式演进中的高技术企业来说，培养自己的核心能力、打造无边界组织和构建技术创新价值网络体系是很重要的[②]。不仅如此，技术范式的演进及其影响可拓展到技术-产业集聚范式，能够指导战略性新兴产业区域集聚，进而影响推进突破性技术创

① 吴贵生，王毅. 技术创新管理[M]. 3 版. 北京：清华大学出版社，2013.

② 邓龙安，徐玖平. 技术范式演进与企业边界变动的动态变化研究[J]. 科学学与科学技术管理，2007，（1）：151-156.

新[①]。由此可见，技术范式演进在提高高技术企业自主创新能力、发展高技术产业和转变经济增长方式等方面，是重要的内生驱动力量。

5.1.2　国内外关于高技术企业动态创新能力的研究综述

在技术范式演进中，技术创新的动态能力成为影响高技术企业赢得持续技术竞争优势的重要因素。国内外理论界关于高技术企业动态创新能力提出了不同的观点。

1）市场导向的动态创新能力

Leonard-Barton认为，技术范式的转变或演进规律是高技术企业必须面临的外部挑战。当技术范式变化时，高技术企业的核心能力会遭到变化市场的淘汰，并且会对高技术企业的持续发展产生阻碍[②]。Teece等认为，高技术企业在顺应市场和时代演变过程中形成了动态创新能力[③]。Teece认为，动态创新能力是高技术企业可持续发展的竞争优势，关键在于能够促进高技术企业适应外部环境的变化[④]。这些观点认为，高技术企业的动态创新能力来源于对市场环境的学习和适应，强调动态创新能力能够适应市场需求的变化，具有显著的市场导向能力特性。

2）技术创新导向的动态创新能力

贺小刚等认为，动态创新能力是高技术企业在创新资源优化配置的基础上形成的对技术和知识的内生处理能力，提升知识创造和技术创新的内生能力是培育创新网络动态创新能力的关键[⑤]。Türker使用制造业技术创新能力模型，以土耳其汽车制造业为研究对象进行研究，认为技术创新是构成动态创新能力的重要维度，并且影响整个行业的技术领先程度[⑥]。罗仲伟等建了一个基于动态能力、技术范式和创新战略行为的半交互影响的理论框架，用以分析技术范式转换期间高

① 涂文明，刘敦虎. 战略性新兴产业区域集聚的范式演进与实现机理[J]. 科技进步与对策，2015，32（2）：73-78.

② Leonard-Barton D. Core capabilities and core rigidities: a paradox in managing new product development[J]. Strategic Management Journal, 1992, 13: 111-125.

③ Teece D J, Pisano G, Shuen A. Dynamic capabilities and strategic management[J]. Strategic Management Journal, 1997, 18（7）: 509-533.

④ Teece D J. Explicating dynamic capabilities: the nature and micro foundations of （sustainable） enterprise performance[J]. Strategic Management Journal, 2007, （28）: 1319-1350.

⑤ 贺小刚，李新春，方海鹰. 动态能力的测量与功效：基于中国经验的实证研究[J]. 管理世界，2006，（3）：94-103.

⑥ Türker M V. A model proposal oriented to measure technological innovation capabilities of business firms—a research on automotive industry[J]. Procedia-Social and Behavioral Sciences, 2012, 41: 147-159.

技术企业动态创新能力[①]。Yang 等认为，高技术企业注重生产技术含量高的产品，并以此来提升技术创新的动态能力，进而构建了一种评估高技术企业自主创新能力的指标体系[②]。这些观点从技术创新资源或要素配置、创新管理等方面强调了技术创新导向对高技术企业动态创新能力的重要影响。

3）组织创新导向的动态创新能力

Camisón 和 Villar-López 通过对西班牙企业的调查系统建立模型和进行实证分析，认为组织创新能够促进企业提高产品和工艺的技术能力，进而能够提升技术创新的动态能力[③]。Dixon 等以俄罗斯石油公司为研究案例，认为高技术企业组织变革的关键在于自主创新的动态能力与全新的动态能力。这两种动态能力帮助组织赢得了短期竞争，并创造了长期竞争的优势[④]。Michailova和Zhan 从战略管理中的动态能力角度进行研究，认为跨国公司竞争优势的最终来源是企业在战略管理和能力建设战略中所具有的动态能力，主张在动态能力和子公司的动态创新之间建立直接或间接连接，从而构建高技术企业的动态创新能力[⑤]。这些观点通过分析组织创新与技术创新的关系，强调以组织创新来培育技术创新的动态能力，形成动态创新能力的组织创新导向。

4）服务创新导向的动态创新能力

Salunke 等认为，服务性企业追求业务创新应重视培育动态创新能力，使高技术企业保持持续的竞争力和竞争优势，还认为高技术企业可以通过再造重组、扩张和修订企业流程来建立和培育动态创新能力[⑥]。Kindström 等研究了服务创新与动态创新能力的关系，认为以产品为中心的高技术企业要保持竞争力，需要通过投资组合增加服务创新，形成生产服务导向，从而培育和提升高技术企业的动态

---

① 罗仲伟，任国良，焦豪，等. 动态能力、技术范式转变与创新战略——基于腾讯微信"整合"与"迭代"微创新的纵向案例分析[J]. 管理世界，2014，（8）：152-168.

② Yang C H，Zhang Q，Ding S. An evaluation method for innovation capability based on uncertain linguistic variables[J]. Applied Mathematics and Computation，2015，256：160-174.

③ Camisón C，Villar-López A. Organizational innovation as an enabler of technological innovation capabilities and firm performance[J]. Journal of Business Research，2014，67（1）：2819-2902.

④ Dixon S，Meyer K，Day M. Building dynamic capabilities of adaptation and innovation：a study of micro-foundations in a transition economy[J]. Long Range Planning，2014，47（4）：186-205.

⑤ Michailova S，Zhan W. Dynamic capabilities and innovation in MNC subsidiaries[J]. Journal of World Business，2015，50（3）：576-583.

⑥ Salunke S，Weerawardena J，McColl-Kennedy J R. Towards a model of dynamic capabilities in innovation-based competitive strategy：insights from project-oriented service firms[J]. Industrial Marketing Management，2011，40（8）：1251-1263.

创新能力[①]。这些观点在服务创新与技术创新的关系中强调了服务创新对动态创新能力的重要影响。

综上所述，国内外专家和学者对高技术企业动态创新能力的研究主要集中在两个方面：一是从技术创新的市场、资金、组织、知识等方面对动态创新能力进行研究，没有考虑到技术自主创新行为所隐含的不同的技术范式，没有认识到技术范式对高技术企业动态创新能力的系统要求；二是从静态的层面分析技术创新管理对高技术企业动态创新能力的要求，没有考虑到技术范式的产生、形成、转移的变化发展与动态创新能力之间的关系，更没有结合新旧技术范式更替来动态地分析高技术企业的动态创新能力之间的关系。所以，联系企业技术创新现状和发展趋势，从技术范式演进的角度研究高技术企业自主创新的动态能力，具有十分重要的理论意义和实践价值。因此，通过分析技术范式演进机理，探讨技术范式不同演进阶段的创新特性，研究高技术企业动态创新能力发展过程中面临的风险，从而构建基于技术范式演进的高技术企业动态创新能力模型，为高技术企业提升技术创新能力、发展战略性新兴产业提供理论借鉴。

5.2　高技术企业的技术范式演进机理分析

技术的创新和进化是遵循某一发展规律而进行的。这种发展规律已成为解决技术经济问题的模式，即技术范式。技术范式与技术轨道是容易被混淆的概念。技术范式是在已经选定的材料技术和自然科学原理上，针对所选技术问题提出的解决方案的"模式"或"模型"。从比较宽泛的意义上来说，技术范式是与解决方案相关的一组"重要"问题、特定知识和程序。例如，汽车发动机的内燃机技术、电流放大的半导体技术都是技术范式。每个技术范式在特定的技术与经济平衡中规定者技术"进步"的方向，形成技术轨道。技术轨道是每个技术范式中"常规"问题解决活动（技术进步）的模式。也就是说，技术轨道是一组可能的技术方向，其外部边界由技术范式规定。Dosi 认为，技术范式是对技术问题的一种"展望"，包含一系列方法（程序步骤）的集合和对相关问题的界定，以及与解决方案有关的特定知识[②]。技术轨道是技术范式概念的自然延伸，技术范式定

① Kindström D, Kowalkowski C, Sandberg E. Enabling service innovation: a dynamic capabilities approach[J]. Journal of Business Research, 2013, 66（8）: 1063-1073.

② Dosi G. Technological paradigms and technological trajectories: a suggested interpretation of the determinants and directions of technical change[J]. Research Policy, 1982, 11（3）: 147-162.

义了技术演进的路径，每一个技术范式在其特定的技术与经济交替关系上都清晰地定义了自身进步的概念。这一概念侧重于在创新过程中解决技术问题依赖的知识本身以及解释创新过程中连续和非连续的变迁[①]。

通常来说，某一技术在创新过程中技术性能的提高呈 S 形成长曲线（图 5.1）。在 S 形成长曲线越过了拐点后，它的二阶导数为负数。该技术的性能指标以递减的速度发展，性能逐步趋于成熟和稳定，并取代原有的技术。这种技术创新 S 形成长曲线反映了该项技术产生和发展的基本过程，在技术创新水平跃迁过程中体现为特定的技术范式。

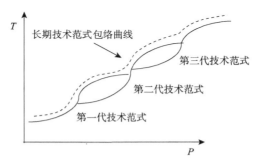

图 5.1　技术范式包络曲线

技术范式既是一种产业活动，也是一个不断吸收创造的技术体系。技术范式是在一个阶段处理相关技术经济问题的原则和标准的统称，是解决所选择的技术经济问题的一种模式，而这些解决问题的办法立足于自然科学的原理[②]。技术范式不是一成不变的，它在市场和新技术革命的推动下处于演变的状态。在技术迅速发展、新理论诞生等外部环境不断改变的状态下，新的技术范式产生并开始替代旧的技术范式（图 5.1）。

S 形长期技术范式包络曲线（图 5.1）体现了技术范式演进的全貌。技术范式演进可分划分为三个阶段：旧技术范式产生-形成阶段（阶段 Ⅰ）；新旧技术范式并存阶段（阶段 Ⅱ），包括旧技术范式转移和新技术范式产生；新技术范式形成阶段（阶段 Ⅲ）。见图 5.2。技术范式的每个阶段在技术性能、技术创新重心、技术创新风险、技术创新融资等方面具有不同的特征。

① 涂文明，刘敦虎. 战略性新兴产业区域集聚的范式演进与实现机理[J]. 科技进步与对策，2015，32（2）：73-78.
② 邓龙安，徐玖平. 技术范式竞争下网络型产业集群的生成机理研究[J]. 科学学研究，2009，27（4）：569-573.

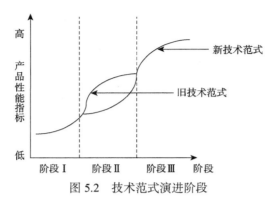

图 5.2　技术范式演进阶段

1）旧技术范式产生-形成阶段

在旧技术范式产生-形成阶段，旧技术范式在该行业内居于主导地位，并且是行业内唯一的技术范式。在技术性能上，该技术范式下新产品的技术性能不断提升，并逐步走向成熟。在技术创新重心上，从以产品创新为主逐步转移到以工艺创新为主。在技术创新风险上，产品创新风险不断降低，逐步趋于稳定，工艺创新风险不断增加。在技术创新融资上，由于产品创新风险不断降低，吸引了更多的创新投资主体向该技术范式投资，为技术创新提供了丰富的创新资金保障，市场需求不断有效激发，并持续增长，逐渐形成稳定的消费群体。在此阶段，高技术企业应对技术转化为产品过程中的知识储备不足风险、技术储备战略风险和研发项目决策风险进行估计和控制。

2）新旧技术范式并存阶段

在新旧技术范式并存阶段，旧技术范式逐步显现衰落趋势，新技术范式开始萌芽和发展。旧技术范式受到新技术范式的挑战，但依旧处于主导地位。在技术性能上，旧技术范式处于成熟阶段，新技术范式性能指标尚不稳定。新技术范式在技术性能上处于技术创新的选型和初期投入阶段，技术研发的进展相对较慢。在技术创新重心上，旧技术范式在产品创新和工艺创新方面显示了较强的生命力，延续旧技术范式保证了行业内高技术企业的持续发展。新技术范式的重心处于产品技术创新概念阶段。在技术创新风险上，旧技术范式的产品创新风险处于最低水平，工艺创新风险逐渐降低，处于技术创新的成熟阶段，而新技术范式则具有高度不稳定性的特征。在技术创新融资上，由于旧技术范式的创新风险已经达到较低水平，工艺技术风险不断降低，较为容易获得足够的资金保障，而新技术范式处于萌芽阶段，创新资金的投入并不稳定，后续资金的投入存在随时中断的可能。

3）新技术范式形成阶段

在新技术范式形成阶段，新技术在技术性能上已经趋于成熟，但发展趋势不容乐观，旧技术范式的产业退出门槛较高。在技术性能上，新技术的性能指标仍具有一定的不稳定性，但是在技术潜在价值上，新旧技术范式有着根本的不同，新技术范式的技术潜在价值更大。在技术创新重心上，旧技术范式无论是产品创新还是工艺创新都处于成熟阶段，延续已有的旧范式能够保证行业内企业的持续发展。新技术范式的重心处于产品技术创新阶段。在技术创新风险上，旧技术范式的产品创新风险和工艺创新风险都处于较低水平，并逐渐趋于稳定，技术范式转移或退出的各类成本较高。新技术范式技术创新风险逐渐降低，工艺创新风险增加。在技术创新融资上，旧技术范式依旧具有一定的产品市场占有率，仍有能力吸引创新投资主体向该技术范式投资，但创新投资规模和投资回报率均较前一阶段大幅降低。

5.3　高技术企业自主创新能力发展风险分析

在技术范式的产生、形成和转移的演进过程中，随着技术创新环境的不断变化，高技术企业的自主创新能力发展存在路径依赖或创新惯性，其动态创新能力的发展面临不同的阶段风险。

5.3.1　旧技术范式产生-形成阶段创新能力风险

旧技术范式商业化逐步走向成功带来了创新能力惯性，高技术企业在旧技术范式产生-形成阶段主要面临两类能力风险，即旧技术范式的项目决策风险和新技术范式的知识储备风险。

1）旧技术范式的项目决策风险

在旧技术范式产生-形成阶段，高技术企业对技术发展的可能趋势有所了解，对新一代市场需求趋势能做出合理预测，能够分析估计技术范式未来发展的背景以及未来采用何种商业模式进行应对。由于高技术企业在旧技术范式产生-形成阶段利用旧技术范式在生产和销售中的快速扩张，容易导致高技术企业对技术范式的未来发展趋势判断失误，尤其是旧技术范式的技术性能在创新中不断提升，容易导致高技术企业在研发商业化中会过多地强调自身的技术性能和优势，忽视市场需求的变化，引起高技术企业自主创新的营销战略决策的失误，不能正确把握市场走势和行业发展方向，最终丧失市场竞争优势，致使旧技术范式在强调技术性能中面临项目决策风险。

2）新技术范式的知识储备风险

旧技术范式不断获得创新成功，易导致高技术企业沉迷于旧技术范式的商业价值，忽略了对未来技术竞争趋势的进一步思考，缺乏能够带来经济和社会效益最大化的技术前瞻[①]。若要对新技术范式的发展趋势进行正确的评价和估计，知识和人才的储备是一个极其重要的因素。知识管理理论认为，高技术企业吸收新知识的能力及探索式创新能力和企业知识储备量成正比。组织惯性理论明确指出，知识储备越丰富，高技术企业组织的惯性也越大，不利于高技术企业组织进行新领域的探索[②]。Zahra 和 George 认为，知识储备不仅能为企业发现新知识提供基础，同时还可以提升旧知识的整合和利用速度[③]。知识储备能够提升企业吸收能力，进而促进企业探索式创新。如果不注重新知识的积累和储备，高技术企业的新一代技术的创新能力的发展会受到很大制约，从而对探索式创新起到阻碍作用，高技术企业将面临新技术范式的知识储备风险。

5.3.2　新旧技术范式并存阶段创新能力发展风险

高技术企业应具有将成熟旧技术范式转化为能够盈利的产品的能力，以占据较高的市场份额，增加企业竞争优势，还应具备将技术范式转化为产品的执行能力。在新旧技术范式并存阶段，高技术企业面临着新旧技术范式的创新资源配置风险和创新组织管理风险。

1）新旧技术范式的创新资源配置风险

尽管萌芽状态下的新技术范式代表着未来行业的发展方向，但是技术性能具有高度不确定性，市场价值并未显现，尤其在旧技术范式具有高额的市场利益吸收能力的情况下，高技术企业难以对新技术价值做出判断。旧技术范式带来的路径依赖和习惯经营容易阻碍新一代技术创新的投入。因此，在新旧技术范式并存阶段，新技术范式没有足够的技术经济影响力跟成熟的旧技术范式进行对抗，高技术企业内部在组织决策或者战略制定上也容易产生偏差。这种技术经济力量的对比，容易导致高技术企业在新旧技术范式的多个创新项目之间的创新资源配置风险。不具备以上优势的新技术范式将陷于创新资源不足的境地，导致新技术的研发停滞或夭折。

---

① Martin B R. Foresight in science and technology[J]. Technology Analysis & Strategic Management，1995，7（2）：139-168.

② 任爱莲. 知识储备、战略柔性和探索式创新关系研究[J]. 科技进步与对策，2013，30（21）：11-15.

③ Zahra S A，George G. Absorptive capacity：a review，reconceptualization，and extension[J]. Academy of Management Review，2002，27（2）：185-203.

2）新旧技术范式的创新组织管理风险

创新项目的执行能力起到至关重要的作用。创新项目的执行能力涵盖高技术企业组织的多个层面和环节，包括创新项目的领导力、运营力和研发团队的创新力等。要维持和提高高技术企业的竞争优势，高技术企业必须具备创新的执行能力。但是，在新旧技术范式并存阶段，高技术企业要面临新旧技术范式下多个创新项目并存的状况，需要相对有序的组织结构与之相匹配。无序的组织结构、观念落后、人员冗杂和办事效率低下等特点，对高技术企业完成技术范式的执行变革起到阻碍作用，难以使企业协调有序地开展带有两种技术范式的多项目运营，容易导致高技术企业的自主创新管理陷入困境[①]。因此，高技术企业将面临创新组织管理风险。

5.3.3　新技术范式形成阶段创新能力发展风险

在新技术范式形成阶段，旧技术范式的产品技术风险和工艺技术风险依旧保持最低，虽然不再具有技术优势，但仍保持一定的商业价值。高技术企业面临着旧技术范式的技术退出门槛风险和新技术范式的商业模式创新风险。

1）旧技术范式的技术退出门槛风险

在新技术范式形成阶段，高技术企业长期围绕旧技术范式开展经营管理活动，在核心价值观、管理体系、组织行为等方面形成积淀，形成特定的文化偏好。同时，在旧技术范式退出时，高技术企业还会面临有形资产提前报废、技术配套技术失效、职工结构性过剩等一系列的技术范式转换成本。这些文化偏好和转换成本容易使高技术企业在一定时期内保留原有的技术范式，从而产生旧技术范式的技术退出门槛风险。

2）新技术范式的商业模式创新风险

由于高技术企业创造并长期运用旧技术范式的商业模式，高技术企业会习惯性地将旧技术范式下的商业模式沿用于新技术范式。在新技术范式形成阶段，新技术范式的商业价值已经显现，但是高技术企业难以拓展和把握新技术范式带来商业价值的途径，不易促进商业模式的创新。基于技术创业视角，在技术和创新管理研究领域，商业模式被视为连接高技术企业（创新）技术与客户需求以及其他企业资源（如技术）的一种机制；高技术企业的这种商业化能力在构建商业模式时得以凸显，能否对新技术范式构建连接企业创新投资和市场产出的商业模式，从而使高技术企业创造并获取企业价值，能否突破旧技术范式的商业化路

---

① Eisenhardt K M，Brown S L. Competing on the edge：strategy as structured chaos[J]. Long Range Planning，1998，31（5）：786-789.

径，是此阶段的高技术企业面临的风险和挑战。另外，新技术范式的形成和发展过程同样面临着知识储备风险（见第一阶段，不再赘述）。

5.4 基于技术范式演进的高技术企业动态创新能力模型的构建

5.4.1 基于技术范式演进的高技术企业动态创新能力模型

自主创新能力是指高技术企业通过主动有效地适应外界环境，将技术创新成果成功转化并实现其商业价值的能力。动态创新能力源于企业技术范式演进的阶段性，是高技术企业自主创新能力与范式演进的结合，同时动态创新能力与技术范式演进和高技术企业自身发展是一个紧密联系的动态整体。

高技术企业自主创新能力应根据技术范式演进阶段的创新能力风险情境构建动态创新能力体系。动态创新能力的划分是基于技术范式演进的阶段性划分的，根据技术范式在每个阶段表现的技术性能、技术创新、技术融资等阶段特征，对技术范式存在的阶段风险进行论述，在此基础上提出了动态知识创造能力、动态项目管理能力和动态商业创新能力相关概念，即在旧技术范式产生-形成阶段、新旧技术范式并存阶段和新技术范式产生阶段分别培育动态知识创造能力、动态项目管理能力和动态商业创新能力，形成以动态创新能力为主导的多维创新能力体系，构建基于技术范式演进的高技术企业动态创新能力模型，见图5.3。

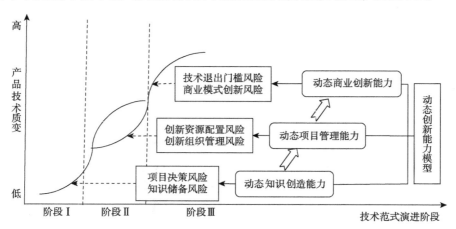

图 5.3　基于技术范式演进的高技术企业动态创新能力模型

1）动态知识创造能力

动态知识创造能力是指高技术企业在系统整合知识存量的基础上对技术发展的前景进行预测，通过技术前瞻选择技术创新方向和生产新知识的能力，包括技术前瞻能力、知识吸收能力等多项能力。其中，技术前瞻能力要求高技术企业注意收集前沿信息，经过分析研究选定具有明显经济效益和社会效益的研发领域，分析与估计技术范式未来发展的背景及未来采用何种商业模式。高技术企业技术前瞻研究分析能力依赖于高技术企业长期的知识和人才积累。对知识的吸收和人才的积累要求高技术企业具备知识吸收能力和人才储备战略。知识吸收能力由认识、获取、消化（转化）、应用等能力递进构成[①]。

动态知识创造能力的培育和强化能够促进高技术企业对知识积累、知识吸收、知识整合、知识生产和技术前瞻的重视：一方面能够为旧技术范式的商业化提供准确的市场需求信息，降低旧技术范式的项目决策风险；另一方面能够促进高技术企业时刻关注技术创新趋势，掌握行业技术的发展方向，避免高技术企业技术创新"近视症"，能够在前一代技术研发中关注新一代技术范式，从而降低新技术范式的知识储备风险。因此，在旧技术范式产生-形成阶段培育动态知识创造能力，能够降低此阶段高技术企业自主创新能力的路径依赖或创新惯性造成的负面影响，从而促进高技术企业进行创新储备和创新孵化，促进新一代技术范式的投入和产生。

2）动态项目管理能力

动态项目管理能力是高技术企业在新旧技术范式并存阶段选择技术范式能否获取最大潜在价值的决定性因素，因而对创新观念的有效执行需要动态项目管理能力。当外界的环境处于动态变化的状态时，高技术企业原有的结构、内部机制和企业文化都会对新技术范式创新起一定的阻碍作用。在不考虑组织结构自身的稳定性这个不可消除的弊端的情况下，如何对高技术企业的内部机制进行改革或者如何让企业文化对新技术范式的建立起到推动作用，如何启用组织机制让高技术企业领导者在面临外界环境变化时具有敏锐的洞察力和判断力，从而促进高技术企业合理地对待前一代技术范式和后一代技术范式之间的战略关系，权衡两代技术范式的创新项目资源配置，使不同代际的技术范式能够得到协调发展，尤其是使不具备技术和经济优势的后一代技术范式创新得以有序开展，从而降低此阶段的创新资源配置风险。与此同时，动态项目管理能力能够推动高技术企业在动态环境下通过新旧技术范式转换带来的潜在组织变革打破企业固有的组织机制和

① Todorova G，Durisin B. Absorptive capacity：valuing a reconceptualization[J]. The Academy of Management Review，2007，32（3）：774-786.

组织惰性。

企业战略、机制、组织结构和文化等方面跟动态环境相匹配，是高技术企业面对新旧技术范式转换的重要因素。组织结构惯性与企业绩效随着企业生命周期的延伸，将逐渐呈现倒 U 形曲线关系。在初始阶段，企业组织结构惯性是有利于组织绩效的，但当组织惯性发展到一定程度而发展为惰性时，对组织绩效则产生负效应[①]。无论是面对旧技术范式下的组织惰性，还是建立新技术范式组织结构，都需要高技术企业对多个创新项目进行合理的协调和选择，从而形成高技术企业的动态项目管理能力。

3）动态商业创新能力

动态商业创新能力是高技术企业在顺应新技术范式的前提下，对新技术范式进行商业模式创新的能力。新技术范式产生旧技术范式并未消亡，新旧技术范式竞争并达到两难境地，两种技术范式并存的状态已经阻碍企业的发展，高技术企业必须选择追随其中一种技术范式。旧技术范式由于经营惯性，不会在市场占有率上有明显幅度的降低，所以这样的假象容易给高技术企业及其决策层带来误导，导致高技术企业将继续沿着旧技术范式路径进行投资和经营。适用于新技术范式的市场应用不但它的形成是未知的，而且它的市场价值具有很高的不确定性。因此，高技术企业在面对新的技术范式时应当具备学习能力和微观方面的营销创新能力。

营销创新的目的在于改变消费者认知，树立他们对产品或服务的信任度，从而激励购买行为，最终为高技术企业带来利润。当新旧技术范式处于更替过程中时，高技术企业面临着范式选择，出于长远战略的考虑，高技术企业会选择新技术范式，但并不代表高技术企业在新产品的市场占有率上处于优势地位，所以，在竞争激烈的环境中，新技术范式下的动态商业创新能力是高技术企业取得竞争地位的关键能力。因此，高技术企业在此阶段需要培育和提升新技术范式的动态商业创新能力，设计出与新技术相适应的商业模式，一方面，能够推动新技术范式快速获取高额创新投资回报，从而降低新技术范式的商业模式创新风险和技术范式转换成本；另一方面，在商业模式的创新中，高技术企业可以充分认知旧技术范式的商业价值，逐步消除以旧技术范式为中心的文化偏好，从而逐渐消减技术退出门槛风险。

5.4.2 高技术企业动态创新能力的内在关系

动态创新能力是在顺应技术范式演进的过程中形成的，是高技术企业获得竞

---

① 蒋红梅，王艳. 浅谈企业组织惰性[J]. 企业技术开发，2012，31（11）：5-6

争优势的源泉。动态创新能力的核心要素即知识创造、创新项目管理、创新成果转化，这三个方面需要培育相应的动态核心能力。通过重视和培育动态创新能力的核心要素，形成动态知识创造能力、动态项目管理能力和动态商业创新能力。动态知识创造能力、动态项目管理能力和动态商业创新能力共同构建了高技术企业在技术范式演进条件下动态自主创新能力模型，这三项共同构成了关于动态创新能力的有机整体。

（1）动态知识创造能力是实现高技术企业原始创新的基础，只有具备了动态知识创造能力，才能拥有独立自主知识产权研发的基础。动态知识创造能力既是动态项目管理能力的先导性能力，也为动态商业创新能力实现高附加值提供了知识保证和技术条件。动态知识创造能力在知识生产和技术研发层面为动态项目管理能力和动态商业创新能力提供了知识储备和技术支撑。

（2）动态项目管理能力是关于自主创新的资源配置和组织管理能力，在组织运行层面为动态知识创造能力和动态商业创新能力提供了组织执行力的保证。

（3）动态商业创新能力是自主创新成果满足市场需求、实现商业价值的关键能力，使动态知识创造能力和动态项目管理能力在满足市场需求中实现创新投资价值。动态商业创新能力在市场营销层面为动态知识创造能力和动态项目管理能力提供了创新方向，并促进了这两项能力最终实现创新目标。

该动态创新能力模型不仅反映了在技术范式的每个阶段企业面临着创新能力发展的路径依赖和创新惯性，而且从动态能力视角针对各阶段的能力发展风险，对高技术企业培育和提升自主创新能力的思维方式、行为观念和决策能力提出了新发展模式，对高技术企业构建动态创新能力发展体系提供了理论依据。

5.5　管 理 启 示

企业技术范式的演进曲线是新旧技术范式阶段演进的包络曲线，并不存在直接替代旧范式成为行业主导范式的突破性，而是一个渐变的过程，最终行业会形成遵循新技能、新概念的新技术范式。高技术企业的技术范式研究阶段经过旧技术范式产生-形成阶段、新旧技术范式并存阶段、新技术范式形成阶段，分别面临旧技术范式的项目决策风险和新技术范式的知识储备风险、新旧技术范式的创新资源配置风险和创新组织管理风险、旧技术范式的技术退出门槛风险和新技术范式的商业模式创新风险。针对这些创新能力发展风险，高技术企业在技术范式演进中依次培育动态知识创造能力、动态项目管理能力和动态商业创新能力，形成基于技术范式演进的动态创新能力体系。

根据上述研究，高技术企业在技术范式演进阶段发挥自主创新能力的作用，获得了以下几个方面的管理启示。

（1）从技术范式演进的视野加强技术创新战略规划。技术范式演进是高技术企业必须面临的外部挑战，高技术企业在制定发展战略时必须要考虑技术范式长期发展的趋势和演进方向。

（2）从技术范式演进的角度审视动态创新能力的危机管理。高技术企业应当正确认识在技术范式演进过程中面临的危机和风险。随着外界环境的变化，高技术企业原本的经营模式和思维方式会不再适应，长期以来会形成组织惰性和经营惯性，最终影响高技术企业的长期发展。新旧技术范式转换阶段界线的划分没有那么清晰，企业管理者可能会忽视或者后知后觉，最后导致竞争优势的丧失。因此高技术企业应该保有危机意识，根据外界环境的变化不断审视自身的创新能力危机，以便及时消除技术创新面临的无形障碍。

（3）以知识吸收和知识创造拓展技术储备。高技术企业内部应该建立技术预警机制，定期对外界环境的变化进行测度和量化，及时反馈新技术信息。预警机制建立的基础是知识和人才的储备，应当注重知识吸收和知识创造，拓展技术储备，为高技术企业应对外界环境、发挥动态创新能力的作用打下良好的基础。

（4）以技术范式的代际为基础，追求技术创新价值的最大化。高技术企业应当顺应技术范式的演进规律，培养动态创新能力，追求技术创新价值的最大化。根据技术范式的演进权变地培育和建立动态创新能力。

本章基于技术范式演进对高技术企业动态创新能力模型进行了探讨，为高技术企业培育和提升动态创新能力提供了理论借鉴，促进高技术企业形成持续的技术竞争优势。今后可结合技术轨道的发展来进一步研究高技术企业自主创新能力发展的内在规律。

第6章 高技术企业组织记忆与知识创新能力

随着知识经济的全球化发展和商业环境不确定性的加剧，有效提高知识创新能力成为高技术企业获取竞争力的重要手段；同时，为了建立竞争优势，高技术企业经常依赖过去解决问题、决策决定和处理复杂任务所得到的经验以提升绩效。Bengoa 等认为，在合作中建立组织记忆很重要，因为高技术企业可以通过捕获并储存每个合作伙伴所拥有的有价值的信息，进行知识整合从而达到新知识的创新[1]。Cyert 和 March 第一次正式提出组织记忆的概念[2]。Stein 在总结前人研究结论的基础上，将组织记忆定义为，从以往的经验中获得知识并作用于当前活动，从而导致组织绩效的提升或降低[3]。虽然关于组织记忆的研究时间并不算长，但是高技术企业的组织记忆与创新和创新绩效之间的关系受到了理论界的广泛关注。

6.1 组织记忆与知识创新研究综述

关于高技术企业的组织记忆与知识创新之间关系的研究，国内外学者主要从以下几方面展开。

---

① Bengoa D S，Kaufmann H R，Vrontis D. A new organisational memory for cross-cultural knowledge management[J]. Cross Cultural Management：An International Journal，2012，19（3）：336-351.

② Cyert R M，March J G. A Behavioral Theory of the Firm[M]. Englewood Cliffs：Prentice-Hall，1963.

③ Stein E W. Organizational memory：review of concepts and recommendations for management[J]. International Journal of Information Management，1995，15（1）：17-32.

1）组织记忆正向影响知识创新

Cohen 和 Levinthal 认为，组织记忆具有提高组织评估和导入新的外部信息，进而促进技术创新行为的能力[①]。Camisón 和 Villar-López 收集西班牙 159 家企业的数据进行实证分析，结果表明，组织记忆和学习能力有利于技术创新和市场创新[②]。Akgün 等调查了 103 家企业的相关数据，采用偏最小二乘法对组织记忆的不同维度与创新绩效之间的关系进行研究，发现陈述性组织记忆与程序性组织记忆均对技术创新绩效具有直接且显著的正向影响[③]。

2）基于学习方式、资源开发能力、组织即兴等变量的中介作用

阮秀庄对组织记忆、技术学习、企业创新绩效之间的关系进行实证分析，发现组织记忆通过技术学习的中介作用对企业的技术创新绩效产生正向影响[④]。Cegarra-Navarro 等通过对西班牙 291 家大型公司的调查，发现企业在利用组织记忆和技术开展创新前先行建立一种忘却性学习文化，两者与技术创新绩效之间的正向关系会更加明显[⑤]。Rabeh 等提出了组织记忆和吸收能力对内部资源开发和渐进式的技术创新能力的概念模型，认为企业的组织记忆对内部资源开发有很大的影响，而资源开发能力和技术创新绩效呈正相关关系[⑥]。盛黎明和刘强通过对组织记忆、交互记忆系统、组织即兴与技术创新绩效之间的关系进行实证分析，发现组织记忆对技术创新绩效的影响是间接的[⑦]。

3）组织记忆对创新绩效的影响

Moorman 和 Miner 对 92 家新产品研发项目的数据进行实证研究，认为较高数量水平的组织记忆能促进新产品的短期财政绩效，较高传播水平的组织记忆能促进新产品的短期财政绩效和创造力，而当企业处于较高的环境骚乱中

---

① Cohen W M，Levinthal D A. Absorptive capacity：a new perspective on learning and innovation[J]. Administrative Science Quarterly，1990，35（1）：128-152.

② Camisón C，Villar-Lopez A. Non-technical innovation：organizational memory and learning capabilities as antecedent factors with effects on sustained competitive advantage[J]. Industrial Marketing Management，2011，40（8）：1294-1304.

③ Akgün A E，Keskin H，Byrne J. The role of organizational emotional memory on declarative and procedural memory and firm innovativeness[J]. The Journal of Product Innovation Management，2012，29（3）：432-451.

④ 阮秀庄. 技术学习中组织记忆对企业创新绩效的影响分析[D]. 浙江大学硕士学位论文，2007.

⑤ Cegarra-Navarro J G，Cepeda-Carrion G A，Jimenez-Jimenez D. Linking unlearning with innovation through organizational memory and technology[J]. Electronic Journal of Knowledge Management，2010，8（1）：1-9.

⑥ Rabeh H A D，Jimenez-Jimenez D，Martínez-Costa M. Exploitation and organizational performance：the role of old knowledge and absorptive capacity reviewed[J]. Proceedings of the European Conference on Knowledge Management，2012，（1）：20-27.

⑦ 盛黎明，刘强. 交互记忆系统、组织记忆、组织即兴与创新绩效的关系研究[J]. 管理现代化，2013，（4）：72-74.

时，较高传播水平的组织记忆有损新产品的创造力，且对短期财政绩效不再有影响[1]。Chang 和 Cho 对韩国 169 家制造业企业的新产品开发项目进行实证研究发现，在研发初期，记忆共享、外部信息的利用和正规程序促进新产品开发，而组织记忆对其几乎无影响；但随着创新性的增强，组织记忆和外部信息的促进作用增强，记忆共享和正规程序的促进作用减弱[2]。Ignatius 等对 9 个跨国公司的 105 个项目团队进行研究，发现组织记忆与新产品开发成果的三个维度（即项目成功、研发速度、产品进入及时性）没有直接关系，引入项目复杂度这一调节变量后发现，项目复杂度低时组织记忆有利于项目成功[3]。

4）组织记忆会降低企业创新

Leonard研究发现，高记忆水平的组织在开发新产品时，员工偏离以前行为模式的可能性较小，显然不利于创新[4]。曾健俊对知识管理中的主动遗忘进行了实证探讨，认为主动遗忘能够甄别并删除组织记忆中无价值的知识，进而促进组织知识创新[5]。史丽萍等构建了在位企业的组织记忆模型，并指出组织记忆对在位企业突破性创新存在消极影响[6]。

通过文献综述可以发现，关于高技术企业的组织记忆与技术自主创新之间关系的研究成果很丰富，但仍然存在三方面的问题：①忽视了组织记忆的载体差异对企业技术创新中的知识创新产生的影响，现有学者对组织记忆的研究也尚未细化到显示出这种差别的程度。②关于组织记忆与知识创新能力之间关系的研究还不够细致，区分行业差别的研究并不多，从而影响了实业界对组织记忆的理解和利用。③高技术企业的知识创新能力受企业内部因素（包括高层管理者支持、员工类型等）和外部环境（包括环境不确定性等）的影响，在不同的情境下不同种类的组织记忆对知识创新能力的影响可能不同，从而导致两者之间的关系不一致。

因此，高技术企业可以根据记忆载体将组织记忆进行细分，以高技术企业为背景，研究不同种类的组织记忆对知识创新能力的影响，以帮助实业界认识高技

① Moorman C，Miner A S. The impact of organizational memory on new product performance and creativity[J]. Journal of Marketing Research，1997，34（1）：91-106.

② Chang D R，Cho H. Organizational memory influences new product success[J]. Journal of Business Research，2008，61（1）：13-23.

③ Ignatius J，Leen J Y A，Ramayah T，et al. The impact of technological learning on NPD outcomes：the moderating effect of project complexity[J]. Technovation，2012，32（7~8）：452-463.

④ Leonard D A. Core capabilities and core rigidities：a paradox in managing new product development [J]. Strategic Management Journal，1992，13（S1）：111-125.

⑤ 曾健俊. 主动组织遗忘与组织创新关系的实证研究[D]. 华南理工大学博士学位论文，2010.

⑥ 史丽萍，唐书林，苑婧婷. 组织记忆对在位企业破坏性创新的影响机制研究[J]. 科技进步与对策，2013，30（5）：85-89.

术企业的组织记忆对知识创新能力的推动作用。同时考虑到高技术企业环境特性，引入组织风险这一衡量高技术企业的外部环境变化的因素，分析组织风险对组织记忆与知识创新能力的调节作用。

6.2 高技术企业组织记忆和知识创新能力维度分析

6.2.1 知识创新能力维度分析

日本学者 Nonaka 于 1994 年初次提出知识创新模型，对知识创新过程进行了最彻底的分析，这一模型被广泛认可。他认为知识创新是在显性知识与隐性知识的相互转化下，螺旋式上升创造新知识的过程[①]。后来，国内学者芮明杰等对 SECI 模型进行剖析，提出了适合高技术企业的知识创新模型[②]。然而，知识创新在中国的研究尚处于引进、整理阶段[③]，没有形成相对一致的研究结论。学者大多从创新模式的角度研究知识创新，而创新模式的排他性和相斥性特征与多类型知识创新行为并存的事实不符。因此，很有必要寻找更具包容性的研究角度来进行知识创新的研究。从本质上说，能力是一种高级知识，内嵌于行为过程，外显于行为惯例[④]。Smith 等指出，知识创新能力是公司依靠内部资源独立创造新知识的能力，是新知识的内部来源[⑤]。借鉴国内学者曲怡颖等的[⑥]观点，可以得出，高技术企业的知识创新是指企业创造并拥有新知识的过程，包含企业知识的生产、传播和使用。

国内外理论界探究了高技术企业的知识创新的维度，Nonaka 依据知识分类将其划分为知识社会化、知识外在化、知识组合化和知识内在化[①]；芮明杰等结合知识价值链，研究认为知识获取、知识选择、知识融合、知识创造、知识扩散和知识共享是高技术企业知识创新的六个过程[②]。他们都在模型中强调了知识变化

① Nonaka I. A dynamic theory of organizational knowledge creation[J]. Organization Science，1994，5（1）：14-37.

② 芮明杰，李鑫，任红波. 高技术企业知识创新模式研究——对野中郁次郎知识创造模型的修正与扩展[J]. 外国经济与管理，2004，26（5）：8-12.

③ 余利明. 企业知识管理能力问题的研究[D]. 复旦大学博士学位论文，2003.

④ Dutta S，Narasimhan O M，Rajiv S. Conceptualizing and measuring capacities：methodology and empirical application[J]. Strategy Management Journal，2005，26（3）：277-285.

⑤ Smith K G，Collins C J，Clark K D. Existing knowledge，knowledge creation capability，and the rate of new product introduction in high-technology firms[J]. The Academy of Management Journal，2005，48（2）：346-357.

⑥ 曲怡颖，甄杰，任浩. 创新集群内企业声誉对创新能力及创新绩效的作用[J]. 软科学，2012，26（1）：11-15，24.

的强度和过程，体现了知识创新的累积和突变。结合前人研究，根据这一知识特性，把高技术企业的知识创新分为渐进性知识创新和突变性知识创新。其中，渐进性知识创新是体现创新能力渐变过程，整合企业内外部知识，进行利用式能力递升以适应环境的重要选择。突变性知识创新体现了创新能力突变过程，是已有能力的惯例，是一种探索式能力更新以适应环境的重要选择。

根据技术创新行为的不同，高技术企业的知识创新能力可以分为渐进性创新能力和突变性创新能力。渐进性创新能力是高技术企业凭借内部所完全掌握的核心知识，整合各创新元素，利用创新要素间协同作用加速创新效率的能力。突变性创新能力是高技术企业突破惯性思维，发现新知识或效仿其他企业的新知识、新理念实现颠覆性创新的能力。

6.2.2　组织记忆的维度分析

对于组织记忆维度的划分，理论界对此有不同的看法，较具代表性的观点主要有：Stein 以抽象水平和规范导向为标准做出了组织记忆的四分图，即抽象描述性的组织记忆包括组织的科学技术知识，具体描述性的组织记忆包括事件人、输入和输出，抽象规范性的组织记忆包括政策、机制、伦理和战略，具体规范性的组织记忆涵盖了组织规则、角色等[1]；Moorman 和 Miner 认为，组织记忆包括程序性记忆和陈述性记忆[2]。国内学者田也壮等通过归纳把组织记忆分为文化类组织记忆和技术业务类组织记忆[3]。这些观点对组织记忆具有相对一致的认识，认为组织记忆包含多种要素，即位于一个主观的、可接近的连续带里，相对客观的要素构成了较抽象、较主观要素的传播媒介，而组织记忆的载体是指相对客观的要素，如西方学者提及的"人造物""组织记忆的形式"，或者我国学者认为的组织系统、文化、器物。国内外学者对组织记忆载体包含的内容都做了相关论述，但没有完整地归纳。我们通过相关文献的研究，发现已经提到的组织记忆载体有制度、文化、故事、人物、组织结构、组织机制、惯例、程序、脚本、知识、行为模式、外在生态等。Walsh 和 Ungson 总结出，组织记忆存储于个体、组织文化、变革、组织结构，实现组织物理结构与工作场所的组织生态，包含了上述大

① Stein E W. Organizational memory：review of concepts and recommendations for management[J]. International Journal of Information Management，1995，15（1）：17-32.

② Moorman C，Miner A S. The impact of organizational memory on new product performance and creativity[J]. Journal of Marking Research，1997，34（1）：91-106.

③ 田也壮，张莉，方淑芬. 文化导向组织记忆向技术与业务导向组织记忆的辐射效应[J]. 管理工程学报，2001，15（4）：34-37.

部分载体①。参照这一分类将组织记忆载体划分为行为类、文化类、规则类和系统类四大维度。在此，基于组织记忆的载体的不同，高技术企业的组织记忆的维度可以划分为行为类组织记忆、文化类组织记忆、规则类组织记忆和系统类组织记忆。

（1）行为类组织记忆。行为类组织记忆是高技术企业关于过去的经历和活动的记忆，如高技术企业的专业知识、培训、激励、仪式性活动、运营活动等，这部分记忆以人员为载体，是组织记忆重要的一部分，但却存在很容易丢失的风险，影响了知识创新的存量和流量能力。行为类组织记忆的载体包括高技术企业首席执行官、一般管理人员、先进人员和一般员工。

（2）文化类组织记忆。文化类组织记忆的载体包含符号和象征、价值观、信念、英雄人物，指组织通过文化载体保留的记忆，如组织信念、模式、价值观和文化，这部分记忆是集体思想的反应，体现了知识创新的导向能力。

（3）规则类组织记忆。规则类组织记忆的载体包含组织结构、行为规范、战略、人力资源管理、其他管理制度。规则类组织记忆是指高技术企业关于完成某项任务的行为规范或操作步骤的记忆，如组织结构、各项管理制度、组织战略、决策、标准的政策或流程和惯例，体现了知识创新的载体能力。

（4）系统类组织记忆。系统类组织记忆的载体包含产品、知识库、文件、决策系统、智能系统、手册、刊物、影视等。系统类组织记忆是高技术企业的各种输入如原材料、供应商、资本或人力因素到输出的记忆转换。例如，知识库中的各类技术文档、组织的有形人造物、企业支持系统、产品和服务、专利、员工手册、网站等，体现了知识创新的保护能力。

6.3　高技术企业组织记忆与知识创新能力的关系

组织风险是高技术企业在运营与管理中，特别是在知识创新过程中必须密切关注的重要环境因素。根据Duncan的定义，环境是指影响组织中个体或群体决策的物理和社会因素的总和②。高技术企业的外部环境包括对知识创新组织存在潜在影响的诸多外部力量，所以高技术企业的组织风险归结为其在知识创新过程中面临的外部环境的不确定性。

---

① Walsh J P, Ungson G R. Organizational memory[J]. The Academy of Management Review, 1991, 16 (1): 57-91.

② Duncan R B. Characteristics of organizational environments and perceived environmental uncertainty[J]. Administrative Science Quarterly, 1972, 17 (3): 313-327.

6.3.1　行为类组织记忆与知识创新能力

高技术企业的行为类组织记忆对知识创新能力的支撑主要体现在以下几个方面：①高技术企业的研发人员是行为类组织记忆中很重要的一部分，是知识创新的主体和知识识别主体。高技术企业的知识型员工为组织保留和利用知识提供了重要的载体支撑，而高技术企业管理人员通过创建有利于知识创新的外围网络关系对知识创新提供全方位的支持。例如，在高技术企业内部负责横向和纵向流通部门的中层管理人员常和研发人员积极互动，进而创造知识。②为知识创新能力的提升奠定了知识基础。行为类组织记忆包括技术、管理经验、业务知识和专业知识等。这些专门性的知识是组织发展的必要条件。而高技术企业知识创新是由组织的专业知识出发，通过研发人员之间的互动学习，以达到知识共享、知识整合，进而促进知识价值化。例如，高技术企业的研发人员之间的交互记忆有利于研发成员互动和沟通，推动其对高技术企业内部知识的分布、专长知识的位置和转移意愿产生明确的认识，削弱了研发人员间的高知识位势差和知识转移障碍[①]。

高技术企业的行为类组织记忆在知识创新中具有鲜明的特点：①以专业知识为基础的行为类组织记忆具有较强的"局部性"特征，如技术专项记忆、管理专项记忆等。②在部门边界上不易渗透，一些不同的组织记忆间关联性大，而有些则是纯粹的隔阂。所以，行为类组织记忆可以激发知识创新思想，但若没有经历系统的互动和分享，这些思想只能接近突变创新的边缘，并不能产生实质性的突破创新，从而只能有利于渐进性创新。而在高技术企业内部，研发人员经常通过各种交流方式来相互转移知识，进而实现组织互动学习和内部知识共享，这为高技术企业的新思想和新知识的创造提供了有力的机会，加速了高技术企业开展突变性创新。

当组织风险较高时，高技术企业面临的内外部环境的高动荡性不断加剧，知识更新的速度加快，知识和产品的生命周期缩短。新技术的兴起导致高技术企业的现有技术不符合市场特定需求，新产品不断推向市场，新的外部势力进入当地市场等。此时，高技术企业已拥有一定存量和流量的行为类组织记忆，研发人员的知识广度与深度决定了行为类组织记忆的存量，研发人员在组织内外部的流动程度决定了行为类组织记忆的流量。高技术企业的高层领导者对形势的判断，革新的勇气和决心能够有效调动组织成员对形势的认识和对革新的信心。高技术企业利用行为类组织记忆激发技术创新思想，快速提炼知识，在知识吸收和知识整合后把新的知识创新潜力激发出来，从而创造出新的知识。考虑到高技术企业技

---

① Wegner D M. A computer network model of human transactive memory[J]. Social Cognition，1995，13（3）：319-339.

术创新的时效性和急迫性、顾客对创新产品的即时需求和技术创新的可能收益，高技术企业将更多的人力和财力投入到突变性创新的活动，反而会有意识地减少渐进性创新活动。

综合上述分析，可以得出高技术企业的行为类组织记忆与知识创新能力的关系如下：①行为类组织记忆有利于提升高技术企业的渐进性创新能力和突变性创新能力。②高组织风险增强行为类组织记忆对高技术企业的突变性创新能力的正向作用，减弱行为类组织记忆对高技术企业的渐进性创新能力的正向作用。

6.3.2　文化类组织记忆与知识创新能力

文化类组织记忆是指高技术企业在发展过程中积累的精神财富，主要包括组织文化、组织气氛、组织核心价值观和理念等。高技术企业文化类组织记忆对知识创新能力的支撑主要体现在以下几个方面。

（1）促进企业内部知识的传递和吸收。企业文化是被组织全体成员默认和共享的，如果研发人员想融入组织，就必须通过高技术企业内部文化类组织记忆的共享机制深化对组织信念、价值观、企业文化等的认识，这些组织信念、价值观又进一步影响研发人员对技术创新问题的认知，以及对知识创新的趋向。同时，文化类组织记忆的共享促进了高技术企业从内隐知识到显性知识的转移，隐性知识转移决定了知识的广泛社会化和深度内在化[①]，就在这一过程中实现了内部知识转移和知识吸收。

（2）促进企业研发人员进行知识创新。在组织价值观和文化理念的引领下，高技术企业研发人员能够以最高的效率熟悉企业内部的规则，进行知识创新活动。例如，注重和鼓舞变革、有公开的沟通渠道且提倡创新的文化记忆可以促进知识的探索和开发。

（3）在一定程度上指导公司行为和实践。文化类组织记忆引导高技术企业的管理层选择符合企业利益的发展决策，并通过组织行为进行实践。文化类组织记忆影响着与知识、部门和整个组织有关的行为，且它对于组织成员间的知识交流起着重要的作用。

总之，在组织文化记忆的支撑下，高技术企业可以在组织中建立信念，形成一致的目标和行为规范，能够减少研发人员之间知识学习和交流的障碍，引导组织成员以相互学习、共享协作的方式完成对新知识的探索和创新。

高技术企业的文化类组织记忆具有明显的特点：①高技术企业的文化类组

---

① Kumar K K, Jain K K, Tiwary R R. Leadership activities and their impact on creating knowledge in organizations[J]. International Journal of Leadership Studies, 2013, 8（1）: 15-27.

织记忆是有限的，且更新速度缓慢。高技术企业的不同研发人员可以通过互动学习和不断交流加深对文化类组织记忆的提取和认知，但就像人类记忆越用（提取）记得越牢，组织记忆被提取的次数越多，在高技术企业中的存储也就越稳固，企业员工可能会拘泥于现状，只注重渐进性创新而忽略突变性创新。②文化类记忆较易嵌入、内隐于组织。高技术企业对原有创新惯性和方式的深度信任容易形成一味遵循已有知识，倾向搜寻与已有知识一致的、合理的新思想，束缚了研发人员的心智模式，且不容易被发觉和改变[1]。虽然高技术企业可以深化和提炼组织知识，但只能对渐进性创新能力发挥作用，而对突变性创新能力没有本质影响。

当组织风险较高时，高技术企业所处的内外部环境不断发生变化，会约束高技术企业的知识创新，也会为其提供潜在的机会。拥有文化类组织记忆的企业会采取一定的方式和措施来支撑组织资源的高效配置，从而适应外部环境，促进企业的知识创新。高技术企业的文化类组织记忆的形成依附于企业内外部的环境，还往往隐含于员工的价值观标准、行为方式和对研发业务的假设中。当高技术企业的内外部环境持续发生变化时，新的文化类组织记忆不可能在短期内形成，旧的文化记忆也不可能"失传"或"淘汰"，高技术企业不会因为组织记忆的文化特性而改变组织风险较低时的知识创新方式。也就是说，组织风险较低时，文化类组织记忆能够影响高技术企业的渐进性创新能力，而对突变性创新能力没有实质影响，组织风险较高时，因文化类组织记忆的特性，其与渐进性创新能力和突变性创新能力的关系不会有较大的改变。

综合上述分析，可以得出高技术企业的文化类组织记忆与知识创新能力的关系如下：①文化类组织记忆有利于提升高技术企业的渐进性创新能力，而对突变性创新能力没有明显影响。②高组织风险对文化类组织记忆与渐进性创新能力和突变性创新能力的关系没有显著调节作用。

6.3.3　规则类组织记忆与知识创新能力

高技术企业内部的规则和制度等有助于组织内部一致的愿景、规范和价值观的形成，以此激励不同的研发团队与部门创造新知识，并将新知识有效运用于组织的运作流程[2]。也就是说，高技术企业的规则类组织记忆有利于知识资源的有效配置，并使知识资源在技术创新过程中实现最大化。规则类组织记忆对知识创

① Katila R. New product search over time：past ideas in their prime[J]. The Academy of Management Journal，2002，45（5）：995-1010.

② Simsek Z，Heavey C. The mediating role of knowledge-based capital for corporate entrepreneurship effects on performance：a study of small-tomedium-sized firms[J]. Strategic Entrepreneurship Journal，2011，5（1）：81-100.

新能力的支撑主要体现在以下几个方面。

（1）规则类组织记忆中的组织结构要素能有效促进知识扩散，同时正式的运行机制或管理制度有利于整合和存储新知识。例如，Nelson 和 Winter 认为企业是储存知识的仓库，而企业内部制度行使着组织记忆功能，企业将现有知识储存于企业制度中，并在激烈竞争中寻找新知识和新制度①。

（2）规则类组织记忆为新知识的产生和嵌入提供平台基础。由于规则类组织记忆的存在，高技术企业可以对组织内的关系模式进行改变，提供调整主体行为的平台，保障新知识的产生，并嵌入组织内部。例如，规则类组织记忆在共鸣和信任基础上建立的非正式关系模式，可避免高技术企业内部成员在互动中对知识的误解，降低采用新知识的风险和成本，有利于高技术企业的知识创新②。

因此，基于有效的规则类组织记忆约束，高技术企业的研发人员对已有知识的运用能力会得到有效提升，有助于高技术企业开展知识创新活动。高技术企业的规则类组织记忆具有鲜明的特点。

（1）高技术企业的规则类组织记忆的行为指导作用更加突出。规则类组织记忆往往通过影响个人和集体的行为扮演行为指导的角色。例如，Cyert 和 March 指出，标准的操作程序对组织行为有很大的驱动作用③。Nelson 和 Winter 强调组织惯例对组织行为的影响呈现倒 U 形①。高技术企业的规则类组织记忆的这种特性说明，合理的管理制度、提倡创新的组织战略和操作程序在实践中有利于强化组织学习，提升凝练知识的能力，从而有利于高技术企业提升渐进性创新能力。

（2）规则类组织记忆外显性较强且可以人为过滤。高技术企业在知识创新实践中，可以通过一系列措施激发创新的动力环境：完善不合理的管理制度和政策；改进陈旧的操作程序，创造新的方法、思想；完善组织的有机化、扁平化，加速知识在组织内的流通；可以充分指引组织内的非正式组织，创造利于员工隐性交流的条件；等等。这些都能提高高技术企业知识的深度和宽度，进而提升其突变创新能力。

组织风险较高时，顾客的偏好、技术变化和其他环境因素都具有不稳定性，且很难预测。高技术企业的决策者需要清晰识别环境要素，调整企业发展战略以适应环境变化。高技术企业内部的规则类组织记忆涵盖了组织过去的政策、制度和操作程序。当研发人员了解到一种新政策、新制度将在组织中运行时，他们倾向于以其既得利益为衡量标准，担心制度的改变影响现在所得；他们也会担心采

---

① Nelson R R，Winter S G. An Evolutionary Theory of Economic Change[M]. Cambridge：The Belnap Press of Havard University Press，1982.

② 陈金亮，王涛. 组织资本推动下的知识运行：作用机理与情境分析[J]. 管论评论，2013，25（8）：92-101.

③ Cyert R M，March J G. A Behavioral Theory of the Firm [M]. Englewcod Cliffs：Prentice-Hall，1953.

用新组织记忆后需要适应新的规则、制度、操作程序等，会给他们已经熟悉的工作带来很大的不便，所以可能会阻碍新组织记忆的运作，因而规则类组织记忆降低了高技术企业的战略柔性和环境适应性。Burns 和 Stalker 发现，在稳定的环境中，规则类组织记忆有助于企业应付例行化任务，具备高效率和适应性；在动荡的环境中，企业的行动柔性降低从而缺乏适应性[1]。Davis 等还发现，组织结构越简单，规则越简单，越能够在不确定的环境中提高创新[2]。

综合上述分析，可以得出高技术企业的规则类组织记忆与知识创新能力的关系如下：①规则类组织记忆有利于提升高技术企业的渐进性创新能力和突变性创新能力。②高组织风险减弱规则类组织记忆对高技术企业的渐进性创新能力和突变性创新能力的正向作用。

6.3.4 系统类组织记忆与知识创新能力

高技术企业的系统类组织记忆最明显的特征就是它的存储内容都是显性知识。静态知识并不能为高技术企业带来价值，它只有被运用时才能实现其价值[3]。高技术企业的系统类组织记忆对知识创新能力的支撑作用体现在以下几个方面。

（1）系统类组织记忆奠定了知识创新的基础，指引了知识创新的方向。资源多，使用少；需求多，选择少；知识多，分享少，是目前系统类组织记忆带给高技术企业的益处与困惑。所以，高技术企业发挥系统类组织记忆的有用价值，并通过有效的资源组织方式提倡多元化学习、建立开放共享的社会化学习模式等弥补企业知识创新系统的缺陷，可以直接提升高技术企业知识创新能力。

（2）系统类组织记忆提供了知识创新的知识和信息来源。存储在系统中的关于外部组织的知识能够弥补与合作相关的知识不足，进而有助于在高技术企业间建立创新关系。例如，当高技术企业与其他企业合作时，如果系统类组织记忆恰恰提供了所需的知识和信息，就可以大大提升合作的成功率。

（3）系统类组织记忆加速产品和知识的更新换代。系统类组织记忆的存在，很可能促使高技术企业将其利用在新产品的开发上，无论是产品的新设计还是功能的改变；都可能促进高技术企业获取新知识，加速旧知识的过滤和淘汰。这些均建立在知识延伸的基础上，从而能提升高技术企业的知识创新能力以满足市场的需求。例如，负责互联网开发和运营的企业，发现其原本计划用于某种新

① Burns T，Stalker G M. The Management of Innovation[M]. London：Tavistock Publications，1961.

② Davis J P，Eisenhardt K M，Bingham C B. Optimal structure，market dynamism，and the strategy of simple rules[J]. Administrative Science Quarterly，2009，54（3）：413-452.

③ Spender J C，Grant R M. Knowledge and the firm：overview[J]. Strategic Management Journal，1996，17（S2）：5-9.

项目开发的知识和技术已不适应市场要求，最终沉淀为高技术企业的系统类组织记忆，但有可能将其用于现有项目的应用中，提升该项目的内在价值和知识含量，从而提升高技术企业的竞争力。

高技术企业的系统类组织记忆具有明显的组织特征：既然系统类知识或物品是在一定的组织情境基础上形成的，就必然会打上组织的烙印，成为组织记忆的一部分，它的外显性很强。高技术企业开展渐进性创新以一定的系统类组织记忆为基础，而高技术企业开展突变性创新所采取的相关资源也不是孤立于系统类组织记忆，或多或少利用和借鉴了其内容和价值。客观上说，系统类组织记忆有利于高技术企业提升渐进性创新能力和突变性创新能力。但是，由于高技术企业更多地采取整合企业内部信息和资源的方式进行渐进性创新和颠覆原有创新方法与规则的方式开展突变性创新，所以，系统类组织记忆更加有利于高技术企业的渐进性创新，从而有利于其渐进性创新能力的提高。

组织风险较高时，高技术企业在复杂的环境中捕捉、识别外部有用资源和知识的能力减弱，从外部获取利于创新的信息的边际效应下降，导致高技术企业难以从外部获得异质知识，从而很难打开思维模式，产生突变创新的新思想。但是，由于系统类组织记忆是高技术企业可以利用的且最有价值的核心资源，敌对行为促使组织寻求优于竞争对手的竞争优势，虽不能进行突变性创新，但可能将现有的知识转化为其他用途，增加其新的附加价值，并帮助高技术企业捕捉到隐藏于新环境中的新机会和新的价值被低估的资源，从而有利于高技术企业进行渐进性创新。同时，系统类组织记忆中可能涵盖了不少陈旧的、无用的冗余信息和知识，这会迫使高技术企业重新审视自己已存在的知识结构和记忆系统，进而超越可能存在的核心刚性，最终有利于渐进性创新的产生。

综合上述分析，可以得出高技术企业的系统类组织记忆与知识创新能力的关系如下：①系统类组织记忆有利于提升高技术企业的渐进性创新能力和突变性创新能力。②高组织风险增强系统类组织记忆对高技术企业的渐进性创新能力的正向作用，减弱系统类组织记忆对高技术企业的突变性创新能力的正向作用。

6.4 管 理 启 示

在高技术企业知识创新研究中，组织记忆的作用一直是学术界关注的热点。我们通过对组织记忆与组织创新关系的研究，分析了高技术企业的组织记忆和知识创新能力的分类，构建了高技术企业的组织记忆与知识创新能力之间关系的理论分析框架，剖析了组织风险在两者关系间的调节作用。在此基础上提出，组织风险低时组织记忆（行为类组织记忆、文化类组织记忆、规则类组织记忆、系统类组织记忆）正向作用于高技术企业的知识创新能力；组织风险较高时，组织记忆对高技术企业的知识创新能力的正向作用发生改变（增强或减弱）。由此可以得出相关的管理启示。

（1）在以往研究基础上，对高技术企业组织记忆对知识创新能力的推动作用进行了分析。这启示管理者需要深入认识到组织记忆在知识管理中的重要性，重视对组织记忆的开发和利用，否则会影响高技术企业对知识创新能力的提升。

（2）为我国高技术企业提升知识创新能力提供了借鉴和思考。在组织风险较低的情境下，高技术企业可以通过增强组织记忆的各个维度来提升知识创新能力；在组织风险较高的情境下，高技术企业应该有针对性地开发和利用不同种类的组织记忆提升竞争力。管理者也必须认识到高技术企业仅仅提升知识创新能力还不够，将创造出来的新知识内化为企业专有资源才更重要。

（3）高技术企业的组织风险对组织记忆与知识创新能力的调节作用。外部环境向来是影响高技术企业资源配置的重要因素，既对高技术企业的组织发展和技术创新产生威胁，也为提升自主创新能力提供机会。高技术企业管理者在利用组织记忆开展知识创新活动时应密切注意外部环境变化，顺应环境变化的要求。

（4）高技术企业组织记忆推动知识创新能力提升，反过来，知识创新能力也能够促进组织记忆的新陈代谢。高技术企业的管理者在实际运营中综合考虑两者及其相互关系是很有必要的[①]。

---

① 李金生，赵圆圆. 高技术企业组织记忆与知识创新能力关系研究[J]. 科技进步与对策，2014，（17）：126-131.

第三篇 自主创新风险篇

第7章　基于知识集聚的高技术企业自主创新风险

随着经济全球化进程的加快，以生物科技、新材料技术、电子信息技术等为代表的高技术正逐步改变着世界的经济结构，并成为各国经济增长的发动机。因此，为应对经济全球化，提高技术创新能力，实现健康可持续发展，高技术企业必须实现自主创新。高技术企业的自主创新是研究和开发拥有自主知识产权的核心技术并实现新产品价值的过程，是一个厚积薄发的过程，需要足够的技术积累和强大的创新能力，也是高技术企业持续健康发展的核心动力和根本源泉。然而高技术企业自主创新是一项复杂的工程，技术创新与发展过程的不确定性、灵活性、动态性，决定了自主创新具有高风险性的特征。高技术企业只有在正确地认识、分析和评价自主创新风险的基础上，才能对创新风险进行控制，确保自主创新活动的顺利开展。

7.1　高技术企业自主创新风险的研究综述

国内外理论界关于高技术企业自主创新风险提出了不同的观点，主要有以下几种观点。

1）自主创新不确定性

张海鸥和周霞认为，技术创新风险一般包括技术风险、市场风险、财务风险和组织风险。技术风险是及时成功地掌握全部或关键技术的可能性。风险因素主要表现为技术开发失败、生产工艺开发失败的可能性，技术效果的不确定性等，主要表现为组织决策的科学性、组织文化氛围的包容性和信息情报渠道的畅通性等处于不稳定状态①。Girotra 等认为，技术风险是研发中最主要的不确定性因素之一，会对研发联盟成员投资策略产生很大影响②。马健认为，企业自主技术创新的决策是企业家在高度不确定性的情况下做出的，企业自主技术创新的决策是企业家和经理人员对技术创新风险的判断和对非系统性风险规避方式的选择③。

2）自主创新生态系统风险

张道宏等运用系统工程理论和寿命周期理论来研究企业自主创新活动，指出企业在创新过程中存在三个不同的风险收益区：高风险无收益、低风险高收益和高风险高收益④。张运生着重探讨了高技术企业协同创新、共同进化诱发的依赖性风险、结构性风险、专用性资产投资风险、信息不对称风险、资源流失风险、收益分配风险等六种典型的风险类型及其衍生机理，构建了一套由 6 项二级评价指标、25 项三级评价指标组成的高技术企业创新生态系统风险评价指标体系⑤。刘骅和马颖以 Agent 为视角来研究企业创新团队的自主创新决策风险，通过对 Agent 思想的有效嵌入，使风险决策过程中矛盾减少，协商及决议的效率也更加有效，构建了基于 Agent 核心高管人员创业团队的五阶段自主创新风险 SD（system dynamics，系统动力学）模型⑥。

3）技术风险衍生性

Miyagiwq 和 Ohno 研究了技术风险导致研发所需时间不确定时，企业为获得专利展开竞争的研发投资策略，分析了三种合作形式下企业的研发投入和收益、消费者剩余及社会福利⑦。Baker 和 Adu-Bonnaha 通过对无碳技术行业研发情况的研究发现，高技术风险环境下企业的研发投资是低风险环境下研发投资的 3.5 倍⑧。谢科范等结合技术研发活动的高投入、高风险特征，提出了技术创

---

① 张海鸥，周霞. 企业技术创新战略与技术创新风险的整合分析[J]. 科学管理研究，2003，21（6）：28-31.

② Girotra K，Terwiesch C，Ulrich K T. Valuing R&D projects in a portfolio：evidence from the pharmaceutical industry[J]. Management Science，2007，53（9）：1452-1466.

③ 马健. 企业技术创新的边界——自主技术创新、合作技术创新，还是引进技术创新？[J]. 未来与发展，2008，（11）：78-81.

④ 张道宏，方志耕，胡海青. 企业技术创新过程的阶段性与风险收益区研究[J]. 西安理工大学学报，2000，16（4）：417-422.

⑤ 张运生. 高科技企业创新生态系统管理理论及应用[M]. 长沙：湖南大学出版社，2010.

⑥ 刘骅，马颖. Agent 视角下创业团队技术创新风险决策系统机理研究[J]. 软科学，2010，24（11）：9-14.

⑦ Miyagiwq K，Ohno Y. Uncertainty，spillovers，and cooperative R&D [J]. International Journal of Industrial Organization，2002，20（6）：855-876.

⑧ Baker E，Adu-Bonnaha K. Investment in risky R&D programs in the face of climate uncertainty[J]. Energy Economics，2008，30（2）：465-486.

新风险补偿体系的概念①。

4）利益相关者风险

Hellmann 和 Purl 从风险投资的视角来研究企业自主创新风险，认为传统的自主创新风险大多数只重视风险因素的分析，而忽略在具体风险承担主体的前提下，结合风险投资促进高技术企业自主创新成功的背景，从而展开了自主创新风险研究的新视角②。毛加强和吕萌从企业发展战略视角来分析企业自主创新风险及其防范机制，构建创新风险与创新策略之间关系的概念模型③。盛亚等从利益相关者权利对称性视角来研究复杂产品创新风险，认为在过去的研究中过度关注影响创新活动的客体因素如环境、资源和技术等，而忽视了主体因素，如现实中各利益主体受到权力与利益的驱动、多利益主体的权力与利益协调问题等导致创新风险④。

通过以上文献分析可以发现，理论界许多学者多从传统经济效益和市场前景的层面来研究企业创新风险，而忽视了知识集聚在创新过程中的核心作用，难以把握创新能力提升的本质所在。以知识集聚为研究视角，反映了对自主创新认知的不断深化，也有助于从根本解决高技术企业在自主创新过程中遇到的现实问题。因此，以建设创新型经济为背景，以知识集聚为视角，通过建立多维层次模型来研究高技术企业自主创新风险。

7.2　基于知识集聚的高技术企业自主创新风险特征分析

高技术企业自主创新是在高科技领域取得的前所未有的创新成果，是积累前沿知识、聚合前沿知识、创造前沿知识并实现技术或产品的知识创新。高技术企业的自主创新是一个复杂而漫长的过程，涉及面非常广，环节非常多，是前所未有的发现或发明，需要有足够的知识积累。高技术企业的自主创新是一个前沿知

---

① 谢科范，赵湜，刘介明. 浅谈技术创新的风险补偿体系[J]. 当代经济，2009，10（上）：58-60.

② Hellmann T，Purl M. The interaction between product market and financing strategy：the role of venture capital[J]. The Review of Financial Studies，2000，13（4）：959-984.

③ 毛加强，吕萌. 企业技术创新风险的二维特性及其防范机制研究[J]. 贵州社会科学，2007，209（5）：19-22.

④ 盛亚，王节祥，吴俊杰. 复杂产品系统创新风险生成机理研究——利益相关者权利对称性视角[J]. 研究与发展管理，2012，24（3）：110-116，134.

识积累、融合并加以聚变的创造过程，即知识集聚[1]。但是高技术企业在自主创新进程中不可避免会发生风险，所以我们将基于知识集聚来研究高技术企业自主创新风险，以便于正确地认识和分析其风险特征。

通过查阅相关文献，归纳出高技术企业自主创新风险的特征主要有创新风险的复杂性、创新风险的可传递性、风险后果的双重性和创新风险的可控性。

1）创新风险的复杂性

高技术企业自主创新风险通常被认为是在创新过程中，由于知识集聚具有不充分性，受到多种不确定性信息的影响，在特定条件下诱发的多种创新风险要素。在技术自主创新的进程中，高技术企业可能难以界定未来出现的现象、问题和结果，对实现自主创新路径的内在机理亦没有清晰的思路。在这个过程中，影响高技术企业自主创新的风险因素很多，并且它们的表现形式也不相同，产生的风险后果各异，因而在高技术企业的创新活动中难以把握；影响高技术企业自主创新很可能是多个风险因素的共同作用。所以，高技术企业自主创新风险是一种动态风险，具有复杂性特征。

2）创新风险的可传递性

高技术企业的自主创新是一个多阶段、有生命周期的活动。在自主创新的不同阶段中，每一个阶段产生的风险因素都会对后续阶段产生影响，在知识技术化阶段的失误会导致以后的技术实现阶段、产品生产阶段和商业化阶段的风险。也就是说，高技术企业在自主创新活动中产生的风险具有单向传递的特性。这种创新风险传递可能仅仅是部分的传递，但是在上一阶段传递而来的风险可能还会与当前阶段的风险共处于这一阶段，导致创新风险的运动更加复杂。

3）风险后果的双重性

自主创新风险通常被认为是高技术企业在技术创新中的风险要素在概率条件下发生的风险事件造成的风险损失，即自主创新风险是对创新主体造成利益损失的可能性[2]。从知识集聚的视角来看，高技术企业自主创新风险包括风险收益和风险损失。这是因为，高技术企业自主创新的结果通常是不能准确预见的，许多重要的科学发明常常来自偶然出现的新现象和新问题，自主创新的结果也不能在短期内准确估量。在特定的技术创新条件下，高技术企业在技术创新过程中的创新风险可能会导致经济利益的损失，也能在一定程度上促进高技术企业自主创新的知识集聚水平，提高创新风险收益。

① Tallman S，Jenkins M，Henry N，et al. Knowledge，clusters，and competitive advantage[J]. The Academy of Management Review，2004，29（2）：258-271.

② 李金生，李晏墅. 高技术企业原始创新风险传递效应模型研究[J]. 中国工业经济，2012，（1）：110-119.

4）创新风险的可控性

高技术企业在自主创新的进程中，必然会受到许多可变因素和难以预测的不确定因素的影响，这就使得自主创新的结果是不能准确预见的。但是，技术自主创新是高技术企业理性行为主导的过程，并不是如人们所认为的那样是一个随机的动态过程。这是因为，高技术企业在自主创新的各个阶段中所有的工作都是有计划、有组织地进行的。其中，高技术企业在自主创新的每个阶段都包括分析、评估、决策和实施等合乎逻辑的理性行为。因此，高技术企业在自主创新过程中产生的风险因素在某种程度上是可以控制的，技术自主创新的失败结果是可以改变的。

7.3　基于知识集聚的高技术企业自主创新风险维度分析

在对高技术企业自主创新风险影响因素的分析过程中，比较常见的分类标准就是将自主创新看成一个过程，按照高技术企业自主创新活动的流程进行分类。各个学者对自主创新过程的划分标准各有不同。吴运建等认为，高技术企业的技术自主创新阶段主要包括市场调研、方案确定、技术来源、创新立项、实验、试制、生产、销售等 14 个阶段[①]。谢科范将技术自主创新过程划分为发现问题和决策阶段、准备实施阶段、最终实现阶段等三个阶段[②]。Mohamed 和 Mccowan 通过对大量企业的调研分析，将技术自主创新的过程划分为需求确定、构思产生、问题解决、制成样品、小批中试、产品的应用与扩散等六大阶段[③]。基于知识集聚的视角，高技术企业自主创新是一个从构思的产生到技术的实现，直至新产品商业化及创新产品改进的一系列活动。因此，从知识集聚的研究视角，高技术企业的技术自主创新主要经历五个阶段：构思产生阶段、技术实现阶段、产品生产阶段、商业化阶段、创新扩散阶段。整个技术自主创新的过程如同漏斗，如图 7.1 所示，从最初的构思产生到产品商业化是一个逐步筛选、去粗取精的过程。

---

① 吴运建，吴健中，周良毅. 企业技术创新能力测度综述[J]. 科学学与科学技术管理，1995，16（10）：13-15.

② 谢科范. 技术创新的风险因素及其实证分析[J]. 科技进步与对策，1999，16（3）：56-58.

③ Mohamed S，Mccowan A K. Modeling project investment decisions under uncertainty using possibility theory[J]. International Journal of Project Management，2001，19（4）：231-241.

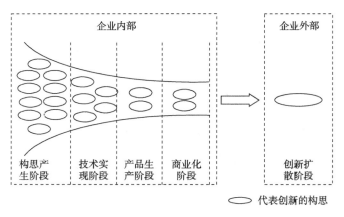

图 7.1 高技术企业自主创新过程的漏斗模式

1）构思产生阶段

如图7.1所示，在技术创新的初始阶段，可能有大量的想法被提出。佢是，随着技术自主创新活动的不断深入，技术创新的构思个数会逐步减少，最后只有少量的构思能够转化为真正的新产品，进入商业化阶段。因此，技术创新构思的产生是高技术企业的技术自主创新活动中最能体现创新性的阶段，同时也是技术自主创新的关键环节[1]。技术创新构思的实质是高技术企业在前沿知识的基础上对企业内部和外部的前沿知识加以吸收和运用，同时对企业内部原有的存量知识进行知识整合和知识创新的过程，具体表现为不同种类知识的融合和知识资源的开发与设计。在高技术企业的技术创新构思产生的过程中，研发人员必须对前沿知识进行识别、获取、开发、分析、运用和交流，以便及时地获取信息知识，并进行分类整理，形成技术创新构思的方案，为高技术企业的技术自主创新进入下一阶段打下基础。

2）技术实现阶段

技术实现是高技术企业的创新认知与创新实践相互作用产生的结果。在技术自主创新过程中，高技术企业首先对初步形成的技术创新构思进行研究与开发，并根据技术创新收益、技术创新可行性等方面的条件对技术创新构思的方案进行检查和修正，最终把这种技术创新构思方案变为现实。技术实现是高技术企业在特定时期将最新的技术创新思想与前沿知识相结合，并对各类知识综合运用，最终创造出特定技术成果的过程。在这个技术创新的演进阶段，技术自主创新主要表现为高技术企业把技术创新构思转化为新产品、新工艺的技术原理和技术规则的过程，即把科学知识转化为技术知识的过程。

---

① 孙平，王谊. 产品创新：聚变时代中权力的获得与利用[M]. 成都：西南财经大学出版社，1998.

3）产品生产阶段

在产品生产阶段，高技术企业需要利用研发人员长期积累的生产技能。因此，各种知识的综合运用成为关键，知识需要转化为各种生产操作技能，即显性知识开始向隐性知识转化。各种知识在此阶段转化为具有使用价值的产品和服务[①]。这个技术创新演进阶段主要表现为高技术企业在前沿知识技术化的基础上，运用研发技术开发出新产品。

4）商业化阶段

高技术企业进行技术自主创新的最终目的是使其研究开发、生产制造的创新成果实现商业化，并在市场中形成竞争优势，在这个过程中获取利益。商业化阶段包括新产品的市场投放、新工艺技术的投入使用等。这个阶段的主要任务就是将新产品推向市场，实现其商业化，满足消费者的需求，同时激发消费者新的消费需求。经过企业学习，吸收相关技术的创新知识，把新技术知识应用于高技术企业生产中，实现创新技术的商业化应用。在这个技术创新的演进阶段，高技术企业能够独立地分析、研究和运用前沿理论和新兴技术，自主地将前沿理论和新兴技术进行技术化、产品化和市场化。

5）创新扩散阶段

当新技术和新产品被推出并得到商业化应用时，作为高技术企业"惊险地一跃"，并非所有的新产品都能在这一阶段取得成功。对于那些成功的新技术和新产品，高技术企业往往需要根据市场反馈的信息进行微调，以满足客户的需求。在这一过程中，以跨组织学习和合作的方式，高技术企业将研发人员和市场人员一同派往现场，在解决技术创新问题的同时获取新产品的市场信息，是一个行之有效的办法[②]。之后，新的扩散和应用又为高技术企业后续研发提供了深厚的知识基础，在更广泛的应用中寻找问题，开始新一轮的知识交流。在高技术企业自主创新过程中，真正的意义可能并不在于创新本身，而在于这种新知识的扩散与推广。高技术企业的技术自主创新通过技术扩散系统，使新知识得以传播、推广与应用，提升了企业内技术知识的转化能力。

高技术企业的技术自主创新过程中本身所固有的复杂性与不确定性，致使技术自主创新具有高风险性。这里将高技术企业的技术自主创新风险维度划分为五个阶段。这是因为：一方面，高技术企业的技术自主创新过程的内在矛盾在其发展的不同阶段呈现出不同的属性；另一方面，高技术企业在技术自主创新过程中

---

① 王玉梅. 基于技术创新过程的知识创新运行机理分析与网络模型的构建[J]. 科学学与科学技术管理，2010，（9）：111-114.

② 魏江，刘锦，杜静. 自主性技术创新的知识整合过程机理研究[J]. 科研管理，2005，26（4）：15-21.

所内含的矛盾并不是一开始就完全显露出来的，而是一个渐近的过程。因此，高技术企业把技术自主创新的过程划分为五个相对独立的阶段，以便重点找出各阶段的技术自主风险因素。

7.4 基于知识集聚的高技术企业自主创新风险模型

从知识集聚的视角来看，高技术企业的技术自主创新的本质是知识。知识是自主创新活动的源泉和基础，高技术自主创新的过程就是新产品和新技术知识的创造和运用过程[①]。高技术企业只有依靠于企业现有的知识基础形成创新构思，利用其产生新知识，才能使高技术企业的技术自主创新活动变成可能。高技术企业在技术自主创新发展过程（构思产生阶段、技术实现阶段、产品生产阶段、商业化阶段、创新扩散阶段）中，由于知识积聚的不充分性，会受到多种不确定信息的影响，在特定条件下会诱发多种技术自主创新风险因素。

7.4.1 构思产生阶段的自主创新风险

高技术企业在构思产生阶段的自主创新风险是指从技术自主创新的构思来源和构思产生到构思决策阶段的风险。在技术自主创新思想形成的过程中，高技术企业需要考虑用户需求和技术实现的可能性，并对新形成的产品设计思想进行评价和判断，决定是否有必要将技术创新的新思想继续进行下去。首先，高技术企业在此阶段需要广泛地收集和积累大量的经典知识，知识的来源是广泛的，高技术企业需要对能够转化为技术创新构思方案的前沿知识进行评价、选择和运用。其次，高技术企业需要吸收和运用大量的前沿知识，通过对基于不同种类知识的融合和利用形成的技术创新构思进行可行性研究与论证，并对技术创新项目的开发计划进行决策，这是整个技术创新构思的关键。最后，高技术企业还要考虑技术自主创新构思能否依照预期目标转化为技术。

技术创新构思方案的形成受到高技术企业内外部多种因素的影响和作用，在以往的研究中主要考虑的技术创新风险要素有决策要素和组织要素等，而忽视了知识生产对创新构思的重要性。因此，在技术创新构思的形成过程中，高技术企业要考虑的技术创新风险要素包括知识要素、决策要素和组织要素等。其中，技术创新风险要素中的知识要素是技术创新构思的来源，是高技术企业对前沿知识

---

① 李晏墅，李金生. 基于技术形成机理的自主创新决策模型研究[J]. 中国工业经济，2007，（6）：105-112.

的具体运用；技术创新风险要素中的决策要素是指高技术企业对构思方案的决策评价，影响着技术自主创新的方向；技术创新风险因素中的组织要素是高技术企业在技术创新构思过程中形成的组织结构和工作关系，影响着技术创新构思的层次和效率。

从知识集聚的视角分析，高技术企业在技术创新构思产生阶段的技术创新风险主要体现在以下几个方面。

（1）先进性风险。从知识要素的角度，高技术企业评价创新构思的产生和形成，分析前沿知识转化为具体技术后的知识水平及其在同类技术中的期望领先程度，选择那些最有转化价值和转化可能的前沿知识。高技术企业研发人员产生的技术创新构思本身领先程度不高，可能更容易被竞争者模仿与学习。

（2）期权收益性风险。在对前沿知识融合和利用的基础上，高技术企业从决策要素的角度来考虑知识转化为构思的这一阶段是否有必要投入创新资源进行研究与开发。在这个过程中，高技术企业慎重选择构思方向，将技术自主创新方案的风险水平与收益水平进行比较，最后根据决策分析的结果，决定技术自主创新的后继阶段是否应该进行下去。

（3）研发组织体系风险。高技术企业从组织要素来考虑本企业的知识水平与能力，评价前沿知识转化为构思方案所具有的实力。在技术创新构思形成的过程中，高技术企业研发人员的知识水平以及研发人员是否愿意将自己拥有的知识与其他研发人员进行知识共享在一定程度上会影响技术自主创新的进程。高技术企业通过技术自主创新的研发结构来评价其研发能力。不合适的组织结构可能使高技术企业的自主创新所需的各种资源组合不够恰当，从而使创新构思方案不能完成。

7.4.2　技术实现阶段的自主创新风险

技术实现阶段的自主创新风险是指高技术企业从技术创新构思实现到对技术创新项目进行调研评估和研究开发时发生的风险。在技术自主创新过程中，高技术企业的研发人员需要对技术创新构思形成阶段的创新构思方案进行可行性研究，同时还需要考虑技术研究和开发本身的特征属性——高难度性和超前性，并且根据研发技术、研发收益等方面的条件对技术创新构思进行检验和修正，最终研究和开发出特定技术成果。在技术实现阶段，高技术企业需要考虑的技术自主创新风险要素有技术要素和利益要素等。其中，技术自主风险要素中的技术要素是指高技术企业在研发过程中所需要的技术能力，主要受技术本身特征、研发的实力、研发的进度和研发的复杂度等方面的因素影响；技术自主创新风险要素中的利益要素是指高技术企业在技术实现过程中研发投入与收益的比较，主要受研发成本和研发收益（学习能力）等因素的影响。在技术实现阶段，高技术企业的技术自主创新风险因素构成主要包括以下几个方面。

1）技术可行性风险

在技术实现过程中，高技术企业首先要对技术自主创新中技术实现阶段所需要的前沿知识和创新思想进行多样性选择。技术自主创新的构思能否按照预期的目标实现技术，在技术实现和产品生产过程中都是难以确定的。高技术企业在技术自主创新过程中由于技术的可行性不高而导致技术创新过程中止的例子是较为常见的。同时，受到高新技术实现难度大和研发人员协作能力差的影响，高技术企业的技术自主创新可行性风险将会增大。

2）技术可替代性风险

在技术自主创新构思产生阶段，高技术企业的自主创新项目及其预期的技术在同行业中具有先进性和可行性。但是，随着同类企业的技术创新及其竞争加剧，高技术企业具有的先进性在技术实现阶段很有可能被同类竞争企业赶超，很容易丧失原有自主创新计划中的先进性，从而导致高技术企业在技术实现阶段出现处于研发中的新技术被其他同类企业研发的更为先进的技术所替代的现象。如果高技术企业自主研发的新技术被其他同类企业研发的新技术所替代，那么该高技术企业的创新投入就难以收回，造成创新损失。

3）研发效益风险

高技术企业从利益要素的角度来衡量在技术自主创新过程中技术形成阶段的预期研发投入-研发效益比[①]。这里所说的研发效益是指高技术企业在新技术研发过程中创造产品研发技术和研发方法等方面的隐性知识积累和显性知识积累，具体表现为产品研发能力的显著提升。在技术实现过程中，高技术企业的研发人员在掌握和运用产品研发所需的新知识、新技术和新方法等达不到理想状态时会导致研发效益降低，增加产品研发投入，从而造成实际的产品研发投入-研发效益比下降的风险。

7.4.3 产品生产阶段的自主创新风险

产品生产是高技术企业的技术自主创新成果的外在表现。产品生产阶段的自主创新风险是指一项已经研制成功并且具备相对成熟技术的新产品在工艺创新和

---

① 李金生，李晏墅，周燕. 基于技术创新演进的高技术企业内生文化模型研究[J]. 中国工业经济，2009，（5）：108-118.

产品生产过程中具有的不确定性，即在新技术转化为新产品的过程中生产工艺优化、设计以及产品生产所具有的不确定性。在技术转化为新产品时，高技术企业首先要考虑生产的新产品是否具有社会价值，能否得到社会公众的认可。只有当新产品得到社会公众认可时，高技术企业开发的新产品才能真正实现其使用价值、顾客价值和社会价值，即新产品的价值创造。只有当新产品能够通过预期的社会认可后才能考虑产品的功能和进入市场的预测等。

高技术企业在产品生产阶段需要考虑的要素主要包括使用价值要素、市场价值要素、社会价值要素等。其中，使用价值要素具有表现为新产品的使用价值，是指新产品能否在产品功能上实现优化、提升或创新；市场价值要素是指高技术企业对新产品在市场上满足顾客需求程度、新产品的市场销售规模及新产品的增长趋势的预测；社会价值要素是指高技术企业对研发的新产品进行评价，用社会价值准则来评价新技术转化而来的新产品是否符合社会的价值需求。因此，高技术企业在产品生产阶段的技术自主创新风险主要有产品收益风险、市场前景预测风险和价值取向风险。

1）产品收益风险

高技术企业从使用价值要素的角度对新产品的使用功能、产品质量等状况进行分析和评价。如果高技术企业研发的新产品在产品功能和产品质量等方面没有比市场现有产品取得产品优势，高技术企业的新产品就难以实现预期的使用价值，从而导致高技术企业面临难以获得最大生产收益的风险。

2）市场前景预测风险

在一项新产品准备推出市场前，高技术企业往往需要对新产品进行调查与预测。如果高技术企业觉得新产品能够很好地被顾客所接受，就能够实现新产品的市场价值。但是，如果与预期的市场情况相反，新产品没有被顾客所接受，就会存在高技术企业与顾客对新产品的价值感知反差，从而导致新产品的市场前景风险。

3）价值取向风险

从社会价值要素的角度，价值取向风险是指高技术企业开发的新产品所体现的价值主张不能满足社会价值需求而产生的创新风险。在新产品的生产阶段，高技术企业会对产品研发的技术形成价值进行判断，运用社会价值准则进行衡量。只有在产品研发的技术得到社会认可时，高技术企业才能进一步考虑新产品的生产。但是，如果高技术企业研发的新产品难以满足社会价值需求，在价值主张上出现创新风险，那么就会导致新产品的价值取向风险。

7.4.4 商业化阶段的自主创新风险

商业化阶段的自主创新风险是指高技术企业研发的新产品在市场营销与服务过程中遇到各种不确定性，并由此造成新产品在营销和服务环节中面临可能的失败。当新产品进入市场时，可能会因为新产品的功能缺乏竞争性，使得高技术企业生产的新产品被竞争对手攻击或被消费者拒绝。这主要是因为，高技术企业在技术创新构思产生和技术形成、产品生产阶段没有对新产品的市场适应性和收益能力做出正确的预测，把新产品的技术风险带到了商品化阶段。在新产品进入市场的初始阶段，虽然高技术企业研发的新产品是成功的，但是新产品在进入市场后不能取得预期的市场回报。这主要是因为，新产品的市场销售受到市场的认可能力、竞争程度，市场开发的资源投入等因素所决定。高技术企业需要考虑在新产品在进入市场后向外扩散的风险。在新产品商业化的过程中，高技术企业需要考虑的创新风险要素主要有营销决策要素、市场要素和价值要素等。其中，营销决策要素是指高技术企业对生产的新产品推向市场的时机选择；市场要素是指高技术企业的新产品面临的竞争程度和消费者对其接受程度；价值要素是指顾客对新产品所蕴含的市场价值进行调查、评价、选择、购买和使用的过程中所感知的产品价值。因此，高技术企业的新产品在商业化阶段的风险主要有时机选择风险、市场竞争风险和市场接受风险。

1）时机选择风险

从营销决策要素的视角，高技术企业需要对新产品进入市场的期权收益进行评价，目的在于合理地确定新产品市场化的进程。如果新产品进入市场的时机决策发生错误，可能影响新产品的期权收益，从而引发高技术企业在新产品投放市场的时机选择风险。

2）市场竞争风险

从市场要素的角度来看，高技术企业的新产品在进入市场时常常面临着激烈的竞争：一方面，高技术企业的新产品面临着产品知识产权保护、商业秘密等方面的风险，同类企业可能通过技术学习，很快模仿出具有高竞争性的同类产品，从而降低了新产品的产品性能优势。另一方面，同类技术发展的创新进程加快，或者市场需求的瞬息万变，也会导致高技术企业研发的新产品的生命周期大大缩短。这些方面均较为容易地导致高技术企业的新产品面临市场竞争和技术竞争中产生的双重竞争风险。

3）市场接受风险

从价值要素来看，如果新产品的价格、促销、功能、分销渠道等方面的营销策略和营销措施让顾客感知到的总顾客价值低于顾客感知的总顾客成本，顾客就难以体验新产品所具有的市场价值，新产品就难以快速地被消费者所接受。因此，高技术企业在新产品商业化的过程中面临新产品不被市场接受，或市场接受度低的风险，从而产生市场接受风险。这需要高技术企业对新产品市场化产生的经济效益进行评估，寻求产品市场价值最大化。

7.4.5　创新扩散阶段的自主创新风险

创新扩散阶段的自主创新风险是指高技术企业的新产品在实现市场销售后，研发的新技术、新工艺、新产品和新服务等创新成果在更为广泛的产业领域得到推广和应用，并向更为广阔的市场进行扩散过程中面临的各种风险。在技术创新扩散阶段，高技术企业自主创新受到影响的创新风险要素主要有知识要素和利益要素。其中，知识要素是指高技术企业自主创新过程中获得的知识成果扩散后对知识再生产所形成的影响；利益要素指新产品进入市场过程中，高技术企业的外部利益相关者产生的影响等。因此，高技术企业在创新扩散阶段面临的自主创新风险主要有知识租风险和创新衍生风险。

1）知识租风险

从知识要素看，高技术企业的自主创新是新知识生产的系列行为或活动。新知识的生产是一个连续、逐步积累的过程。在新产品商业化的过程中，高技术企业的研发人员按照精益化的要求完成知识生产任务后，有可能受到商业利益驱动，发现更高层次的顾客需求，凭借其对技术创新成果的垄断，在对原有知识成果进行改进创新后，开发出新的知识成果，最后通过商业交易获得额外收益[①]。由于知识创造过程的复杂性，高技术企业的科学研究活动难以监督，研发人员在获得知识租的额外收益后，会进一步地创租和获租。这就为高技术企业凭借其掌握的知识获得高于知识本身的价值提供了机会，从而产生了知识租。知识租的产生不利于知识的传播、共享，同时也会在一定程度上影响研发人员的积极性，最后阻碍技术自主创新的步伐。

2）创新衍生风险

在创新成果投放市场后，高技术企业的各类创新成果会对外部利益相关者产生影响，形成创新衍生风险。产品商业化造成的损失会导致外部利益相关者对高技术企业产生负面的评价，大大降低技术创新资本的收益预期，造成不利于知识集聚的创新损失，最后引致创新衍生风险。

---

① 吴黎正，米俊. "知识租"对知识生产的影响及治理机制[J]. 经济问题，2012，（12）：15-18.

高技术企业自主创新经过了创新构思产生阶段、技术实现阶段、产品生产阶段、商业化阶段、创新扩散阶段五个阶段。在构思产生阶段主要的风险因素有先进性风险、期权收益性风险、研发组织体系风险等；在技术实现阶段主要的风险因素有技术可行性风险、技术可替代性风险和研发效益风险等；产品生产阶段主要风险因素有产品收益风险、市场前景预测风险和价值取向风险；在商业化阶段的风险因素有时机选择风险、市场接受风险和竞争风险等；在创新扩散阶段主要的风险因素有知识租风险和创新衍生风险。因此，基于知识集聚的视角，分析高技术企业的自主创新阶段的风险因素，在此基础上构建了高技术企业自主创新风险 CFPC-D 模型，见图 7.2。

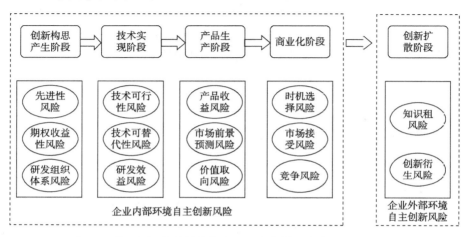

图 7.2　基于知识集聚的高技术企业自主创新风险 CFPC-D 模型

基于知识集聚的高技术企业自主创新风险 CFPC-D 模型是在技术创新过程模型的基础上，基于知识集聚的视角对高技术企业自主创新风险要素及其自主创新风险的系统分析。在技术自主创新过程中，高技术企业更加注重以企业为主体的前沿知识的吸收、应用和转化，并实现知识集聚从而进行知识创造的系列创新行为和创新过程。高技术企业的技术自主创新主要经历了创新构思产生阶段、技术实现阶段、产品生产阶段、商业化阶段、创新扩散阶段五个阶段，是一个逐步筛选、去粗取精的过程。

在这些技术自主创新阶段，知识运用和创造的动态过程为高技术企业有效的创新活动提供了运行基础。技术自主创新过程既是新产品的开发和商业化应用，又是知识的获取、融合、应用和创造的过程。在此技术自主创新过程中，高技术企业自主创新风险随着技术创新过程的演进而发生相应的变化，从而形成了基于知识集聚的高技术企业自主创新风险 CFPC-D 模型。

7.5　管理启示

基于知识集聚的视角，技术自主创新是高技术企业运用前沿知识并实现产业化的过程，是高技术企业打破原有的知识结构，将原有的知识与新知识相结合，并推动新技术形成的过程。高技术企业自主创新风险包括创新构思产生阶段、技术实现阶段、产品生产阶段、商业化阶段、创新扩散阶段五个阶段，并在每个自主创新阶段分析相关风险因素，最后形成了高技术企业自主创新风险 CFPC-D 模型。

通过对上述理论的分析，高技术企业在技术自主创新过程中应关注基于知识集聚的自主创新风险 CFPC-D 模型，对高技术企业的自主创新获得相关管理启示。

1）高技术企业需要充分认识和重视知识集聚在自主创新中的作用机制

高技术企业需要拥有大量的技术创新人员和富有创造力的管理人员，并且表现出知识密集性的特点。过去，研发人员多从传统经济效益和市场前景的视角来研究企业自主创新，而忽视了知识集聚在自主创新中的核心作用。以知识集聚为研究视角，反映了对自主创新认知的不断深化，也有助于从根本解决高技术企业在自主创新过程中遇到的现实问题。因此，高技术企业在自主创新过程中应充分认识和重视知识集聚在自主创新中的作用机制。

2）高技术企业需要充分识别自主创新风险中的因素

高技术企业的自主创新是一个复杂而漫长的过程，涉及面非常广，环节众多，是前所未有的发现或发明。高技术企业需要增强风险意识，充分识别自主创新过程中存在的风险及其构成。在技术自主创新的进程中，高技术企业应对风险因素进行科学有效的识别与评价，这对于提高高技术企业的自主创新成功率，促进技术转化、商业化生产和新技术产业化具有重要的意义。

3）高技术企业自主创新风险的研究应与企业所处创新的阶段相联系

人们对创新过程的风险进行管理，涉及不同层次的单位，包括个人、组织以及组织间。技术自主创新是一个涉及多种科学知识与技术的复杂性过程。在技术自主创新的过程中，高技术企业必须针对不同风险因素进行有效的评价与控制。科学的评价风险程度是决定创新活动是否继续进行下去的依据。例如，当技术自主创新处于初始阶段时，高技术企业在评价风险时需要考虑其期权收益，保证创新活动能够给高技术企业带来创新利益。

第 8 章　高技术企业的自主创新风险传递及其效应

提高自主创新能力、发展高新技术产业，已经成为我国转变经济增长方式、提高国家竞争力的重大战略选择。目前我国高技术企业在引进消化吸收再创新和集成创新等方面已取得较大进展，但是高技术企业的自主创新能力仍然较低。高技术企业的自主创新是高技术企业独立研发出全新技术并实现其经济效益的过程，是根本性的技术创新，具有高度的复杂性和风险性。面对自主创新的高度不确定性，尽管国家和地方政府出台多项鼓励自主创新政策和措施，但是很多高技术企业仍然缺乏开展技术自主创新的内在动力，没有能够充分发挥作为自主创新主体的作用。高技术企业不愿投资并推进自主创新，在很大程度上源于对自主创新风险缺乏有效的管理机制，难以把握技术自主创新的成功概率。因此，如何认识和分析技术自主创新过程中的创新风险及其管理问题，成为人们在技术创新投资与管理中普遍关注的焦点，对建设国家技术自主创新体系、促进增长方式转变具有重要的现实意义。

8.1　国内外关于高技术企业自主创新风险的研究综述

对于高技术企业自主创新风险的研究，国内外理论界提出了不同的观点和看法。

1）基于技术创新外包的创新风险研究

这类观点主要分析了高技术企业在技术创新外包过程中的创新风险管理。

Hoecht 和 Trott 基于创新外包研究了技术创新中的相关风险，认为使用信息技术、信息系统外包会增加创新风险，并提出控制这些风险的相关措施[1]。在这一研究成果之上，David C. Chou 和 Amy Y. Chou 提出，技术、市场、员工、供应商、投资者等层面的不确定性均可能导致企业技术创新外包的创新风险，扩大了创新风险的研究范畴[2]。

2）基于制度安排的创新风险研究

这类观点主要从技术自主创新的机制和制度等层面研究创新风险问题。Hellström 研究了新兴技术的系统构成对复杂技术、社会机构和关键基础设施的负协同效应，指出制度创新及其相关形式的创新风险[3]。Lu 从中国电子化服务的视角，对技术创新风险评估制度、评估方法进行研究，提出防范技术创新风险，强调技术创新风险评估制度与技术创新风险防范之间的内在关系[4]。陆立军和郑小碧从区域创新的视角，分析了产业集群中技术创新的搭便车、囚徒困境和技术锁定等三种创新风险，提出建立以网络为基础的非正式风险控制机制[5]。这类观点着重研究了产业组织、创新机制等制度因素对技术创新风险的作用机理。

3）基于技术竞争的创新风险研究

这类观点从技术竞争战略分析技术创新风险。张海鸥和周霞通过分析技术创新战略和技术创新风险的分类，提出技术创新战略与技术创新风险的博弈整合模型[6]。O'Connor 等研究了风险管理中的学习导向方法，分析实物期权方法、市场倾向、商业化的早期运用等对激进的创新成功的积极影响[7]。Wijnberg分析了市场细分和技术竞争之间的关系，采用选择系统论的理论框架研究了具有类跨越特征的根本性创新风险的决定性因素[8]。

---

① Hoecht A，Trott P. Innovation risks of strategic outsourcing[J]. Technovation，2006，26（5~6）：672-681.

② Chou D C，Chou A Y. Innovation outsourcing：risks and quality issues[J]. Computer Standards & Interfaces，2011，33（3）：350-356.

③ Hellström T. Systemic innovation and risk：technology assessment and the challenge of responsible innovation[J]. Technology in Society，2003，25（3）：369-384.

④ Lu X B. Study on technological innovation risk of China's e-services[C]//Wang W，Li Y，Duan Z，et al. Intergration and Innovation Orient to E-Society Volume 2. Boston：Springer，2007：252-261.

⑤ 陆立军，郑小碧. 产业集群技术创新风险控制机制研究[J]. 科技进步与对策，2009，26（10）：65-68.

⑥ 张海鸥，周霞. 企业技术创新战略与技术创新风险的整合分析[J]. 科学管理研究，2003，21（6）：28-31.

⑦ O'Connor G C，Ravichandran T，Robeson D. Risk management through learning：management practices for radical innovation success[J]. The Journal of High Technology Management Research，2008，19（1）：70-82.

⑧ Wijnberg N M. Classification systems and selection systems：the risks of radical innovation and category spanning[J]. Scandinavian Journal of Management，2011，27（3）：297-306.

4）创新风险评价与风险预警研究

Huang 等主张运用模糊变权评价理论对技术创新风险进行鉴别，发现技术创新风险可能发生的情境，对风险做出评估[①]。宋哲等基于 ANP 与 GRAP 的集成评价方法，构建了 ANP-GRAP 评价模型，用于评价企业技术创新风险[②]。李晓峰等采用基于粗糙神经网络模型的方法设计企业技术创新项目风险预警系统[③]。这类研究成果着重对技术创新风险评价和风险预警的指标、技术和方法等进行研究，为创新风险管理提供技术支持。

5）基于合作创新的创新风险研究

Das 和 Teng 认为，企业的合作技术创新主要存在关系风险和绩效风险[④]。基于这一研究成果，赵骅等研究了上下游企业纵向共性技术合作创新和竞争企业横向共性技术合作创新后道德风险行动的战略均衡[⑤]。Yang 分析了寻求企业合作技术创新风险的方法，运用小波神经网络等技术构建了合作技术创新的风险控制模型[⑥]。

除上述五类研究之外，还有 Wu 等研究了创业团队决策对技术创新风险的影响[⑦]，Yang 等从国际贸易的角度提出缓解高新技术产品风险的模型[⑧]，等等。

这些研究成果对于高技术企业自主创新的风险管理提供了多角度的理论基础，但是对高技术企业自主创新风险管理存在的许多不足并未涉及。这些研究成果没有考虑到技术自主创新的特殊性，没有涉及自主创新风险对产品研发、组织绩效和外部网络的多重影响，没有辩证地评价自主创新中风险事件的复合效应，

---

① Huang Y S, Qi J X, Zhou J H. Method of risk discernment in technological innovation based on path graph and variable weight fuzzy synthetic evaluation[C]//Wang L, Jin Y. Fuzzy Systems and Knowledge Discovery. Heidelberg: Springer-Verlag, 2005: 635-644.

② 宋哲, 王树恩, 柳洲, 等. ANP-GRAP 集成方法在企业技术创新风险评价中的应用[J]. 科学学与科学技术管理, 2010, （1）: 55-58.

③ 李晓峰, 徐玖平, 颜锦江. 企业技术创新项目风险预警系统构建研究[J]. 四川大学学报（哲学社会科学版）, 2010, （5）: 88-95.

④ Das T K, Teng B S. A resource-based theory strategic alliance[J]. Journal of Management, 2000, 26（1）: 31-61.

⑤ 赵骅, 鲜丽姣, 魏宏竹. 企业集群共性技术合作创新后的道德风险治理——基于无惩罚契约与惩罚契约完备两种形式[J]. 科研管理, 2010, 31（6）: 28-35.

⑥ Yang C H. Analysis model of cooperatively technical innovation risk[C]//Shen G, Huang X. Advanced Research on Electronic Commerce, Web Application, and Communication. Heidelberg: Spring, 2011: 37-43.

⑦ Wu D D, Xie K F, Liu H, et al. Modeling technological innovation risks of an entrepreneurial team using system dynamics: an agent-based perspective[J]. Technological Forecasting and Social Change, 2010, 77（6）: 857-869.

⑧ Yang P C, Weeb H M, Liu B S, et al. Mitigating hi-tech products risks due to rapid technological innovation[J]. Omega, 2011, 39（4）: 456-463.

难以有效地指导高技术企业的自主创新管理。

原始创新、集成创新和引进消化吸收再创新构成了技术自主创新。高技术企业的自主创新是企业取得的重要的技术创新成果，是企业积累、聚合、创造前沿知识并开发出新技术和新产品的知识创造过程。可见，高技术企业的自主创新是一个前沿知识从积累到聚变的过程，即知识集聚。因此，从知识集聚的视角分析高技术企业的自主创新能更好地把握自主创新的实质。本书拟从知识集聚的视角，分析高技术企业自主创新风险的内在特性，探讨自主创新风险效应链，进而研究高技术企业自主创新的风险传递效应模型。

8.2　知识集聚视角下自主创新风险效应链分析

8.2.1　知识集聚与自主创新风险的特性分析

高技术企业的自主创新具有很高的创新难度和复杂性，亦具有重大的战略意义。从知识集聚的视角，高技术企业自主创新风险除了具有技术创新的基本特征以外，还具有以下四个重要特性。

1）创新进程的模糊性

在高技术企业的技术创新与管理中，自主创新是一个复杂行为系统。很多人对于技术创新风险往往习惯于从技术风险、市场风险、管理风险、资金风险、生产风险和政策风险等方面进行静态的风险水平评价，而没有考虑到自主创新系统演进的复杂方式及其具有的高度不确定性。例如，自主创新的渐进式演进、突变式演进或在渐进中突变演进等方式[1]。对于自主创新风险来说，自主创新演进通常会表现为模糊信息、混沌信息或灰色信息，即在特定的自主创新时点上，高技术企业难以明确界定自主创新未来阶段可能出现的现象、问题或结果。因此，高技术企业的自主创新进程具有较高的模糊性。

2）知识集聚的高端性

技术自主创新通常是取得科学发现、技术发明或原理性主导技术等创新成果。在探索技术自主创新成果的过程中，高技术企业不但需要收集和积累广博的经典知识，而且需要积聚大量的前沿知识。另外，高技术企业的自主创新不仅受

---

① 李金生. 高技术企业自主创新能力的内生演化模型研究[J]. 南京师大学报（社会科学版），2011，（3）：85-95.

随机信息的影响，还受到模糊信息、混沌信息和灰色信息等多种高复杂性的不确定性信息的影响，需要高技术企业能够在特定技术领域从产品研发、组织管理和市场开发等多个层面探索新知识和新技术，才能实现知识积累的"聚变效应"，获得自主创新的成功。因此，高技术企业的自主创新具有知识集聚的高端性。

3）创新风险的派生性

自主创新风险的派生性是指高技术企业在自主创新过程中形成的创新风险事件会在企业的多个层面引致不同类型风险的可能性。在自主创新过程中，高技术企业的风险要素会在特定的条件下引起风险事件。这些风险事件不但会直接影响技术创新和产品研发的活动，而且会间接影响高技术企业的组织运行，乃至对同类企业的技术创新行为产生作用。也就是说，创新风险事件在引发技术创新风险的基础上，会派生出组织运行风险和企业外部网络性风险。由此可见，自主创新风险是处于不断演变与连锁反应之中的，具有风险派生性。

4）风险后果的双重性

技术创新风险通常被认为是技术创新中的风险要素，在概率条件下发生风险事件并造成风险损失，即技术创新风险是对创新主体造成利益损失的可能性。但是，从知识集聚的视角来看，自主创新风险的演变并不是只有损失的可能性，也可能带来收益，并且这种创新损失或创新收益会衍生出新的损失或新的创新收益。这是因为，自主创新通常是企业在科学发现、技术发明、原理性主导技术等方面取得重要的创新成果，这种技术创新的周期较长，创新成果是在无数次小的创新失败或成功的基础上进行创新知识积累和知识创新。在特定的时间和空间条件下，创新过程中的创新风险导致了经济利益的损失，但同时也促进了高技术企业关于自主创新的知识集聚。因此，高技术企业自主创新的风险后果具有双重性。

创新进程的模糊性、知识集聚的高端性、创新风险的派生性和风险后果的双重性体现了高技术企业自主创新风险的独特性。因此，从知识集聚角度更能系统地解析自主创新的风险构成及其风险效应。

8.2.2 高技术企业的自主创新风险传递链

从一般意义来说，技术创新风险通常由三个部分构成，即创新风险要素、创新风险事件和创新风险后果。在高技术企业自主创新过程中，自主创新的知识集聚不充分，受不确定性信息（如随机信息、模糊信息、混沌信息等高不确定性信息）的影响，会形成一定的创新风险要素；创新风险要素会在特定条件下激发风险事件。高技术企业自主创新的知识集聚不但体现在产品研发方面，而且还在组织运行和企业外部网络层面有相应的知识集聚，为自主创新提供全面的创新知识体系。因此，自主创新最初的风险要素和风险事件会在产品研发层面、组织运行层面和外部网络层面对自主创新行为产生影响，造成了自主创新风险后果，分别形成原生风险效应、次生风险效应和衍生风险效应。这三个层面的创新风险效应是在创新风险事件作用下渐次派生出来的，形成了系列化、连锁性的风险传递，从而构成了高技术企业自主创新的风险传递链，见图 8.1。

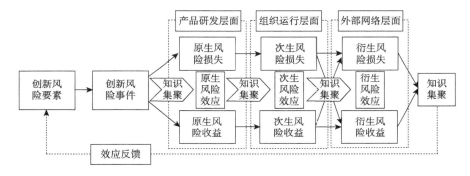

图 8.1　高技术企业自主创新的风险传递链

在图 8.1 中，高技术企业自主创新的风险传递链包含了三个风险传递层次，即原生风险效应、次生风险效应和衍生风险效应。

1）原生风险效应

自主创新的原生风险要素引致原生风险事件后，在产品研发层面形成原生风险效应。一方面，原生风险要素和原生风险事件会导致自主创新进程的减缓或停滞，对技术创新行为造成阻碍，导致原生风险损失（primary risk loss，简称 L_P）。原生风险损失是指高技术企业自主创新过程中受创新风险因素和创新风险事件的直接影响，导致不利于企业在产品研究与开发方面进行知识集聚的创新风险事件及其创新损失。另一方面，高技术企业可以通过原生风险事件发现后续的技术创新行为需要满足的创新知识需求，掌握此阶段对不确定性信息的收集和研究，推动了自主创新的知识集聚，形成了原生风险收益（primary risk return，简称 R_P）。原生风险收益是指高技术企业自主创新受创新风险要素和创新风险事件的直接作用，引起有利于高技术企业在产品研究与开发方面进行知识集聚的创新风险事件及其创新收益。

2）次生风险效应

高技术企业的原生风险效应在组织运行层面形成新的风险事件，对企业的整体运行产生间接影响，形成次生风险效应。一方面，自主创新的原生风险损失会导致高技术企业的组织要素面临损失，使企业的技术创新资源、能力和条件没有能够实现最佳收益水平，并在一定程度上造成了高技术企业的组织运行效率和效益的下降，即次生风险损失（secondary risk loss，简称 L_S）。次生风险损失是指高技术企业自主创新中受原生风险损失的影响，造成不利于在组织运行层面进行知识集聚的风险事件及其创新损失。另一方面，原生风险损失和原生风险收益提高了高技术企业进行创新投资、技术管理等方面的企业能力，降低了高技术企业的学习成本，从而形成了次生风险收益（secondary risk return，简称 R_S）。次生风险收益是指高技术企业自主创新受原生风险收益的作用，在组织运行层面形成有利于知识集聚的创新风险事件及其创新收益。

3）衍生风险效应

次生风险效应在外部网络层面形成了新的风险事件，对高技术企业的外部利益相关者产生影响，形成衍生风险效应。一方面，自主创新的次生风险损失会导致外部利益相关者对高技术企业的负面评价，降低了创新投资的收益预期，并影响高技术企业的社会形象，造成衍生风险损失（derivative risk loss，简称 L_D）。衍生风险损失是指高技术企业的次生风险损失和次生风险收益在企业的外部网络层面造成不利于知识集聚的风险事件及其创新损失。另一方面，自主创新的次生风险损失会让同类高技术企业感受到该领域技术创新的难度，认识到此领域具有高"创新门槛"，对高技术企业形成了有效的创新屏障或创新保护，构成了自主创新的衍生风险收益（derivative risk return，简称 R_D）。衍生风险收益是指高技术企业自主创新的次生风险损失和次生风险收益在组织运行层面形成有利于知识集聚的风险事件及其创新损失。

从知识集聚的视角，高技术企业自主创新风险会从多个层面对自主创新相关的知识集聚引致创新风险损失和创新风险收益，呈现出自主创新风险的双重性。自主创新风险损失反映了高技术企业创新风险要素和创新风险事件可能造成的对知识集聚的创新损失，是原生风险损失、次生风险损失和衍生风险损失之和，用公式可以表示为 $L_T = f(L_P, L_S, L_D)$。自主创新风险收益反映的是高技术企业创新风险要素和创新风险事件对创新知识集聚产生积极作用的创新利益，是原生风险收益、次生风险收益和衍生风险收益的总和，用公式可以表示为 $R_T = f(R_P, R_S, R_D)$。

8.3　高技术企业自主创新的风险传递效应模型

根据高技术企业自主创新的风险特性，自主创新具有与一般技术创新不同的风险影响方式。基于自主创新的风险传递链，高技术企业的自主创新风险具有更为复杂的风险扩散和风险转移的行为，其风险传递方式和风险传递效果构成了高技术企业自主创新的风险传递效应模型。据此提出以下高技术企业自主创新风险传递效应模型的四个假设。

1）假设8.1：在产品研究与开发层面，高技术企业自主创新的原生风险损失和原生风险收益总体分别呈 S 形分布

自主创新的原生风险效应图如图 8.2 所示。

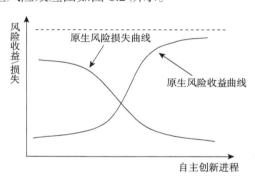

图 8.2　自主创新的原生风险效应图

在高技术企业的自主创新过程中，创新风险要素在特定的条件下诱发创新风险事件。通常认为，创新风险事件主要是使潜在的危险转化为现实的损失，只会对高技术企业的自主创新造成负面影响，不会形成技术创新收益。实际上，自主创新中的风险事件不同于一般意义上的风险事件。这是因为，高技术企业的自主创新是一个关于知识投入、知识积累和知识产出，并最终实现根本性创新的过程。创新中的风险事件实质上是高技术企业技术创新过程中的一种知识集聚，而不仅仅是高技术企业在技术创新中的一次失败及其造成的损失。因此，从知识集聚角度来看，自主创新的风险事件在产品研发层面直接对高技术企业产生两个方面的影响，即原生风险收益和原生风险损失。

国内外许多研究成果表明，许多技术在其生命周期中的性能提升过程表现为一条 S 形曲线。在产品研究与开发层面，随着自主创新不断趋向成功，高技术企业在自主创新上的知识积累效应逐步显现，即随着在自主创新上的知识投入和知识集

聚，高技术企业在自主创新中的"学习成本"逐步降低；同时高技术企业对技术自主创新中可能出现的创新风险要素和创新风险事件的预见力和应对能力逐步增强，所以高技术企业在接近于自主创新成功时，原生风险损失会逐步降低，而原生风险收益会逐步提高，由此提出：

假设 8.1.1：高技术企业在趋向自主创新成功中，原生风险损失会呈倒 S 形逐渐降低；

假设 8.1.2：原生风险收益会呈 S 形不断升高。

2）假设 8.2：高技术企业自主创新的原生风险损失对次生风险损失形成反向风险传递，原生风险收益对次生风险收益形成正向风险传递

自主创新的原生风险与次生风险关系图如图 8.3 所示。

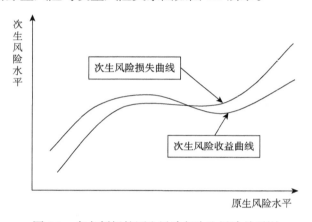

图 8.3　自主创新的原生风险与次生风险关系图

自主创新是指企业通过原理性主导技术或技术发明等方式实现产品的创新。这种技术、产品和市场方面的根本性创新，会对高技术企业原有的组织文化和企业管理方式等产生较大的冲击，甚至一些组织文化和企业管理方式还会对自主创新形成一种组织阻碍，即路径依赖。因此，高技术企业自主创新的原生风险会传递到组织运行层面，进而形成次生风险损失和次生风险收益，构成原生风险传递效应。由于高技术企业在初期和后期阶段对创新风险的承受能力相对偏低，高技术企业在这两个阶段具有较高的风险敏感度。

（1）原生风险损失与次生风险损失的关系。原生风险损失能够从多个方面对高技术企业的整体组织运行产生影响：一方面，原生风险损失直接造成了高技术企业对技术创新的组织资源的浪费，并使企业失去了相应的机会成本，原生风险损失会降低高技术企业在技术创新战略方面的组织心理预期，从而可能不利于高技术企业的后续创新投入，甚至放弃自主创新战略；另一方面，原生风险损失进一步固化

了高技术企业在组织运行和组织管理等方面的路径依赖，阻碍了高技术企业在自主创新中开展相应的组织创新和制度创新。在自主创新进程上，原生风险损失呈现出不断降低的趋势。但是，随着自主创新投入的不断增加，次生风险损失与原生风险损失呈反向关系，呈现出不断增强的趋势。由此提出：

假设 8.2.1：高技术企业自主创新的原生风险损失与次生风险损失呈负向、反 S 形的非线性关系。

（2）原生风险收益与次生风险收益的关系。在原生风险收益的作用下，高技术企业会在创新投入、知识管理和组织管理等方面积累经验。虽然原生风险要素和风险事件在短期内造成了高技术企业资金收益的降低，但在另一方面能够增加高技术企业在组织整体运行层面的知识集聚和创新收益。这是因为，技术自主创新周期比较长，在技术创新早期发生的原生风险收益及其知识集聚增强了高技术企业对后期的技术创新投资、创新资源配置和创新风险管控等方面的组织能力，并通过不断增加次生风险收益集聚，降低了高技术企业在自主创新过程中的长期总成本，进而在组织运行层面形成了技术创新收益。

因此，根据技术创新投入与产生的一般关系，原生风险收益与次生风险收益形成了 S 形的正向非线性关系。当然，原生风险收益的组织传递受到组织惯性的影响，次生风险收益的形成具有一定的滞后效应，所以 S 形曲线受组织惯性的作用而显得较为平缓。由此提出：

假设 8.2.2：高技术企业自主创新的原生风险收益与次生风险收益呈正向、平缓式反 S 形非线性关系。

3）假设 8.3：高技术企业自主创新的次生风险在企业外部网络层面的风险传递提高了衍生风险收益水平

高技术企业自主创新中的风险事件通过组织运行层面向企业外部网络进行风险传递，形成自主创新的衍生风险及其相关效应。

（1）高技术企业的次生风险损失直接降低了自我的企业形象和获得外部资源（如融资）的组织能力，对衍生风险收益产生了负向作用；同时也降低了竞争对手对该自主创新投入与创新收益的心理预期水平，尤其是变相地抑制了竞争对手的技术创新行为，对从事自主创新的高技术企业形成创新保护，营造了衍生风险收益，对衍生风险收益形成正向作用。

（2）高技术企业的次生风险收益具有较强的内隐性，难以被竞争对手感知，不能对竞争对手形成创新激励，即次生风险收益不能形成有效的衍生风险损失；但是，次生风险收益通过高技术企业采用适当方式进行外部宣传，能够有效地推动企业创新品牌的塑造。据此具体提出假设 8.3.1、假设 8.3.2 和假设 8.3.3：

假设 8.3.1：高技术企业自主创新的次生风险损失能反向增加衍生风险收益，

同向导致衍生风险损失。

假设 8.3.2：高技术企业自主创新的次生风险收益不易形成衍生风险损失，能有条件地转化为衍生风险收益。

假设 8.3.3：高技术企业自主创新的衍生风险收益高于衍生风险损失。

4）假设 8.4：自主创新的风险损失和风险收益呈非对称性

自主创新的风险损失与风险收益具有非对称性。在以往很多观点看来，高技术企业的技术创新具有高风险性和高回报性。此种观点是将创新风险视作造成经济损失的主要原因，进而误认为技术创新的风险损失与风险收益呈现对称性，其实，高技术企业自主创新的风险损失和风险收益的关系并非如此。一方面，自主创新的风险损失与风险收益具有多层次性和高复杂性，由原生风险损失、次生风险损失和衍生风险损失构成的总风险损失和由原生风险收益、次生风险收益和衍生风险收益构成的总风险收益之间是不能简单以经济损失来衡量和概括的。另一方面，高技术企业自主创新的原生风险事件在风险传递中具有多重效应，并且这种风险传递效应所导致的风险损失和风险收益并不对等。因此，高技术企业自主创新的风险损失和风险收益具有非对称性。

上述四个有关自主创新的风险传递的方式和特征，构成了高技术企业自主创新的风险传递效应模型。

8.4 实 证 分 析

8.4.1 实证研究样本

为了验证高技术企业自主创新的风险传递效应模型，本书主要对江苏、浙江、上海和安徽等省（市）的电子信息、新能源、新材料、医药等 10 多个行业的 222 家高技术企业进行抽样调查，样本企业在行业的分布情况见表 8.1。在调查中，设计调查表和利克特量表对高技术企业有关自主创新风险要素、风险事件、风险收益和风险损失等方面进行调查。本次调查各发放 270 份调查表和利克特量表，对高技术企业从事技术创新的中高层管理人员和技术研发人员进行调查，实际回收有效调查表 224 份和利克特量表 222 份，调查表的有效率为 82.96%，利克特量表的有效率为 82.22%。

表 8.1　样本企业的行业分布

行业分布	样本企业个数	占总体比率
电子信息产业	27	12.16%
医药产业	26	11.71%
现代制造业	32	14.41%
新能源产业	19	8.56%
新材料产业	21	9.46%
石油机械	24	10.81%
汽车配件	22	9.91%
精细化工	28	12.61%
其他行业	23	10.36%
合计	222	100.00%

8.4.2　可靠性分析

为了分析自编利克特量表的可靠性，本书调查了 41 个预测试样本，运用社会统计分析软件 SPSS 17.0 中可靠性分析（reliability analysis）技术，分析调查量表的信度和效度。

（1）调查量表的信度分析。本书运用 Cronbach's α 模型和拆半系数（Guttman Split-Half 系数）模型对调查量表的信度进行分析。从表8.2可以看出，各个因子的Cronbach's α系数均在0.719及以上，Guttman Split-Half系数均在0.657及以上，说明高技术企业自主创新风险的调查量表具有良好的信度，作为测量原生风险、次生风险和衍生风险的损失和收益的工具是稳定可信的。

表 8.2　调查量表的信度检验结果

指标	原生风险损失因子	原生风险收益因子	次生风险损失因子	次生风险收益因子	衍生风险损失因子	衍生风险收益因子
变量数（n）	5	6	7	5	6	7
Cronbach's α	0.781	0.918	0.776	0.835	0.828	0.719
Guttman Split-Half 系数	0.690	0.920	0.659	0.816	0.757	0.657

（2）调查量表的效度分析。调查问卷的调查项目来源于有关技术创新风险的文献综述、访谈和开放式调查，量表编制后邀请 15 名理论界研究人员和 23 名企业技术研发人员对量表的适用性进行了审订，经过了反复讨论和修改。调查量表编制后，再抽样调查了 41 个小样本进行预先测试，剔除了量表结构各变量与因子的题总相关系数在 0.3 以下的变量，使各变量与因子的题总相关系数均保持在 0.3 以上，保证了各因子中测量变量具有较高的效度。

8.4.3 假设 8.1 的实证分析

对于假设 8.1 的检验，采用 SPSS 17.0 的因子分析技术和 Amos17.0 的测量模型对自主创新的风险事件引致的原生风险损失和原生风险收益两个因子进行分析。通过对 222 个样本运用公因子分析法和具有 Kaiser 标准化的正交旋转法获得原生风险效应因子旋转成分矩阵，见表 8.3。

表 8.3　原生风险效应因子旋转成分矩阵

变量	因子	
	L_P	R_P
变量 1	0.263	0.774
变量 2	0.218	0.763
变量 3	0.216	0.833
变量 4	0.345	0.707
变量 5	0.589	0.162
变量 6	0.644	0.483
变量 7	0.643	0.342
变量 8	0.821	0.314
变量 9	0.826	0.243
变量 10	0.857	0.203
变量 11	0.705	0.239

从表 8.3 可以看出，由变量 1 到变量 4 可以提取因子 1，即原生风险损失因子（L_P），由变量 5 到变量 11 可以提取因子 2，即原生风险收益因子（R_P）。根据自主创新风险事件对产品研发的风险效应的碎石图（图 8.4），前两个因子特征值比较大（特征值大于 1），它们之间的连线比较陡峭，而其余因子特征值之间的连线比较平缓，所以提取到两个因子比较合适。同时，根据 Bartlett 的球形度检验，取样足够度的 KMO 度量值为 0.886，接近于 1，说明变量间的相关程度无太大差异，数据非常适合做因子分析；Bartlett 的球形度检验的近似卡方和概率值 Sig.分别为 1 405.883 和 0.000，表明因子结果通过了显著性检验，如表 8.4 所示。

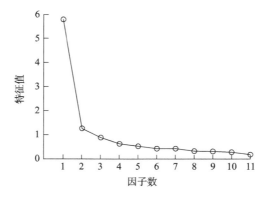

图 8.4 自主创新风险事件的原生风险效应因子碎石图

表 8.4 KMO 和 Bartlett 的检验

	取样足够度的 KMO 度量	0.886
Bartlett 的球形度检验	近似卡方	1 405.883
	df	55
	Sig.	0.000

为进一步验证假设 8.1，采用结构方程模型 Amos 17.0 多因素斜交模型进行测量模型分析（表 8.5）。本书采用预设模型，显著性概率值 P 均为 0.000，小于 0.05，达到显著水平；卡方自由度比值（CMIN/DF）均大于 3，说明模型具有良好的拟合度；绝对拟合指标（AGFI、TLI、IFI 和 CFI）均在 0.820 以上，接近于 1。这些分析结果充分说明了因子分析通过了显著性检验。由此验证了假设 8.1 的合理性。

表 8.5 原生风险效应因子分析的拟合指数表

模型	CMIN	DF	P	CMIN/DF	AGFI	TLI	IFI	CFI
默认模型	170.876	43	0.000	3.974	0.824	0.881	0.908	0.907

根据 Amos 结构方程模型对原生风险损失因子（L_P）和原生风险收益因子（R_P）的多因素斜交模型进行拟合分析，分析获得 L_P 和 R_P 的回归方程，即

$$L_P = 0.559x_1 + 0.508x_2 + 0.612x_3 + 0.545x_4 + \delta_1 \tag{8.1}$$

$$R_P = 0.259x_5 + 0.594x_6 + 0.479x_7 + 0.777x_8 + 0.704x_9 + 0.694x_{10} + 0.428x_{11} + \delta_2 \tag{8.2}$$

式（8.1）和式（8.2）中，x_i（$i=1,2,3,\cdots,11$）表示变量 1 到变量 11 的观测值，δ_1 和 δ_2 是残差。x_i（$i=1,2,3,\cdots,11$）的测量误差分别为 2.735、2.503、2.246、2.989、2.889、2.604、4.447、1.559、1.979、1.790 和 2.915。

在假设 8.1.1 和假设 8.1.2 中，原生风险损失因子（L_P）和原生风险收益因子（R_P）均呈 S 形曲线分布的特征，呈现 Logistic 方程的特点。这里运用回归分析中 Cubic（三次）模型，分别对自主创新风险事件在自主创新进程中的原生风险损失（L_P）和原生风险收益（R_P）水平进行拟合，获得原生风险损失曲线和原生风险收益曲线（图 8.5 和图 8.6）。从表 8.6 可以看出，原生风险损失和原生风险收益的回归分析的显著性概率值 Sig.均为 0.000，小于 0.05；复相关系数 R^2 均达到 0.99，接近于 1，说明了回归分析通过了显著性检验。

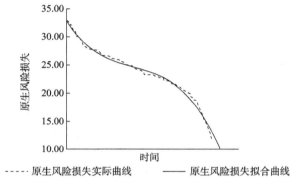

----- 原生风险损失实际曲线　　—— 原生风险损失拟合曲线

图 8.5　自主创新原生风险损失曲线

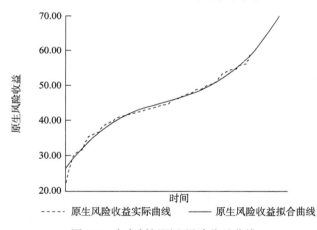

----- 原生风险收益实际曲线　　—— 原生风险收益拟合曲线

图 8.6　自主创新原生风险收益曲线

表 8.6　回归分析的模型汇总和参数估计值

因子	模型汇总					参数估计值			
	R^2	F	df1	df2	Sig.	常数	b_1	b_2	b_3
L_P	0.990	7 060.648	3	218	0.000	32.896	−0.178	0.001	-4.577×10^{-6}
R_P	0.991	8 359.264	3	218	0.000	26.841	0.357	−0.002	6.626×10^{-6}

通过表 8.6 的参数估计值、图 8.5 和图 8.6 的曲线特征可以看出，假设 8.1.1 和假设 8.1.2 不完全正确，尽管原生风险损失和原生风险收益分布仍呈 S 形曲线，但具体 S 曲线的形态及其原生风险效应有很大变化：

（1）原生风险损失随自主创新不断趋向成功，而呈现递减态势，这与假设 1-1 是吻合的；但是，原生风险损失曲线呈陡峭、平缓和陡峭三个阶段，曲线斜率的绝对值呈较高、较低和较高三种情况，说明原生风险损失的边际递减幅度经历了由高到低、相对平稳、再低到高的过程。这种边际递减幅度与假设 8.1.1 刚好相反。

（2）随自主创新不断趋向成功，原生风险收益曲线边际递增幅度经历由高到低、相当平稳和由低高低三个阶段，最终获得自主创新的成功。导致这种情况的主要原因是在自主创新过程中，发生风险事件是一个重要的知识集聚过程，并且早期和后期的知识积累呈边际递增态势，从而能够快速地扩大原生风险收益和降低风险事件的原生风险损失。因此，假设 8.1.1 和假设 8.1.2 需要做一定的修正。

8.4.4　假设 8.2 的实证分析

根据结构方程模型 Amos 中测量模型对次生风险损失（L_S）因子和次生风险收益（R_S）因子的多因素斜交模型进行拟合分析，分析获得 L_S 和 R_S 的回归方程，即

$$L_S = 0.485x_{12} + 0.332x_{13} + 0.268x_{14} + 0.126x_{15} + 0.497x_{16} + 0.491x_{17} + 0.228x_{18} + \delta_3$$
（8.3）

$$R_S = 0.401x_{19} + 0.597x_{20} + 0.472x_{21} + 0.640x_{22} + 0.435x_{23} + \delta_4 \qquad （8.4）$$

式（8.3）和式（8.4）中，x_i（$i=12,13,14,\cdots,23$）表示变量 12 到变量 23 的观测值，δ_3 和 δ_4 是残差。x_i（$i=12,13,14,\cdots,23$）的测量误差分别为 2.916、3.561、3.448、6.360、2.941、3.198、8.361、3.163、2.649、3.367、2.003 和 4.107。

根据式（8.3）和式（8.4）的分析结果，分别计算出次生风险损失（L_S）和次生风险收益（R_S）的各样本的观测值。运用回归分析中 Cubic 回归模型，分别对次生风险损失（L_S）和原生风险损失（L_P）、次生风险收益（R_S）和原生风险收益（R_P）的内在关系进行回归分析。次生风险损失（L_S）和原生风险损失（L_P）、次生风险收益（R_S）和原生风险收益（R_P）的回归方程的显著性概率值 Sig.均为 0.000，小于 0.05；复相关系数 R^2 分别为 0.472 和 0.328，通过了显著性检验。L_P 和 L_S、R_P 和 R_S 的回归拟合曲线分别为曲线 a 和曲线 b（图 8.7）它们的 Cubic 回归方程分别为

$$L_S = 20.845 - 0.151L_P + 0.001L_P^2 - （4.046 \times 10^{-6}）L_P^3 \qquad （8.5）$$

$$R_S = 6.050 + 0.254R_P - 0.002R_P^2 + （6.586 \times 10^{-6}）R_P^3 \qquad （8.6）$$

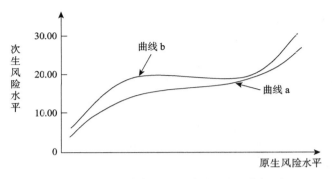

图 8.7　原生风险与次生风险关系实证分析图

从图 8.7 可以看出，原生风险损失（L_P）与次生风险损失（L_S）的关系曲线（曲线 a）与假设 8.2.1 中次生风险损失曲线非常接近，次生风险损失水平随原生风险损失水平的增加而升高，呈反 S 形变化曲线。由于原生风险损失水平是随自主创新的进程呈递减趋势的，因而在自主创新进程中次生风险损失水平与原生风险损失水平呈负相关，所以式（8.5）中呈现两者的负相关关系。由此说明假设 8.2.1 是正确的。同理，原生风险收益（R_P）与次生风险收益（R_S）的关系曲线（曲线 b）与假设 8.2.2 中次生风险收益曲线非常接近，次生风险收益水平随原生风险收益水平增加而升高。

所不同的是，在自主创新进程中，次生风险收益与原生风险收益呈正相关，而次生风险损失与原生风险损失呈负相关。这说明了假设 8.2.2 是合理的。在图 8.7 中，曲线 a 和曲线 b 在自主创新的早期阶段和后期阶段的斜率均高于中期阶段，说明次生风险损失和次生风险收益受原生风险损失的影响较为显著，反映了高技术企业在这两个阶段的技术创新具有较高的风险敏感度。综上所述，可以充分说明假设 8.2 的合理性。

8.4.5　假设 8.3 的实证分析

为验证自主创新的次生风险与衍生风险之间的关系，主要采用结构方程模型 Amos 的非递归模型的路径分析技术。自主创新的次生风险损失（L_S）和次生风险收益（R_S）构成两个外因潜在因子，它们分别由 7 个和 5 个可测变量构成测量模型；衍生风险损失（L_D）和衍生风险收益（R_D）分别由 6 个和 7 个可测变量构成测量模型（图 8.8）。图 8.8 中，x_i（$i=1,2,3,\cdots,25$）为可测变量，e_i（$i=1,2,3,\cdots,25$）为各可测变量对应的测量残差，ε_1 和 ε_2 为潜在因子 L_D 和 R_D 的残差。

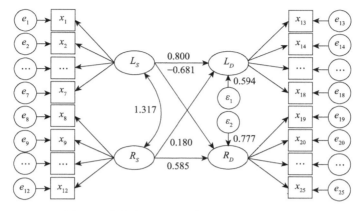

图 8.8　自主创新次生风险与衍生风险关系图

对于假设 8.3 的实证分析的模型整体适配度，运用 Amos 软件的分析的模型整体适配度指标见表 8.7。在表 8.7 中，自主创新的次生风险损失（L_S）、次生风险收益（R_S）、衍生风险损失（L_D）和衍生风险收益（R_D）的 P 值为 0.000，达到了显著性水平；同时，CMIN/DF 值为 3.836，大于 3，说明分析模型具有良好的拟合度。同时在表 8.8 中，模型的非标准化回归系数及其显著性检验，除了 R_S 对 L_D 的路径系数的显著性检验之外，其余的四个路径系数的 C.R. 值均大于 1.96，P 值均小于 0.05，说明这四个路径的回归系数均达到显著水平。

表 8.7　模型适配度摘要表

模型	默认模型
CMIN	947.467
DF	247
P	0.000
CMIN/DF	3.836

表 8.8　回归系数分析的显著性检验

潜变量对潜变量的路径	非标准化回归系数估计	S.E.	C.R.	P
$R_D \leftarrow L_S$	−0.681	0.158	4.322	***
$R_D \leftarrow R_S$	0.585	0.258	2.273	0.023
$L_D \leftarrow L_S$	0.800	0.167	4.799	***
$L_D \leftarrow R_S$	0.180	0.244	0.739	0.460
$L_S \leftrightarrow R_S$	1.317	0.243	5.427	***

***表示 $P < 0.001$

根据图 8.8 和表 8.8 中的非递归模型路径分析中的路径系数，次生风险损失（L_S）对衍生风险收益（R_D）呈负相关，对衍生风险损失（L_D）呈正相关；次生风险收益（R_S）对衍生风险收益（R_D）呈正相关，而与衍生风险损失（L_D）没有显著的相关关系。这说明假设 8.3.1 和假设 8.3.2 是合理的。同时，次生风险损失（L_S）对衍生风险收益（R_D）反向作用的回归系数高达为 0.681，次生风险收益（R_S）对衍生风险收益（R_D）正向作用的回归系数为 0.585，两者明显低于次生风险损失（L_S）对衍生风险损失（L_D）的作用程度 0.800，反映了高技术企业自主创新的衍生风险收益高于衍生风险损失，说明假设 8.3.3 是成立的。

8.4.6　假设 8.4 的实证分析

高技术企业自主创新的风险损失主要由原生风险损失、次生风险损失和衍生风险损失构成，自主创新风险收益主要包括原生风险收益、次生风险收益和衍生风险收益。在前面三个假设的实证分析中，自主创新风险损失和风险收益形成不同的对比关系：①根据假设 8.1 的实证分析结果，从表 8.6 可以看出，原生风险损失与原生风险收益是不对称的，从图 8.5 和图 8.6 的回归曲线可以明显看出，原生风险收益曲线高于或低于原生风险损失曲线，难以反映两者的对称性。②根据假设 8.2 的实证分析结果（图 8.7），次生风险收益曲线明显高于次生风险损失。③在假设8.3 的实证分析中，次生风险损失和次生风险收益对衍生风险收益的路径系数明显强于对衍生风险损失的路径系数，反映出两者的非对称性。因此，根据上文实证分析结果不难看出，高技术企业自主创新的风险损失和风险收益不具有对称性。这说明假设 8.4 是成立的。

8.5　管　理　启　示

从知识集聚的视角，高技术企业自主创新受不确定性信息的影响，会形成一定的创新风险要素及风险事件，在产品研发层面、组织运行层面和外部网络层面对高技术企业自主创新的知识集聚行为产生作用，引致系列化、连锁化的风险传递，渐次派生出原生风险、次生风险和衍生风险，构成了高技术企业自主创新的风险传递链。在自主创新的风险传递链中，高技术企业创新风险形成了系列化的风险效应，呈现一定的规律性：①在产品研究与开发层面，高技术企业自主创新的原生风险损失和原生风险收益总体分别呈 S 形分布。②高技术企业自主创新的原生风险损失对次生风险损失形成反向风险传递，原生风险收益对次生风险收益形成正向风险传递。③高技术企业自主创新的次生风险在企业外部网络层面的风险传递提高了衍生风险收益水平。④高技术企业自主创新的风险损失和风险收益呈非对称性。上述这些自主创新风险扩散的特征和方式，构成了高技术企业自主创新的风险传递效应模型。

基于上述理论和实证研究结果，对高技术企业自主创新的风险传递效应模型的运用，获得以下几个方面的管理启示。

（1）高技术企业应在自主创新中确立知识投资观。

在自主创新投入中，很多高技术企业通常侧重于关注自主创新的经济收益，而忽视了知识集聚层面的创新风险，因而不能全面而客观地评价自主创新风险的综合价值和影响，以致很多企业过分地扩大自主创新风险及其造成的损失，最终导致高技术企业丧失自主创新投入的内生动力。高技术企业的自主创新不仅仅是配以一定人才、技术等资源的资本投入过程，更是知识学习、知识积累和知识创造的知识投资过程；自主创新风险既能导致创新风险损失，也能使高技术企业获得创新风险收益。因此，高技术企业应从自主创新的本质特性（知识集聚）层面，客观评价自主创新的风险收益和风险损失，确立自主创新的知识投资观。

（2）高技术企业应对自主创新风险实行闭环式管理。

高技术企业自主创新风险具有派生性，自主创新的风险要素及其诱发的风险事件能够在产品研发层面、组织运行和外部网络层面产生连锁化的风险扩散，分别形成原生风险效应、次生风险效应和衍生风险效应。这些创新风险传递效应作用于自主创新的知识集聚，对高技术企业自主创新投入决策产生逆向作用。因此，高技术企业对自主创新风险实行闭环式管理，根据自主创新风险的各种传递效应及其逆向作用机理，对创新风险传递的不同层面进行全程监控和评估，控制、转化和创造创新风险的综合收益。

（3）高技术企业自主创新应注重在组织运行层面的知识集聚。

高技术企业的自主创新需要有配套的组织文化、组织制度和组织行为等高效的组织运行体系。高技术企业在自主创新中会存在一定的组织运行与管理方面的"路径依赖"，容易催生自主创新风险要素或引发自主创新风险事件。因此，高技术企业应能够在自主创新中开展相应配套的组织创新和制度创新，利用次生风险收益来推动企业在组织整体运行层面的知识集聚和创新收益，提高企业在技术创新投资、创新资源配置和创新风险管控等方面的组织能力。

（4）高技术企业应合理运用自主创新的衍生风险效应以赢得技术竞争优势。

高技术企业在技术竞争中应合理地运用自主创新的次生风险损失对衍生风险收益的反向效应，通过自主创新的风险事件设立技术创新"门槛"，降低同类竞争对手对自主创新收益的心理预期水平和创新投入，形成技术创新的"保护屏障"。在此基础上，高技术企业应通过原生风险收益和次生风险收益所形成的衍生风险效应，加强创新风险收益塑造企业的技术创新品牌，使高技术企业在自主创新中形成技术创新品牌的保护力和诉求力，从而将自主创新的衍生风险效应合理地转化为技术竞争优势。

（5）高技术企业自主创新风险管理应关注风险投资和风险收益的非对称性。

高新技术产业具有高投资、高风险和高收益的特点，通常被许多人误认为高风险与高收益之间具有高度线性相关的对称关系。实际上在自主创新过程中，高投资和高风险并不一定就能获得高收益。资本投入规模和周期只是自主创新的一个必要条件，并不能必然获得创新收益的最大化。在其他创新条件一定的情况下，高技术企业利用自主创新风险传递的复合效应进行有效的知识集聚，即使资本投入规模较小，同样能够获得较高的技术创新收益。因此，高技术企业在自主创新风险管理中应关注到风险投资和风险收益之间具有非线性相关，从知识集聚等多视角合理预期风险投资收益。

第9章　高技术企业自主创新的公众风险认知偏差形成机理

9.1　高技术企业自主创新风险与公众风险认知

  高技术企业的自主创新是研究和开发具有自主知识产权的核心技术、新产品或新服务，并实现其商业价值的过程。在技术自主创新投资中，高技术企业通常比较关注技术自主创新的投资收益和市场前景，主要从技术研发、投资收益、产品销售等角度来分析技术自主创新项目的风险，普遍关注技术源头的创新风险，而忽视创新风险另一方面，即社会源头创新风险——公众风险认知[①]。技术自主创新风险体现在两个角度，即技术角度的研发项目本身的成败得失（即自主创新的原生风险）和人文角度的公众风险认知。这两种风险分别来自于高技术企业自主创新的技术源头和社会源头，Shrader-Frechette 曾将它们称为"工程学的风险"和"人文主义的风险"[②]，它们共同构成了高技术企业的自主创新风险。

  随着科技创新的迅猛发展，高技术企业研发出越来越多的新技术和新产品，但是新的技术、产品能否被公众认可和接受，一定程度上成为影响高技术企业自主创新成败的重要因素。鉴于高技术企业的自主创新产品具有新颖性和独特性等特点，一些高科技产品并不为公众所认可，公众对高技术企业的自主创新及其产品存在一定的风险认知偏差，进而会影响对商品的评价与购买。例如，谷歌眼镜是谷歌公司最新推出的眼镜式可穿戴电脑，当测试者佩戴其进入公共场所时，却遭到了抵制，一部分原因就在于公众认为自己的隐私遭到了严重侵犯，谷歌公司的新闻发言人就

---

  ① Jonas H. Toward a philosophy of technology[J]. The Hastings Center Report，1979，9（1）：34-43.

  ② Shrader-Frechette K. Technology and Ethics, in Technology and Values：Essential Reading[M]. Hoboken：Wiley-Blackwell，2009.

此表示并非产品本身问题[1]。实际上，新技术和新产品的研发不仅存在技术层面的研发风险，而且存在公众从主观层面对新技术或新产品及其产生的各类风险的感知。如何看待公众风险认知偏差，找到公众风险认知的影响因素，避免偏差所带来的负面影响，从而帮助高技术企业合理地从社会源头加强创新风险管理，顺利完成创新产品的市场化，成为人们关注的一个新焦点。

公众对技术自主创新的风险认知，是从信任、价值观等角度对新产品或新服务的现实和潜在风险进行价值评价，是技术自主创新风险的社会源头，关系到新产品或新技术的市场接受程度。公众的创新风险认知对技术自主创新的风险认知偏差，会直接影响消费者对技术创新的价值认同。例如，谷歌眼镜引发公众对侵犯个人隐私等问题的担忧，进而受到公众的抵制，甚至在多个公共场合被禁止使用，进而影响到谷歌眼镜商业价值的实现；英国的转基因土豆事件等多个公众创新风险认知事件直接影响转基因技术的推广和应用；等等。因此，如何客观地认识公众的创新风险认知及其创新风险认知偏差，如何客观地评估和应对公众创新风险认知偏差……已经成为高技术企业的自主创新和创新投资亟待解决的重要问题。

国内外理论界在创新管理中普遍关注技术源头的创新风险，而忽视创新风险另一方面，即社会源头的创新风险——公众风险认知[2]，没有研究自主创新投资与公众风险认知之间的相互影响，没有研究公众风险认知对高技术企业自主创新的间接作用，无法有效地指导高技术企业的自主创新成果的商业化，进而无法激发技术自主创新的投资动力，从而导致我国高技术企业自主创新水平低下的恶性循环。因此，加强对高技术企业的自主创新风险传递和公众风险认知的研究，成为提高自主创新能力和绩效的重要方向[3]。

9.2　高技术企业自主创新的公众风险认知理论综述

9.2.1　国内外关于自主创新的公众风险认知的研究

国内外专家和学者对于自主创新的公众风险认知展开了深入研究。在公众风险认知方面，理论界从不同角度提出观点。Sitkin和Weingart认为，风险认知是个

---

① Gross A. 谷歌眼镜的窘境[J]. 李雨蒙译. 中国民商，2014，（5）：82-83.

② Jonas H. Toward a philosophy of technology[J]. The Hastings Center Report，1979，9（1）：34-43.

③ Sleefe G E. Quantification of technology innovation using a risk-based framework [J]. World Academy of Science，Engineering and Technology，International Journal of Industrial and Manufacturing Engineering，2010，4（6）：868-872.

体对评估情境风险性的判断，包括评估情境不确定性程度的概率估计大小、不确定性有多少是可以控制的以及对这些估计的信心程度①；谢晓非和徐联仓认为，风险认知属于心理学范畴，是个体对存在于外界中的各种客观风险的感受和认识，且强调个体由主观判断和主观感受获得的经验对个体认知的影响②。上述观点都将风险认知看作公众对不确定性的识别、判断的过程。

Sitkin 和 Weingart 认为风险认知是指人们对风险的主观评定和判断而引发的决策和态度倾向，涵盖了人们对风险的感知、理解、记忆、评价和反应的整个认知过程①。陈海嵩认为，风险认知是用来描述人们对风险的态度和直觉判断的一个概念③。理论界认为，风险认知是公众主观上对风险的直觉判断。虽然各个学者对风险认知有所不同，但可以看出一些共同点，即公众是区别于专家的社会群体和个人，风险认知是对客观存在的不确定性的一种主观直觉判断。

王婧等认为公众风险认知是公众对客观存在的风险在主观上的知觉、判断和体验，是反映公众心理恐慌的重要指标④。研究结果表明，影响公众风险认知的主客观因素有许多，如公众的情绪、动机，风险的类型、呈现方式等，可以根据这些因素对公众风险认知进行预测。未来的研究方向必然要结合社会文化因素进行研究，整合心理学、社会学的方法。所以，对自主创新的公众风险认知研究不能忽视社会文化因素。

高技术企业的自主创新是进行独自研究开发和技术创新的模式，注重在核心技术、关键领域和新市场开拓方面进行创新。高技术企业的自主创新活动不是一个简单的创造过程，而是分为不同的阶段。由于自主创新的不同阶段充满了不同的风险，因而自主创新的公众风险认知呈现出多种特征。公众对自主创新风险特性的认知是解读公众风险认知特征的途径⑤。

公众对高技术企业的自主创新不熟悉，如果公众对创新产品不信任、质疑，容易产生忧虑性，对自主创新产品带来的结果持悲观态度，就很容易产生恐惧和抵触情绪，公众风险认知具有不自愿的特点；如果公众对创新产品极度厌恶，忧虑过度，公众风险认知会形成不可控性、灾害性等特征；如果公众对创新产品持乐观态度，乐于接受这些新鲜事物，公众风险认知具有新奇性和自愿性的情绪特征。因此，高技术企业自主创新的公众风险认知是公众对于自主创新过程中的客

①　Sitkin S B, Weingart L R. Determinants of risky decision-making behavior: a test of the mediating role of risk perceptions and propensity[J]. The Academy of Management Journal, 1995, 38（6）: 1573-1592.

②　谢晓非, 徐联仓. 风险认知研究概况及理论框架[J]. 心理学动态, 1995, 3（2）: 17-22.

③　陈海嵩. 科技风险认知的差异及其解释——从心理学到社会学[J]. 东北大学学报（社会科学版），2009, 11（5）: 389-393.

④　王婧, 齐玲, 周强. 公众风险认知影响因素研究评述[R]. 2012 Conference on Psychology and Social Harmony（CPSH2012）, 2012.

⑤　于清源, 谢晓非. 环境中的风险认知特征[J]. 心理科学, 2006, 29（2）: 362-365.

观风险（即不确定性）的主观判断和感受。

风险认知是从风险的主观方面出发，用来描述人们对风险的态度和直观判断的概念，是人们对风险特征和风险严重后果的主观性判断，它涵盖了人们对风险的感知、理解、记忆、评价、反应的整个认知过程。在现实生活中，由于公众理性的有限性，在面对具有高度不确定性市场环境，公众在进行认知判断时，会习惯性地运用近似的方法应付多种任务，必然导致个体认知结果与实际状况之间的差异。自主创新的公众主观风险判断与客观的技术风险之间往往存在着一定的偏差。这种个体在认识和判断风险时所发生的某种偏离或偏离倾向，即风险认知偏差[①]。影响公众心理反应模式和程度的重要因素是公众风险认知。认知的非理性往往会加重公众心理风险的恐慌程度。因此，识别风险认知偏差的影响因素是应对自主创新风险的重要工作。同理，高技术企业在自主创新过程中，关注和研究公众风险认知偏差的形成机理，也是应对自主创新过程中存在的风险的重要研究方向。

9.2.2 国内外关于公众对自主创新风险认知偏差的研究

毫无疑问，高技术企业的自主创新风险是客观存在的，但是公众风险认知不能客观反映实际的风险水平，对许多风险的感知要么是被过分夸大了，要么是不够警觉[②]。高技术企业自主创新的客观风险与公众的内在心理、个体的人格特征、知识经验、外部的社会文化等相互作用，不可避免会产生风险认知偏差。公众风险认知偏差的存在，会增强或者削弱公众风险认知进而影响公众的行为，产生公众风险认知放大和缩小的现象。也就是说，公众风险认知偏差存在偏差放大和缩小两种情况。在自主创新的公众风险认知中，公众认知风险放大，会使公众对企业的自主创新产品产生抵触情绪；而公众认知风险的缩小，会使公众对自主创新产品过度喜好和依赖。无论是公众认知风险放大，还是公众认知风险缩小，都不能使公众正确理解自主创新风险的本质。这不仅会影响技术创新的创新投资，还会影响技术创新的知识集聚，对自主创新项目的产业化会产生一系列的作用。

关于技术自主创新的公众风险认知及其偏差，国内外理论界从多个角度进行研究。

1）公众风险知识认知偏差

Taylor-Goody 和 Zinn 认为，外行人和专家会对风险和不确定性做出不同的

---

① 张郁. 群体性突发事件中风险认知偏差及其应对[J]. 科技创业月刊，2012，（12）：166-167.

② 雷恩 O，罗尔曼 B. 跨文化的风险感知：经验研究的总结[M]. 赵延东，张虎彪译. 北京：北京出版社，2007.

判断，产生差距的原因是（外行人）有限的知识和对现实的误解，认为科学知识是评估技术创新风险的最佳方案①。Alister认为，知识是教育和可持续发展的中心，随着技术创新以前所未有的速度不断发展，理解和管理技术创新风险将显得更加重要。学习和教育成为影响公众技术创新风险认知的关键生存技能②。贝克认为，风险就是知识中的风险，感知的风险和实际的风险并不完全相同，但都是公众运用各自掌握的知识进行风险评估③。雷恩和罗尔曼认为，公众一旦接受了技术创新信息，就会运用个人的常识机制处理信息并帮助公众对技术创新风险做出推论④。公众风险知识认知偏差主要是从公众的知识视角，认为公众对技术创新方面的知识信息不对称，导致公众对高技术企业自主创新的风险认知偏差。

　　2）公众风险心理认知偏差

　　Myers 等认为，公众对技术创新风险的感知和忧虑跟个体差异有关，并且这些个体差异之间会针对特定的技术创新风险发生相互作用⑤。Taylor-Goody 和 Zinn 针对斯塔的研究做出回应，将外行对风险的感知不足为其研究起点（对风险的错误感知可视为人类认知局限的结果），提出了研究风险感知的新方法，即"心理测量范式"⑥。谢晓非和郑蕊认为，当个体被暴露在与消极心理特征相联系的技术风险情境中时，强烈的心理背景会影响个体理性的释放，致使他们知觉信息的能力和有效性受到损害，极容易对信息的选择和认知产生偏差。同时个体的注意力也会受到干扰，导致对性质不同的信息辨别失误，影响到技术风险认知⑦。雷恩和罗尔曼认为，公众一旦接受了创新风险要素和风险事件等方面的信息，常识机制就开始处理信息并帮助接受者做出推论④。公众风险心理认知偏差是基于心理学视角，从公众的心理背景、个体理性和风险感知等心理因素对风险认知局限和风险认知偏差进行了分析。

————————

　　① Taylor-Goody P，Zinn J O. 社会科学中的风险研究[M]. 黄觉译. 北京：中国劳动社会保障出版社，2010.

　　② Alister S. Technological risk, scientific advice and public "education"：groping for an adequate language in the case of GM foods [J]. Environmental Education Research，2001，7（2）：129-139.

　　③ 贝克 U. 风险社会[M]. 何博闻译. 南京：译林出版社，2004；许斗斗. 技术风险的知识反思与新政治文化建构[J]. 学术研究，2011，（6）：20-24.

　　④ 雷恩 O，罗尔曼 B. 跨文化的风险感知：经验研究的总结[M]. 赵延东，张虎彪译. 北京：北京出版社，2007；毛明芳. 技术风险的社会放大机制——以转基因技术为例[J]. 未来与发展，2010，（11）：50-54，30.

　　⑤ Myers J R，Henderson-King D H，Henderson-King E I. Facing technological risks：the importance of individual differences [J]. Journal of Research in Personality，1997，31（1）：1-20.

　　⑥ Taylor-Goody P，Zinn J O. 社会科学中的风险研究[M]. 黄觉译. 北京：中国劳动社会保障出版社，2010.

　　⑦ 谢晓非，郑蕊. 风险沟通与公众理性[J]. 心理科学进展，2003，11（4）：375-381.

3）公众风险社会认知偏差

早期有关公司对技术风险的认知方面的研究主要侧重于技术风险本身，后来扩展到技术风险认知的社会因素分析。Pilisuk 等通过实证研究发现，政治参与率与关注的技术风险的危险程度有关，低参与率和高重视度会突出社会专家在公众创新风险认知中的作用[①]。艾志强认为，科技风险主要是指由科学技术本身及人们对科学技术的不恰当运用引起的负面效应带给人类的损害，科技风险与人类实践存在一种伴生关系[②]。贝克认为，创新风险来自于诸如化学公式的科学思维模式，既来自于缺乏对科技自身发展的审视、评价等反思的思维，也来自于缺乏对现实社会的审美追求[③]。Krimsky 和 Golding 在分析了技术风险的社会放大效应后认为，风险部分是对人们造成伤害的一种客观的威胁，部分是一种文化和社会经历的产物[④]。刘婧认为，信任、价值观和文化等深层因素对公众技术风险认知有重要影响[⑤]。公众风险社会认知偏差是从社会学视角，分析了公众在社会价值观和社会文化层面对技术自主创新风险形成的认知偏差。

4）公众风险多元认知偏差

公众对转基因技术的风险认知与实际存在的风险水平存在一定的偏差。这是由技术、经济、制度、文化以及心理等因素形成的风险社会放大机制综合作用的结果。1988 年 6 月，卡斯帕森和伦内等提出一种称为"风险的社会放大"的新风险分析框架，用来分析技术、经济、社会、制度、文化以及心理等各种因素在风险形成过程中的相互作用与相互影响。马尔库塞发现，媒介使技术合理性变成了政治合理性，这为技术风险的生成和扩散提供了重要的社会基础，文化、政治和经济并入了一种无所不在的制度[⑥]。汉森认为，公众认知创新风险会对技术创新本身产生复合影响，进而影响创新投资主体的风险识别和评价能力[⑦]。

5）公众风险利益认知偏差

Covello 研究了专家和非专家关于技术风险的认识与决策思路，认为公众可以对此加以理解并从中获益。反之，出于好的动机的决策可能失效甚至会起反

① Pilisuk M，Parks S H，Hawkes G. Public perception of technological risk[J]. The Social Science Journal，1987，24（4）：403-413.

② 艾志强. 科技风险与科学技术的公众认知[J]. 辽宁工业大学学报（社会科学版），2009，11（3），15-18.

③ 贝克 U. 风险社会[M]. 何博闻译. 南京：译林出版社，2004.

④ Krimsky S，Golding D. 风险的社会理论学说[M]. 徐元玲，孟毓焕，徐玲，等译. 北京：北京出版社，2005.

⑤ 刘婧. 技术风险认知影响因素探析[J]. 科学管理研究，2007，25（4）：56-60.

⑥ 马尔库塞 H. 单向度的人——发达工业社会意识形态研究[M]. 刘继译. 上海：上海译文出版社，1989.

⑦ 汉森 S O. 技术哲学视阈中的风险和安全[J]. 张秋成译. 东北大学学报（社会科学版），2011，13（1）：1-6.

作用①。Cannell和Otway从风险沟通的角度，认为社会冲突是价值差异和社会内部利益冲突的迹象，要降低公众风险认知偏差，通过风险沟通应试图揭露，而不是隐瞒②。公众生活在一个存在着技术风险和技术益处的体系中，二者都难以用数量计算并且具有天然的夸大风险③。Fitzhugh强调了风险敏感性在技术创新中的作用，技术变革的风险敏感理论要求关注技术系统的构成以及相关的设备成本、运行成本和战略成本④。转基因技术并没有造成人员伤亡、财产损失以及环境污染等直接影响．但是转基因技术却发生了技术风险的社会放大效应⑤。Yang 等认为，高新技术产品的风险是快速的技术创新的结果，导致组件成本、销售价格和利润率大幅下降。当组件的成本、销售价格和利润率处于持续下降水平时，一个有限规划水平的经济订货批量模型将在消费者群体中加以完善⑥。公众风险利益认知偏差是公众从个体利益视角权衡了技术自主创新风险对公众个体的利益产生的可能。

　　理论界关于自主创新风险的公众认知分别从知识、心理、社会、利益等多个角度进行了研究，为深入揭示技术自主创新风险提供了重要的理论基础，但是这些公众认知要素如何导致风险认知偏差？这些风险认知要素对技术创新整体风险的影响有何差异？公众风险认知偏差的内生序参量和外生序参量如何共同影响技术创新风险？等等。这一系列问题仍有待进一步深入研究。

　　综上所述，公众在风险认知过程中产生偏差是风险认知一个必然的现象，也是风险认知非理性特征之一，导致风险认知偏差的现实原因可能是公众根据自身的经验以及不明确来源的信息进行解读和认知。涟漪效应和事故-信号效应等理论知识能够对公众风险认知偏差在一定程度上做出部分解释⑦，但并没有明确公众风险认知偏差的核心要素及其作用机理，也没有在特定的风险情境中对风险认知偏差进行讨论。因此，需要首先分析自主创新的公众风险认知偏差的核心要素及其作用机理。

———————————

　　① Covello V T. The perception of technological risks: a literature review[J]. Technological Forecasting and Social Change, 1983, 23（4）: 285-297.

　　② Cannell W, Otway H. Audience perspective in the communication of technological risks[J]. Futures, 1988, 20（5）: 519-531.

　　③ Lewis H W. 技术与风险[M]. 杨健，缪建兴译. 北京：中国对外翻译出版公司，1994.

　　④ Fitzhugh B. Risk and invention in human technological evolution[J]. Journal of Anthropological Archaeology, 2001, 20（2）: 125-167.

　　⑤ 毛明芳. 技术风险的社会放大机制——以转基因技术为例[J]. 未来与发展，2010，（11）：50-54，30.

　　⑥ Yang P C, Wee H M, Liu B S, et al. Mitigating hi-tech products risks due to rapid technological innovation[J]. Omega, 2011, 39（4）: 456-463.

　　⑦ 谢晓非，徐联仓. 公众在风险认知中的偏差[J]. 心理学动态，1996，4（2）：23-26.

9.3 经济转型下的高技术企业自主创新特性分析

高技术企业的自主创新是在知识创造的基础上进行技术、产品和工艺的研发，并对新产品或新服务实现商业化的过程，在此过程中高技术企业获得了自主知识产权、独特的核心技术及其商业模式创新。伴随着我国工业逐步升级到"工业 4.0"时代，高科技产品通常是基于前所未有的重大科学发展、原理性主导技术等根本性创新，以追求商业价值为导向、将市场需求与科学技术创新成果加以有机结合的知识集聚。因此，与传统商品相比，高技术企业的自主创新在经济转型下具有知识创新密集、创新投资密集、产品价值密集、创新风险密集、创新收益密集和创新阶段突变等方面的特点。

1）知识创新密集

在经济增长方式从要素驱动和投资驱动向创新驱动的转变过程中，经济转型背景下的自主创新多呈现出根本性创新的特点，技术发明和产品研发通常是基于重大的科学发展，甚至企业在知识吸收、知识整合和知识运用中实现了知识创造，并且在工业化、信息化和智能化等多个技术领域实现跨学科的协同知识创新。因此，在经济转型背景下，高技术企业的自主创新呈现出知识创新密集的特点。

2）创新投资密集

研发投入强度（即研发投入占销售收入的比重）不仅反映了企业在自主创新中资金、人才、技术等方面的优势，而且体现了高技术企业自主创新的内在动力。"工业 4.0"战略作为工业升级的核心战略，是在技术范式、商业模式和产业发展模式等层面对传统工业进行突破式重构和创新，不仅需要前所未有的投资规模和投资持续性，而且需要多元创新投资主体在多阶段、多层面的投资协同，进而表现出显著的创新投资密集特征。

3）产品价值密集

在工业化、信息化与智能化的整合中，自主创新成果不再是仅仅与消费者相关，还涉及自主创新要素和过程的各类利益相关者。高技术企业的自主创新成果不仅是产品的智能化，追求产品功能、品质等实体价值或货币价值在更大范围内实现快速提升，而且更注重人性化的趋向，关注创新成果的利益相关者的非货币成本（如时间成本、精神成本和体力成本等）和非货币价值（如服务价值、人员价值、形象价值和精神价值），并以利益相关者为中心形成复杂的服务生态系统，构成"服务联网"新业态，形成了产品价值的高度密集。

4）创新风险密集

由于经济转型中的自主创新具有原始创新的特性，是一种根本性创新，涉及高技术企业自主创新的知识吸收、创新项目选择、知识创造、技术研发、产品研发、工艺创新、市场创新等一系列环节，与以往集成创新和引进技术再创新相比，此背景下的自主创新环节更多、过程更长、涉及的创新主体更多、创新难度和强度更难更集中。因此，高技术企业自主创新形成创新风险密集的特征。

5）创新收益密集

经济转型下的高技术企业自主创新体现了技术范式的产生、形成和转移的演进过程，是在科学领域和技术领域同时实现创新，自主创新过程会经历知识创造、技术研发、产品研发、工艺创新和市场创新等多个阶段。每个阶段的创新成果均可转化为直接的经济收益、创新效益、社会效益、生态效益等多重创新收益。例如，在高技术企业自主创新获得的新知识一方面可以通过知识转移获取"知识租"，同时可以运用新知识开发新技术和新工艺，获得创新收益；另一方面，新知识能够改变人们与此相关的生活、消费、生产、环境保护等方面的意识和理念，从而取得相应的社会效益和生态效益。因此，高技术企业自主创新形成了创新收益高度密集的特点。

6）创新阶段突变

传统的技术创新通常按照种子期、成长期、成熟期和衰退期四个阶段进行有规律的周期性更替，而经济结构转型升级下的技术自主创新不再按此四个阶段进行序列化更替，而是在种子期便经历快速成长，从而跳跃到成熟期；在自主创新的成熟阶段后期新一代技术范式已经开始孕育，并跳跃到新一代技术范式的导入期，从而形成了 S 形技术成长曲线的技术范式长期包络曲线，在高科技产品生命周期上则呈现出"棘轮效应"，体现出高技术企业自主创新阶段突变的创新特征。

9.4　高技术企业自主创新的公众风险认知的内生核心要素分析

将公众风险认知引入高技术企业自主创新领域，就产生了自主创新的公众风险认知问题，公众对自主创新的风险认知，在一定程度上会影响公众对自主创新及自主创新产品的态度。因此，公众风险认知成了高技术企业不能忽视的重要方面，只有尽量减少公众风险认知的偏差程度，才能使自主创新得到公众的理解和支持，高技术企业才能获得稳定的收益和长足的发展。减少公众的自主创新风险认知偏差，首先需要分析的是影响公众自主创新风险认知偏差的原因。

影响自主创新的公众风险认知偏差的因素有很多，国内外学者都取得了丰富的理论研究成果。谢晓非和徐联仓认为，影响公众风险认知的因素包括个体期望水平、风险信息的类型、风险特征性质、个体风险承受程度及受教育程度[1]。刘金平等认为，影响自主创新的公众风险认知偏差的因素主要包括个体因素、期望水平、风险沟通、风险的可控程度、风险的性质、知识结构、成就动机、事件风险度等[2]。Leiserowitz通过对美国气候变化的公众风险认知进行研究，发现公众教育、心理和社会文化因素会影响公众的认知[3]；Lobb 等认为，风险认知除了受个体特征因素影响，还受到消费者各种认知因素和心理因素影响，包括对产品的熟悉度、购买经验、知识结构和信任度等方面[4]。陈海嵩认为，易得性直觉、损失规避心理、信任等因素会影响公众的科技风险认知[5]。

回顾文献可见，国内外学者认为，高技术企业自主创新公众风险认知偏差内在影响因素主要有对信息的处理和理解能力、期望水平、知识结构、信任度、直觉偏差等多个方面。这些影响因素是从不同角度根据不同的划分标准进行的论述，理论界没有形成一个统一的认识。但是，他们针对公众对技术创新风险认知形成偏差的因素具有相似或者相对相近的认识。刘金平等[2]和 Lobb 等[4]认识到公众的信息知识结构对公众风险认知产生偏差的影响。谭翀和张亦慧认为，研究公众风险认知偏差还需要考虑公众对获益或损益的预期因素[6]。风险沟通属于内外沟通，需要公众跟高技术企业双向的沟通才能够降低和规避公众对创新产品认知偏差，刘金平等[2]从公众与企业情感沟通的角度进行了分析。谢晓非和徐联仓[1]、Leiserowitz[3]从公众的价值判断、教育程度等方面探讨了公众对风险的认知偏差。在此基础上，这里将公众自主创新的风险认知的核心因素归纳为公众知识信息因素、公共经济利益因素、公共情感因素和公共价值取向因素这四个方面。

① 谢晓非，徐联仓. 公众在风险认知中的偏差[J]. 心理学动态，1996，4（2）：23-26.

② 刘金平，周广亚，黄宏强. 风险认知的结构，因素及其研究方法[J]. 心理科学，2006，29（2）：370-372.

③ Leiserowitz A. Climate change risk perception and policy preferences: the role of affect, imagery, and values[J]. Climate Change, 2006, (77): 45-72.

④ Lobb A E, Mazzocchi M, Traill W B. Modelling risk perception and trust in food safety information within the theory of planned behaviour[J]. Food Quality and Preference, 2007, 18（2）: 384-395.

⑤ 陈海嵩. 科技风险认知的差异及其解释——从心理学到社会学[J]. 东北大学学报（社会科学版），2009，11（5）：389-393.

⑥ 谭翀，张亦慧. 突发事件中的风险认知偏差与应对[J]. 人民论坛，2011，（6）：146-147.

1）公众知识信息因素

公众的信息评判能力是公众对自主创新风险信息的识别、处理和判断等方面的能力。由于公众对技术创新风险的信息不对称，公共对自主创新及其风险等不够了解，对信道、信源和信息内容等的认识均不够全面，甚至有可能存在错误的理解。因此，公众如何获得高技术企业自主创新风险的信息和信息内容，并结合自己所掌握的知识和理论对这些信息进行辨别、筛选和处理，直接影响到公众对技术创新风险认知的正确性。风险感知与其说是经验或个人证明的产物，不如说它是社会沟通的产物更为准确[1]。因此，公众对高技术企业自主创新信息评判能力会影响到自主创新的风险认知水平，是影响技术自主创新风险认知的核心因子之一。

2）公众经济利益因素

公众的经济利益关系错综复杂，不同的利益相关者对高技术企业自主创新风险的认知存在差异，这取决于利益相关者对高技术企业自主创新各方面信息的了解程度[2]。根据利益相关者与高技术企业联系的紧密程度，将其分为主利益相关者和次利益相关者，前者包括能对高技术企业产生直接影响的群体，他们把风险看作一种投资，从中得到收益或损失，通常获得的自主创新方面的信息比较完备和充分；后者间接影响关联企业组织，他们仅仅关注潜在的危害，通常所得到的这类信息不充分。不同的经济利益相关者与高技术企业关系密切程度不同以及各自拥有自主创新的信息完全程度不同，必然产生利益矛盾，在技术创新风险认知方面产生差异。这种差异被认为是影响自主创新企业技术创新成功的重要因素[3]。所以，公众的经济利益会影响高技术企业自主创新的风险认知水平，是影响自主创新风险认知的核心因子之一。

3）公众情感因素

公众的情感因素是公众判断自主创新风险，形成风险态度的重要影响因素。决策行为学一直假设人是理性的人，人是可以依据一定的逻辑规则和程序对各种事物进行判断推理，得出客观理性的结果，因而情感因素长期以来作为一个非理性因素被认为是可以忽略不计的，以往的决策研究几乎没有考虑情感因素的影响。但是，随着对自主创新风险认知研究的深入，越来越多的学者认识到不仅不

① Renn O, Rohrmann B. Cross-Cultual Risk Perception: A Survey of Empirical Studies[M]. Dordrecht: Kluwer Academic Publishers, 2000.

② Hall J, Bachor V, Matos S. The impact of stakeholder heterogeneity on risk perceptions in technological innovation[J]. Technovation, 2014, 34（8）: 410-419.

③ Abbassi M, Mshrafi M, Tashnizi E. Selecting balanced portfolios of R&D projects with interdependencies: a cross-entropy based methodology[J]. Technovation, 2014, 34（1）: 54-63.

应该把情感因素排除在研究之外，还应该对其进行重点研究。自主创新具有新颖性和独特性的特点，公众对其了解甚少，公众对自主创新风险信息的处理和决策不可能是一个完全理性的过程，而是非理性占据主导，大多是依靠情感、情绪的判断方式来形成对创新风险的态度，不会像创新方面的专家一样对创新风险进行理性的分析判断。因此，情感因素会影响公众的高技术企业自主创新风险认知，是影响自主创新风险认知的核心因子之一。

4）公众价值取向因素

公众价值观由于受客观环境、决策者知识结构和专业水平，以及时间等诸多因素影响而对决策给出其偏好的判断。公众的价值取向会直接影响公众自主创新的风险认知，前景理论认为，公众在不确定的情况下很容易受到代表性、易得性、锚定等直觉偏差的影响[1]，人们在对高技术企业自主创新风险做直觉性判断时会产生代表性偏差、易得性偏差和锚定偏差三种认知错误[2]。公众更倾向于依据容易想起来的事物来判断高技术企业自主创新风险发生的概率，这样，公众往往会高估自己常见的自主创新风险事件而低估不熟悉的风险。而且公众在对某项问题进行估计判断时，会受到起始定位的影响，即会产生一种认知的路径依赖，先入为主的事物往往成为下一步创新风险认知判断的基础。因此，公众的价值取向是影响自主创新风险认知的核心因素之一。

综上所述，对自主创新的公众风险认知进行研究，要考虑这些因素的影响，正如风险认知理论研究专家雷恩和罗尔曼在《跨文化的风险感知：经验研究的总结》中文版序中所指出的，将风险概念抽象成一个刻板的公式，或是将其简化为一个概率和后果的乘积，这些都违反了人类在决定风险可接受性时的有关规律，公众使用的是一组多重属性来判断风险[3]。

9.5 高技术企业自主创新风险的公众认知偏差形成机理

公众风险认知是一个由内外部因素共同作用的心理活动现象，把公众风险认知引

---

① Tversky A, Kahneman D. Judgment under uncertainty: heuristics and biases[J]. Science, 1974, 185（4157）: 1124-1131.

② Kahneman D, Lovallo D. Timid choices and bold forecasts: a cognitive perspective on risk taking[J]. Management Science, 1993, 39（1）: 17-31.

③ 毛明芳. 现代技术风险的生成与规避研究[D]. 中共中央党校博士学位论文, 2010.

入企业自主创新当中去，可以为高技术企业提供借鉴，尽量避免公众风险认知出现偏差，把公众认知偏差所产生的不良后果降到最低。由于影响因素繁杂，这里仅对内部一些核心要素进行分析，力求解释各个内部要素对公众认知偏差形成机理的影响。

公众以心理和行为作为中介变量来影响对自主创新的认知，在涉及自主创新主体时，公众风险认知通过公众信息识别以及情感因素产生的直觉判断影响自身的心理和行为，从而产生认知偏差，再通过公众的知觉判断活动即认知偏差反作用于创新行为并最终影响创新绩效。所以，高技术企业自主创新的公众风险认知偏差形成机理成为研究的重要内容。这里提出了自主创新的风险公众认知偏差形成机理模型（图 9.1）。

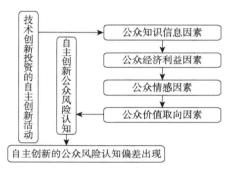

图 9.1 自主创新的公众风险认知偏差形成机理模型

1）自主创新风险的公众知识信息因素

最初的公众接触到高技术企业自主创新的风险事件，或是由自主创新的意外事故引起，或是由一场有关自主创新产品的发布、暴露和后果的报道，也可能是公众在观察寻找着他们关心的自主创新风险事件。在信息爆炸的当今，有关高技术企业自主创新的各种信息充斥在公众身边，真假难辨，其数量远远超过公众处理能力的范围，人类理性有限性的假设通常认为，公众处理这些信息的能力是有限的，一般只能根据自身的知识特征、兴趣及价值观等有选择地处理[①]。

此外，当面对不确定的自主创新风险事件时，高度的不确定性和严重的后果会给公众带来强烈的心理冲击，这样公众的认知能力就会受到干扰，影响自主创新信息的处理过程。当个体处于消极心理特征的自主创新风险情境中时，强烈的心理背景会影响公众理性的释放，使他们知觉信息的能力和有效性受到极大损害，同时公众的注意力也会受到干扰，导致自主创新信息辨别失误，产生认知偏差[②]。公众会选择自主创新事件中的某些具体特征信息进行阐述。同

① 西蒙 H. 现代决策理论的基石[M]. 杨砾，徐立译. 北京：北京经济学院出版社，1989.

② 刘婧. 技术风险认知影响因素探析[J]. 科学管理研究，2007，25（4）：56-60.

时，受公众理性有限性的限制，公众会对这些信息的处理会产生偏差，或放大风险或缩小风险，如果公众对自主创新风险事件产生了强烈心理冲击，那么他们在处理信息时就会受到更大影响；当公众处于消极心理时，他们处理自主创新风险事件的信息往往会受到干扰，产生偏差放大。

2）自主创新风险的公众经济利益因素

主要利益相关者在自主创新中能够获得既得利益，因而他们将高技术企业自主创新风险看作一种投资回报，伴随着预期结果的变化，风险可能是积极的，也可能是消极的，因而将主要利益相关者的风险认知概括为投资风险。次级利益相关者并不和创新企业发生直接的交易关系，他们仅仅把风险视作消极的，当作遭受危害和损失的可能性，因而将次级利益相关者的风险认知概括为灾难风险。当自主创新的信息不完全程度不同，风险认知将会变得多样化。周焯华等构建了利益相关者异质性和技术创新风险认知框架，将自主创新的信息不确定性程度低的投资风险称作标准情形[①]，此时主要利益相关者的风险认知偏差是缩小的；将自主创新的信息不确定程度低的灾难风险称作危害风险，此时次级利益相关者的风险认知偏差在放大；若自主创新的信息不确定程度高，此时投资风险被公司忽视，主要利益相关者的风险认知偏差也是缩小的；最后将自主创新信息不确定程度高时的灾难风险称作危险境地，此时次级利益相关者利用经验和消极信息来评价自主创新的潜在的风险，会使风险认知偏差极度放大，对技术创新产生毁灭性影响。

3）自主创新风险的公众情感因素

情感因素同样在公众接触到自主创新的风险事件时发挥了扩大或衰减风险的作用，在后来的研究中，理论界发现人类认识和把握世界的两种方式：一种是理性逻辑型的方式；另外一种是情感情绪型的方式，公众通常都是以这两种方式对自主创新风险进行判断。尽管在决策中需要缜密的思考与分析，但是在复杂而不确定的自主创新风险下决策，情感和情绪因素的影响都不可避免。情感是一个方向机制，它指引人们基本的如注意力、记忆的心理过程及期望水平等行为[②]。另外，情感因素往往会影响公众对自主创新的风险态度，公众的自主创新风险认知其实就是个人的心理、情感、态度等因素综合作用下的对自主创新的一种表达方式，情感的长期积累会使公众形成一种对创新风险固有的态度，如果这样，那么无论客观风险如何，公众都会产生相似的认知。因此，公众的自主创新风险认知

① 周焯华，秦佳良，刘程军. 新技术开发中利益相关者异质性对风险认知的影响[J]. 科技进步与对策，2014，（22）：1-6.

② Slovic P. The Perception of Risk[M]. London：Earthscan Publications Ltd.，2000.

通常是潜在情感的表现。

所以，当公众面对自主创新的风险时，特别是发生频率低但损失大的自主创新风险时，一般都会对其产生一种定势的负面情感，从而产生怀疑的态度，以及不信任或担忧等情绪，这些构成了担心、抵制的负面情绪的心理背景。在这种背景下，公众的理性思维就会受到限制，公众搜集信息、进行风险判断的能力也会受到干扰，从而引起自主创新的风险认知偏差。如果公众处于悲伤状态时，他们会把风险认知偏差放大，而处于快乐状态的时候，他们往往会缩小偏差。

4）自主创新风险的公众价值取向因素

当公众接触自主创新的风险事件时，会依据价值取向来判断风险，在头脑中搜集典型的、易回忆的、相似的自主创新风险事件，对常见的自主创新风险事件往往放大认知偏差，而对不熟悉的缩小偏差。研究表明，公众在进行概率修正的时候常常反应过度，对近期的自主创新信息赋予较大的权重，在对不确定性事件进行风险判断时，仅以部分现象或典型现象为依据，这样就容易夸大按常识得到的条件概率，产生自主创新的代表性认知偏差。

社会心理学家认为，易得性偏差可以解释为什么认知到的风险和客观风险总是不一致。例如，飞机失事对大多数人来说是更容易联想起来的，所以大家通常认为乘坐飞机比乘坐小汽车风险高。实际上，美国的旅行者在出行同样距离情况下，汽车事故是飞机事故概率的 26 倍[1]。对于许多人来说，对风险的反应是迅速、直觉评价的结果，而不是建立在接触实在风险后仔细分析的基础上，这就导致被人关注和具有轰动效应的自主创新风险被高估，而不引人注目的风险被低估[2]。

当最初接触到事件的公众对自主创新风险事件进行阐释后，他们就起到个体"放大站"的作用，"放大"包含了风险加强和风险弱化两层含义，形成自主创新的公众风险认知。这些公众会把自己的阐释与周围的个人和群体进行交流，导致次级效应，其影响不再只局限于最初的公众，而是扩散到相关群体，甚至整个社会。次级效应又会被公众和群体感觉到，产生新一阶段的放大效应，并产生更高阶的影响。对于公众来说，内在的影响因素有时候是某个因素在单独发生作用，而有时候是若干个因素共同作用于公众，那么此时产生偏差放大或缩小就会是一个更加复杂的多种因素交互作用下的结果。

高技术企业自主创新风险的公众知识信息因素是公众对风险产生认知的前提，公众信息的识别和处理能力也会对公众风险认知偏差产生直接影响。经济利益因素通过创新主体的知觉判断活动才能影响公众风险认知，进而公众风险认知

---

① 迈尔斯 D. 社会心理学[M]. 张智勇，乐国安，侯玉波，等译. 北京：人民邮电出版社，2006.
② 孙斯坦 C R. 风险与理性——安全、法律及环境[M]. 师帅译. 北京：中国政法大学出版社，2005.

影响公众其创新行为并最终影响创新绩效。公众通过公众情感因素的作用对识别的信息进行加工，从而产生公众的价值取向。

9.6 管理启示

对高技术企业自主创新的公众风险认知进行研究，从中找到自主创新的公众风险认知偏差形成机理，突破了传统上从技术层面对自主创新风险进行探讨的做法，对全面分析自主创新风险的本质，探寻自主创新风险的规避对策具有启示意义。因此，在高技术企业自主创新过程中应充分关注到公众风险认知偏差，并在公众风险认知层面加以必要的风险防范。

1) 技术自主创新风险的信息对称

公众的有限理性导致其自主创新风险的认知信息不对称，在信息处理时难免会产生偏差。这就要求高技术企业自身在进行创新产品的推广时，应有客观权威性的宣传、解释说明，将专业化的术语转化为公众通俗易懂的语言，进行持续的创新产品的正面宣传，减少创新产品的负面新闻，加大对创新产品的科普宣传力度，运用现代手段及时准确地通过正规渠道发布信息，丰富科普模式，使创新产品的科普常态化，建立公众与高技术企业的互动交流平台，通过官方渠道让公众了解到该技术创新的优点，以获得较好的锚定偏差，降低技术创新风险的认知偏差，为顺利将技术创新产品市场化做准备。

2) 对公众情绪进行管控，消除负面情绪

当公众面对自主创新的风险时，特别是发生频率低但损失大的自主创新风险时，一般都会对其产生一种定势的负面情感，从而产生怀疑的态度，以及不信任或担忧等情绪，这些构成了担心、抵制的负面情绪的心理背景。高技术企业应当通过及时有效的沟通消除公众对于创新产品的负面情绪，改变长期已有的对创新产品的不良态度，消除不信任、担忧等情绪，增进对创新产品的了解，塑造创新产品良好的形象，为自主创新产品的推广奠定良好的情感基础。

3) 重视整合并对社会不确定性做出评价

高技术企业必须确认利益相关者是将风险看作一种投资还是一种危害，必须重视次级利益相关者对创新产品的看法，做好与其交流和协调的工作，对次级利益相关者关注的技术安全审批与监管等信息建立披露机制，让公众随时能够通过官方渠道查询到准确全面的信息。理解次要利益相关者的需求。尽量消除公众不良的代表性偏差、易得性偏差，建立良好的代表性偏差、易得性偏差。

4）应认真及时地做好危机公关

当公众有了自己的风险认知之后，会将自己的认知与周围的同事、朋友进行交流，如果公众一直对创新产品抱有负面态度，这种态度将影响到其他公众，势必对创新产品的推广造成阻碍，这就要求高技术企业务必做好前面所提到的各项措施，同时在发生危机时做好危机公关处理，力求在公众心中保持良好的形象，将影响范围减少到最小。

第四篇　自主创新投资篇

第10章 基于技术形成机理的自主创新决策模型

技术的形成是企业在特定时期将最新的创新思想和前沿知识相结合,并实现产业化的过程,它受到企业内部和外部多种因素的影响和制约。根据技术的形成机理,技术自主创新包括知识技术化、技术产品化和产品市场化三个决策维度,在每个决策维度运用相应的寻优原则进行评价与选择,形成了知识技术化决策模式、技术产品化决策模式和产品市场化决策模式,从而构建基于技术形成机理的企业技术自主创新的决策模型。

10.1 关于企业技术自主创新决策的研究综述

技术自主创新已经成为我国企业参与国际竞争,促进企业可持续发展的重要战略选择。技术自主创新决策不仅关系到企业的投资收益,而且还影响到企业技术创新能力的发展。对于企业技术自主创新的决策问题,近年来学术界的研究成果可以分为三种类型。

1)第一类观点是研究技术研发的策略选择

Das 和 Teng 通过考察企业资源在战略联盟中的作用,提出一种基于资源的战略联盟一般理论,涵盖了战略联盟的四个主要方面:基本原理、形成、结构偏好和绩效,讨论合作伙伴公司的资源概况如何根据四大类联盟来确定其结构偏好:合资企业、少数股权联盟、双边契约联盟和单边契约联盟[①]。Tether 研究了英国版的第二

---

① Das T K, Teng B S. A resource-based theory of strategic alliances[J]. Journal of Management, 2000, 26(1): 31-61.

次欧洲共同体创新调查（the Second European Community Innovation Survey，CIS-2）及其对创新企业与外部合作伙伴合作模式的影响，认为创新合作安排的范围取决于公司类型以及创新的定位[①]。葛泽慧和胡其英通过将研发投资和产品生产作为独立变量，研究技术创新合作的动机，认为企业更倾向于创新合作，这是因为创新合作能够带来较高的市场份额、降低技术创新的投入成本、规避技术创新风险、培育企业的知识吸收能力，从而有机会成为市场的领导者[②]。李永周等分析创新网络嵌入对研发人员创新绩效的影响和作用机理，并验证创新效能感的中介作用，认为高技术企业研发人员的创新网络结构嵌入对创新过程和创新结果均具有显著正向影响，从而提出了提升高技术企业研发人员创新绩效的创新网络嵌入式开发策略，包括聚焦产学研战略协同和集群创新、强化关系网络建设和位置管理、营造宽松氛围以提升创新效能感等[③]。这类观点着重研究技术合作研发动机及其交易成本问题，强调技术创新中合作研发的作用，没有考虑技术自主创新。

2）第二类观点是研究企业技术创新投资的实物期权价值的决策

Alvarez 和 Stenbacka 研究开发了期权方法，将技术上不确定的机会作为一个嵌入期权，以描述采用现有技术的最佳时机，用于寻找与更新决策相关的普通实物期权和与现有技术相关的复合实物期权的最优行使阈值[④]。吴昊等基于期权博弈的分析框架，在技术进步的条件下分析新技术的投资决策，定量分析了技术创新投资的期权价值，并在期权博弈的框架内分析了两个企业的不同战略组合[⑤]。黄东兵和张世英认为，在信息技术创新项目生命周期的各个阶段上，包含多种形式的实物期权，进而从不同形式实物期权的角度，提出信息技术创新项目决策分析的内容和目标及其过程和准则[⑥]。张红波和王国顺通过建立数学模型，采用实物期权分析方法，分析了松弛资源与技术创新策略选择之间的关系。他们认为，发掘、利用松弛资源达到某一临界点时，能对选择基于研发的自主创新策略产生足够的激励；在基于技术引进的技术创新策略越来越难以实现的情况下，正确辨识、发掘、利用松弛资源有助于提高组织的自主创新能力和绩效[⑦]。这类观点主要运用实物期权方法研

① Tether B S. Who co-operates for innovation, and why an empirical analysis[J]. Research Policy，2002，31（6）：947-967.

② 葛泽慧，胡其英. 具有内生技术共享的合作研发决策分析[J]. 科研管理，2006，27（5）：45-52，16.

③ 李永周，高楠鑫，易倩，等. 创新网络嵌入与高技术企业研发人员创新绩效关系研究[J]. 管理科学，2018，31（2）：3-19.

④ Alvarez L H R，Stenbacka R. Adoption of uncertain multistage technology projects：a real options approach [J]. Journal of Mathematical Economics，2001，35（1）：71-97.

⑤ 吴昊，周焯华，张宗益. 技术进步条件下投资决策的期权博弈分析[J]. 科技管理研究，2005，（11）：211-216.

⑥ 黄东兵，张世英. 关于信息技术创新项目的决策分析[J]. 自然辩证法研究，2006，22（3）：64-67.

⑦ 张红波，王国顺. 资源松弛视角下企业技术创新策略选择的实物期权模型[J]. 中国管理科学，2009，17（6）：170-176.

究技术创新的投资决策分析，强调了技术创新的市场价值分析，没有研究企业技术自主创新的其他研发价值及其决策因素。

　　3）第三类观点是研究技术创新的内部评价与伦理决策

　　吴致远和陈凡认为，启蒙理性在现代化的进程中演变为工具理性，工具理性支配下的技术活动采取了专家决策模式。交往行动理论下的交往理性必然要求技术的发展采取民主参与的决策模式①。张黎夫认为，要使技术创新有利于经济社会可持续发展，就必须在技术创新决策中引入伦理分析。从本质上看，技术创新决策中的伦理分析就是利益相关者分析，就是把"对他人、社会和生态环境有利"的标准纳入技术创新决策过程中，对决策的整个过程进行规范和监督，以避免技术创新带来人为的负面效应②。侯婷和朱东华对创新项目技术战略决策中的技术评价方法进行研究，提出了基于 SWOT（strengths，优势；weaknesses，劣势；opportunities，机会；threats，威胁）分析的创新项目技术评价与决策过程③。吴凤平等针对技术创新项目决策过程中不确定性和复杂性的特征，构建基于熵权的区间直觉模糊多属性企业技术创新项目决策方法，即从收益和风险两方面构建企业技术创新项目评价指标体系，通过交叉信息熵和熵权理论确定每个属性的权重后，将属性权重和决策者权威性权重与决策者的区间直觉模糊规范化后的矩阵融合得到待评价项目综合决策信息值，并根据得分函数值的大小对待评价方案进行排序择优④。

　　上述这些研究成果从决策技术与方法和技术创新的实际市场收益等角度研究了技术创新决策，但是没有考虑技术自主创新的内在特性及其影响要素。这里从技术的形成机理的角度分析自主创新的决策维度及其寻优层面，从而探讨企业技术自主创新的决策模型。

10.2　技术的形成机理与自主创新决策维度分析

　　企业的技术自主创新决策不仅需要评估技术创新所带来的综合收益，还应联系到技术形成机理，以提高决策的可行性。在技术自主创新过程中，企业在特定

---

　　① 吴致远，陈凡. 理性基础的重建与技术决策模式的转换——哈贝马斯交往理性下的技术[J]. 科学技术与辩证法，2004，21（5）：72-75.

　　② 张黎夫. 论企业技术创新决策中的伦理分析[J]. 江苏工业学院学报（社会科学版），2004，（3）：22-24.

　　③ 侯婷，朱东华. 基于 SWOT 分析的创新项目技术评价与决策研究[J]. 科研管理，2006，27（4）：1-6.

　　④ 吴凤平，金姗姗，尤敏. 基于交叉熵的区间直觉模糊多属性企业技术创新项目决策[J]. 科技管理研究，2017，（18）：1-6.

时期将最新的创新思想和前沿知识相结合，并实现知识运用的产业化的活动过程，反映了技术创新直至技术形成的内在机理。

10.2.1 技术的形成机理分析

据一项综合创新研究成果和基于专利、投资及调研数据的研究显示，发现在3 000 个初始思想中，仅仅有 1 个能够最终在商业上获得成功。企业的技术创新是经历一个对创新思想和前沿知识进行多样性选择的过程，需要经历一个技术创新隧道[①]（图 10.1）。基于技术创新隧道模型，可以分析出企业的技术自主创新和技术形成的机理。

图 10.1　技术创新隧道模型

1）技术形成是企业对前沿知识的综合研发和运用

技术创新是在当代科学技术成就基础上的大规模创新，具有更高的科学输入与知识含量。演化经济学认为，技术创新是将某种通类思想现实化，即对技术类知识进行转化和运用；同时还包括了经济类知识，它是企业在某种经济环境中所面对的机会和约束，是关于技术创新成果的相对市场价格或该产业中给定的技术机会的知识[②]。一项新技术的形成受到前沿知识本身属性的影响和制约。前沿知识具有五个基本特性，即知识的复杂性、知识的丰富性、知识的积累性、知识的创新和知识的共享，它们分别从不同的角度规定了知识特性：①知识的复杂性属于知识的质的范畴，体现于科学知识认识对象的复杂性，即沿量子阶梯上行、下行和扩展；②知识的丰富性属于知识的量的范畴；③知识的积累性强调知识的连续性的动态特征；④知识的创新强调知识的中断和跳跃的动态特征；⑤知识只有在知识共享中才能实现经济和社会的进步[③]。

这些特性决定了前沿知识在技术创新中形成知识聚合效应（Cluster Effect of Knowledge，简称 CE_K）和知识极限效应（Limit Effect of Knowledge，简称

① Stevens G A, Burley J. 3000 Raw ideas equals 1 commercial success! [J]. Research Technology Management；1997，40（3）：16-27.

② Dopfer K. 演化经济学——纲领与范围[M]. 贾根良，刘辉锋，崔学锋译. 北京：高等教育出版社，2004.

③ 吕乃基. 论高技术的极限[J]. 科学技术与辩证法，2003，20（4）：40-42.

LE_K）。其中，知识聚合效应是前沿知识在特定的技术创新能力和条件下，企业通过知识复制、知识通用、知识转移和知识组合形成某项新技术的最大可能性；知识极限效应是束缚前沿知识进行无限技术创新的可能性，并对新技术形成知识壁垒，对知识发挥聚合效应产生阻碍作用。因此，一项新技术的形成是前沿知识的聚合效应与极限效应共同作用的合力。技术研发是企业对前沿知识综合运用，并创造出特定技术成果的过程。

2）技术形成是前沿知识运用并实现产业化的过程

技术的形成过程不仅是前沿知识的知识聚合效应和知识极限效应综合作用的结果，同时也是企业运用前沿知识并实现其产业化的过程，即技术创新的目的并不在于将前沿知识转化为技术，而是研发市场和社会所接受的产品，并取得预期的研发回报的过程，即技术自主创新是一个包含了知识技术化、技术产品化和产品市场化的知识产业化过程。其中，知识技术化是企业研究前沿知识并获得产品开发所需研发技术的过程；技术产品化是在知识技术化的基础上，企业运用研发技术开发出新产品的过程；产品市场化是在技术产品化的基础上，企业将产品推向市场并获得预期的经济收益和社会效益的过程。

技术的形成过程受到企业内部和外部多种因素的影响和作用。这些因素主要包括知识要素、决策要素、利益要素、组织要素和道德要素等。其中，知识要素是企业技术自主创新的理论基础和思想来源，技术创新是对知识要素的具体运用和价值实现。决策要素是企业对技术自主创新的目标和方向的战略性选择，决策标准和程序的确定影响着技术自主创新的最终择向。利益要素是企业对技术自主创新的投入与收益的综合比较，主要包括研发成本、市场收益（包括使用价值和价值）和研发能力学习等方面。组织要素是在技术自主创新中形成的组织体系和工作关系，表现为一种制度安排，它影响着技术创新的能力、水平和效率。道德要素是社会伦理判断的行为规范和准则对技术自主创新成果的检验和评价，是影响技术创新成果与社会关系的伦理价值规范；同时道德危机或道德压力也会促进技术创新。这些要素共同作用于企业的技术自主创新行为。

10.2.2 技术自主创新决策维度分析

根据技术的形成机理，技术自主创新需要企业独立选择和运用各种前沿知识与创新思想。技术自主创新决策是企业对各种前沿知识和创新思想及其形成的各种组合进行比较，分析和评估技术创新的多样性及其不确定性，进而对这种多样性进行减维，使知识组合的多样性逐步减少，获得相对稳定的知识结构，提高知识的稳定性，即实现新技术的知识结构化。当一项前沿知识组合得到研发主体的确认后，一项新技术得以生成。

技术自主创新反映了知识转化为技术的因果关系。这种因果关系具有两个维度，即结构和过程。结构因果关系是指企业各个部分如何协调形成整体，是技术自主创新的组织现象；过程因果关系作为一种分析手段，是把握自主创新所运用知识历时变化的动力学[①]，构成自主创新的利益评价和选择机制。因此，根据技术的形成机理和自主创新的内在规律，前沿知识运用并实现产业化的三个阶段构成了自主创新决策的三个维度，即知识技术化决策维度、技术产品化决策维度和产品市场化决策维度；同时，影响技术自主创新的各个要素在不同的决策维度产生作用，形成了不同的决策寻优层面。企业技术自主创新的决策维度和寻优层面见图10.2。

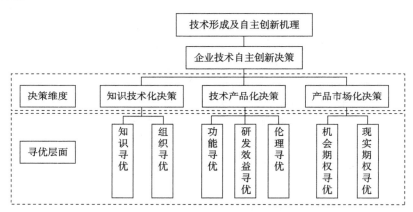

图 10.2　技术自主创新决策维度构成

1）知识技术化决策

知识技术化决策是指企业运用寻优原则对特定时期可能转化为新技术的前沿知识进行评价、选择和运用。在这个决策维度中，知识要素和组织要素成为主要的决策因子，形成了知识寻优层面和组织寻优层面。

（1）知识寻优是指企业从知识要素的角度来评价技术自主创新的形成和发展，分析前沿知识转化为具体技术后的知识水平及其在同类技术中的期望领先程度，从而对前沿知识寻优的潜在技术水平做出评价与选择，是企业选择最有技术转化价值和技术转化可能的前沿知识及其组合。

（2）组织寻优是指企业从组织要素的角度来评价转化前沿知识中自身所具有的技术实力，对前沿知识的技术化进行可行性评价，即组织寻优主要考虑研发人员的知识水平及其协作关系。其中，研发人员的协作关系从知识管理的角度表

---

① 多普菲 K. 演化经济学——纲领与范围[M]. 贾根良，刘辉锋，崔学锋译. 北京：高等教育出版社，2004.

现为研发人员是否愿意将自己拥有的知识与其他研发人员进行知识共享。组织寻优是企业从自身的研发组织体系来评价其技术研发能力。

2）技术产品化决策

技术产品化决策是指企业运用寻优原则对特定时期可能转化为某项产品的技术进行评价和选择。在这个决策维度中，道德要素、决策要素和利益要素中的使用价值成为主要的影响因子，形成了伦理寻优层面、功能寻优层面和研发效益寻优层面。

（1）伦理寻优是指企业从道德要素的角度对研发成果（即新产品）的社会伦理能否认同进行评价，使新技术的运用和扩散形成相对稳定的道德空间，达到新技术的道德均衡点。这是因为，在人类社会不断发展的过程中，人们对于某项成熟的新技术会形成新的价值判断，运用道德评价标准对新技术进行评价。

（2）功能寻优是指企业从决策要素的使用价值角度评价技术转化后的产品比现有产品是否具有更优功能。这是因为，技术产品化所追求的产品具有更好的功能。

（3）研发效益寻优是指企业在技术产品化过程中围绕阶段性研发利益和研发能力学习，对研发投入和研发效益进行评估和寻优。这里的研发效益，并不是指获得的直接经济效益，而是指在研发过程中企业对产品研发技术、方法等方面的内隐性知识积累和外显性知识形成（如获得一项新产品），即研发的新产品和得到提高的研发能力。研发投入不仅仅是研发所付出的资金投入，还包括企业在技术产品化中所付出的努力，即研发投入包括资金投入与人才劳动的投入。

3）产品市场化决策

产品市场化决策是指企业运用寻优原则对特定时期某项新产品推向市场的时机及其实现的市场价值进行评价和选择，表现为一种期权收益的评价和选择。在这个决策维度中，利益要素和决策要素成为主要影响因子，形成了机会期权寻优层面和现实期权寻优层面。

（1）机会期权寻优是指产品推向市场包含着一个提前或推迟开始的实物期权，即提前或推迟产品市场化的机会成本。这是因为，推迟产品市场化可以使得企业获得更多（额外）的有关项目的信息。在此基础上，有利于企业采取管理行动，而且产品市场化的成本会随着时间的推迟而迅速下降，推迟市场化会有利于降低研发成本。与此同时，推迟产品市场化也可能导致产品市场化的研发收益的损失和企业竞争优势的丧失，即推迟产品市场化具有机会成本[①]。以此反推，提前产品市场化进程则会得到与推迟产品市场化相反的市场效果。在市场化决策

---

① 黄东兵，张世英. 关于信息技术创新项目的决策分析[J]. 自然辩证法研究，2006，22（3）：64-67.

时，应综合考虑这两方面的因素，考虑产品市场化所存在的实物期权价值的机会成本，在时间许可的范围内，决定最佳的产品市场化时机。

（2）现实期权寻优是指企业在决定实现产品市场化的具体时间后，产品推向市场产生的现金流的净现值，它是企业对技术自主创新产生的直接未来经济效益进行评估，并运用现值法将未来经济收益折算成现实的现金流，以便与技术研发投入的现金成本进行比较和评价。

10.3　技术自主创新决策模型的构建

基于技术形成和企业自主创新的内在机理，企业自主创新决策需要分别进行知识技术化决策、技术产品化决策和产品市场化决策，分别形成知识技术化决策模式、技术产品化决策模式和产品市场化决策模式，从而构成企业技术自主创新决策模型。

10.3.1　知识技术化决策模式

知识技术化决策是企业运用寻优原则对用于技术自主创新的知识要素和组织要素进行评价与选择，是对知识寻优和组织寻优的综合衡量。在知识寻优层面中，基于技术自主创新是前沿知识聚合效应（CE_K）和知识极限效应（LE_K）的合力，同时考虑技术研发的期望领先程度（λ），前沿知识寻优达到的潜在技术水平（$T_{K \to T}$）可以表示为

$$T_{K \to T} = \lambda \times (pCE_K + qLE_K) \tag{10.1}$$

其中，p 和 q 分别为知识聚合效应和知识极限效应在前沿知识技术化过程中发生作用的程度。在组织寻优中，企业的研发能力主要由研发人员的技术水平（T_i）及其协作意愿（w_i）决定，则企业的研发能力可以表示为

$$T_{R\&D} = T_1 w_1 + T_2 w_2 + T_3 w_3 + \cdots + T_i w_i, i = 1,2,3,\cdots,n \tag{10.2}$$

在组织寻优中，研发人员之间的协作能够达到较为理想的合作状态，研发人员之间的知识共享博弈是非零和博弈中的合作博弈。假设研发人员 A 和研发人员 B 参与知识共享的收益分别为 U_A（KS）和 U_B（KS），其中 KS 为研发人员的知识共享和研发合作。不参与知识共享与研发合作的收益分别为 0，0。两个研发人员的非零和合作博弈的情况见图 10.3。根据图 10.3 的非零和合作博弈分析，研发人员会选择知识共享，从而对增强企业研发能力形成一种制度安排。

研发人员A

	共享与合作	不共享与合作
共享与合作	$U_A(KS)$，$U_B(KS)$	$U_A(KS)$，0
不共享与合作	0，$U_B(KS)$	0，0

研发人员B

图 10.3　研发人员非零和合作博弈的收益矩阵

知识技术化决策是对知识寻优达到的潜在技术水平和企业的研发能力进行比较，两者的比较关系用公式可以表示为 $\delta = T_{R\&D}/T_{K\to T}$，从而确定企业进行知识技术化与否。

（1）当 $\lambda > 1$ 时，说明该前沿知识的技术化与现有技术相比具有领先水平。若 $\delta \geqslant 1$，表明企业具有高于此项前沿知识进行技术化所需的研发能力，这是企业实行知识技术化比较理想的自主创新情境。若 $\delta < 1$，表明企业不具有该项技术的自主创新能力，企业可以放弃知识技术化的自主创新活动，或者采取人才引进的方式以提高企业的研发能力。

（2）当 $\lambda \leqslant 1$ 时，说明该前沿知识的技术化与现有技术相比，接近或落后于现有技术水平。在这种研发情境下，若 $\delta \geqslant 1$，企业可以放弃该前沿知识技术化的研发活动；若 $\delta < 1$，企业可以考虑开展该项研发活动，目的在于提升自身带有模仿性的技术创新能力。

10.3.2　技术产品化决策模式

技术产品化决策是企业对技术自主创新项目的功能寻优、伦理寻优和研发效益寻优的综合评价与选择。在这三项寻优层面中，伦理寻优是功能寻优和研发效益的前提条件，即当技术转化成的新产品没有通过社会伦理评价，得不到社会认同时，企业就不能运用该项开发产品，则不需要进行功能寻优和研发效益寻优。只有当新产品通过社会伦理评价时，企业才能进一步考虑技术产品化的功能寻优和研发效益寻优。

在伦理寻优的基础上，技术产品化决策进行新产品研发的功能寻优。功能寻优决策主要是对产品功能（F_N）与现有产品功能（F_O）的比较并确定技术产品化与否。当 $F_N > F_O$ 时，说明新产品具有功能优势，能够替代现有产品，企业具有进行技术产品化研发的功能价值；当 $F_N \leqslant F_O$ 时，表明新产品不具有功能优势，不能替代现有产品。企业在这两种研发情境下是否开展技术产品化研发，还要取决于研发效益寻优。

研发效益寻优是对研发投入和研发效益的评价与比较。研发投入（$I_{T \to P}$）与研发效益（$U_{T \to P}$）之间的关系符合 Cobb-Douglas 生产函数的基本特性，则技术产品化的研发效益可以表示为

$$U_{T \to P} = f(I_K, I_L) = A I_K^{\alpha} I_L^{\beta} \qquad (10.3)$$

其中，I_K 表示研发的资金投入，I_L 表示研发的人才劳动投入，A 为常数；α、β 为小于 1 的正数，α 表示技术产品化的研发资金投入的弹性系数，β 表示技术产品化的人才劳动投入的弹性系数。基于伦理寻优和功能寻优，企业对技术产品化研发活动进行研发效益寻优的决策。

（1）当 $\alpha+\beta > 1$ 时，表明技术产品化的边际研发效益大于边际研发投入（即 $MU_{T \to P} > MI_{T \to P}$）。在这种研发情境下，研发活动呈现规模收益递增态势，只要新产品通过社会伦理评价，无论是 $F_N > F_O$ 还是 $F_N \leqslant F_O$，企业都可以实施技术产品化的研发活动。

（2）当 $\alpha+\beta = 1$ 时，表明技术产品化的边际研发效益等于边际研发投入（即 $MU_{T \to P} = MI_{T \to P}$），企业能够获得稳定的研发规模收益。企业基于伦理寻优的决策结果，可以不考虑新产品的功能寻优，能够开展技术产品化的研发活动。

（3）当 $\alpha+\beta < 1$ 时，表明技术产品化的边际研发效益小于边际研发投入（即 $MU_{T \to P} < MI_{T \to P}$），技术产品化的规模收益递减。在这种研发情境下，企业是否实施技术产品化的研发活动需要根据研发效益，即企业研发知识的积累和研发能力的培养：当 $\delta \geqslant 1$ 时，企业可以放弃该项技术产品化的研发活动；若 $\delta < 1$，企业可以开展该项研发活动，即在模仿性的创新中提高企业的产品开发能力。

10.3.3　产品市场化决策模式

根据机会期权寻优和现实期权寻优的原则，产品市场化决策主要考虑产品的市场推广成本和实现的市场价值、产品市场化的时间和无风险收益等因素。结合 Black-Scholes 实物期权定价方程[①]，设 $N(\cdot)$ 是标准的正态分布积分函数，S 是产品市场化的价值，I 是产品市场化的投入成本，t 是能够推迟产品市场化的时间，r 是无风险收益率，则产品市场化的机会期权和现实期权可以表示为

$$F^* = S \cdot N(d_1) - I \cdot e^{-rt} \cdot N(d_2) \qquad (10.4)$$

其中，$d_1 = \dfrac{\ln(S/I) + (r + \sigma^2/2) \cdot t}{\sigma \cdot \sqrt{t}}$，$d_2 = d_1 - \sigma \cdot \sqrt{t}$。

由于产品市场化期权收益包括机会期权和现实期权，根据 Dixit 和 Pindyck、

---

① 吴昊，周煜华，张宗益. 技术进步条件下投资决策的期权博弈分析[J]. 科学管理研究，2005，（11）：211-216.

Trigeorgis 的观点[1]，利用净现值法计算出的产品市场化的净现值（NPV）和产品市场化的机会期权（V）构成了产品市场化期权收益，F^*可以简化为 $F^*=\text{NPV}+V$，NPV 是传统的、被动的、静态的项目直接现金流的净现值，F^*是管理柔性或灵活性所产生的机会期权价值，是扩展的 NPV，也是产品市场化投资机会的价值。

产品市场化决策是根据期权收益进行评价，即如果产品市场化的投资机会价值（扩展 NPV）大于或等于零，则产品市场化可行，即 $F^* \geqslant 0$。在可行项目中，选择最佳方案。投资机会价值最大方案：$F^* > \max\{F_i\}$，其中，$i=1,2,3,\cdots,n$。最佳投资方案选定后，企业对产品市场化做出决策。

（1）当 $F^* > 0$，NPV > 0 时，若 $V=0$，说明提前或推迟产品市场化不存在市场收益，而现实期权存在的市场收益，但是产品市场化的总体期权收益大于零，企业可以推行产品市场化运作；若 $V > 0$ 且 $V > $ NPV，说明产品市场化不仅存在现实期权的市场收益，而且也存在机会期权的市场收益，但是机会期权的市场收益大于现实期权的市场收益，企业可以提前或推迟产品市场化进程。如果企业出于降低收益风险、提高资金周转效率和降低资金运营成本的需要，可以推行产品市场化运作。总之，在 $F^* > 0$ 的研发情境下，企业具有进行技术自主创新的市场条件。

（2）当 $F^* = 0$，NPV < 0，$V > 0$ 时，说明提前或推迟产品市场化存在市场收益，不存在现实期的市场收益，并且产品市场化的机会期权收益和现实期权收益相等。也就是说，当将产品实现推向市场的时机不佳，适当地提前或推迟产品投向市场的时间可以获得更高的市场收益，企业适宜采取提前或推迟产品市场化进程，以提高产品的市场化收益。因此，在 $F^* = 0$ 的研发情境下，企业具有进行技术自主创新的市场条件。

（3）当 $F^* < 0$ 时，存在三种情况：第一种情况是 NPV < 0，$V < 0$，第二种情况是 NPV > 0，$V < 0$，第三种情况是 NPV < 0，$V > 0$。无论是企业面临 $F^* < 0$ 的哪种情况，产品市场化的期权总体收益均小于零，不具有产品市场化的市场价值。因此，在 $F^* < 0$ 的研发情境下，企业不具有进行技术自主创新的市场条件。

技术自主创新决策是根据对前沿知识进行技术化、产品化和市场化的综合评价与抉择，可以采用两种不同决策序列，即顺向决策序列和逆向决策序列。其中，顺向决策序列是企业对技术自主创新的决策从知识技术化决策到技术产品化决策，再到产品市场化决策，反映了企业是以技术自主创新能力提升为导向；逆向决策序列是企业对技术自主创新的决策从产品市场化决策到技术产品化决策，再到知识技术化决策，反映了企业是以研发效益为导向。这两种决策序列均包含于技术自主创新决策模式之中。

10.4　管理启示

技术自主创新是高技术企业在当代科学技术成就基础上进行的大规模创新，是在特定历史时期对前沿知识进行的选择，是在知识要素、决策要素、组织要素、利益要素和道德要素等综合作用下实现知识技术化、技术产品化和产品市场化的研发结果。根据技术的形成机理，技术自主创新是企业运用前沿知识并使其实现产业化的独立创新过程，是企业打破原有技术的知识结构，将原有的知识与新的前沿知识相结合，并推动新技术形成的过程。企业技术自主创新的决策包括知识技术化决策、技术产品化决策和产品市场化决策三个维度，并在每个决策维度运用相应寻优原则进行评价与选择。其中知识技术化决策主要实现知识寻优和组织寻优，技术产品化决策主要实现功能寻优、研发效益寻优和伦理寻优，产品市场化决策主要实现机会期权寻优和现实期权寻优，分别形成了知识技术化决策模式、技术产品化决策模式和产品市场化决策模式，从而构建了基于技术形成机理的企业技术自主创新的决策模型。至于合作研发、研发外包对自主创新能力的影响及其决策问题在本章中没有研究，这需要在今后的研究中进一步分析。

1）企业应当从技术自主创新的内在机理选择决策模式

在传统的技术研发投资决策中，企业习惯于分析和评价技术研究与开发产生的现实市场收益，因而忽视了技术的形成机理和技术自主创新的内在规律。这一方面容易导致企业技术创新的短视行为，难以提升企业的研发能力和形成持续的技术竞争优势。另一方面，由于技术创新决策没有考虑到技术的形成机理，自主创新过程中出现了研发学习成本过高，而研发投资难以获得预期创新收益的现象，降低了技术自主创新的可行性。因此，企业应当从技术自主创新的内在机理出发选择决策模式，系统地分析技术创新各个阶段和环节的研发成本和研发效益，不但能够提高自主创新决策的科学性，而且能够提高自主创新决策的可操作性。

2）企业在技术自主创新决策中应当形成寻优整合

从技术形成机理来看，技术自主创新分为知识技术化、技术产品化和产品市场化三个阶段，它们是前后关联的有机整体，同时由于影响技术自主创新的各种要素会对不同阶段发生作用。因此，技术自主创新决策不仅要进行自主创新的阶段性决策寻优，同时也要重视不同决策维度之间的寻优层面并加以整合，而不要将各个寻优层面人为地割裂，使自主创新决策成为连续的评价和选择过程。

3）在知识技术化决策中，企业应当考虑前沿知识在研发中可能达到的技术领先水平

技术领先水平并不是决定知识技术化与否的唯一标准，特别是当技术水平落后于现有技术水平时，还需要与技术产品化决策中的功能寻优相结合，即考察该项技术能否实现产品功能的发展。在技术产品化决策中，企业应当重视研发产品的伦理寻优，需要充分考虑到影响技术创新成果与社会关系的伦理价值规范，动态地认识和评价技术产品化面临的道德危机或道德压力，它是功能寻优和研发效益寻优的前提条件。企业在产品市场化决策中，应当以实物期权寻优为基础，还需要评价产品市场化的机会期权收益，以便合理地确定提前或推迟产品市场化进程。

4）技术自主创新决策应与企业所处创新能力阶段相联系

无论决策的起点还是决策的终点，自主创新决策均与企业的创新能力水平密切相关。企业的创新能力由低到高包括四个能力阶段，即技术学习阶段、技术模仿阶段、模仿创新阶段和自主创新阶段。当技术创新处于较低的能力阶段时，企业需要在技术创新的直接收益（即实际的投资回报）和间接收益（即研发能力学习与提升）之间做好权衡，自主创新决策在一定程度上要兼顾到企业的研发能力，使企业自主创新得以持续地发展与提高。

第 11 章 基于知识创新的高技术企业自主创新投资模型

技术自主创新是我国优化产业结构和转变经济增长方式的重要战略途径。随着技术水平不断提高，我国高技术企业迫切需要进行技术创新方式的升级，即从以技术模仿为主的技术追赶层次向以自主创新为主的技术领跑层次转型。持续而有效的创新投资是高技术企业提升自主创新能力的核心要素之一。但是，我国自主创新投资缺乏持续性且投资规模不足，束缚了高技术企业自主创新能力的提升。2012 年投资额较上年减少 41.6%，出现明显下滑：一方面，许多创新项目因后续投资不足而中途终止，后续投资仅占总投资额的 19.9%，而美国高达 84.3%，自主创新投资缺乏持续而稳定的经费投入；另一方面，我国创新投资重心在技术创新的成长期和成熟期，而种子期和起步期的创新投资只占25.9%[①]，这既反映了我国高技术企业自主创新投资的内在动力不足，也反映了技术原始创新的投资匮乏。如何根据技术自主创新的内在规律激发创新投资的内在动力，如何提高创新投资在提升自主创新能力中的贡献水平，成为众多高技术企业亟待解决的重要问题。

11.1 国内外关于自主创新投资的研究综述

国内外学术界对高技术企业自主创新投资提出了不同的观点和看法。根据投资决策的评价重点不同，有关高技术企业自主创新投资研究概括起来有四类观点，即追求投资利润、柔性创新投资、产权治理关系和知识产权风险。

1）追求投资利润的创新投资

Tyebjee 和 Bruno 通过实证研究最早提出了创新投资评价模型，从市场吸引力

---

① 王元，张晓原，赵明鹏，等. 中国创业风险投资发展报告 2013[M]. 北京：经济管理出版社，2013.

（如市场规模等）、产品独特性（如边际利润等）、管理能力（如财务技能等）、环境威胁抵抗能力（如贸易圈保护等）和兑现能力（如并购潜力）等方面评价投资利润水平[①]。Fried 和 Hisrichz 对 Tyebjee 和 Bruno 的创新投资评价模型进行了修正，增加了对自主创新项目"战略思想"（如成长潜力和经营思想等）的评价，强调了对创新投资收益水平的评估[②]。刘常勇等通过对我国台湾地区创新投资的实证分析，提出从经营计划、产品技术、市场营销、经营机构、投资报酬等方面评价投资利润水平[③]。Liao 和 Rice 以市场参与和转型策略为中介变量，分析了技术创新对企业绩效影响，认为当技术创新对公司的市场地位和产品生产形成影响时，公司绩效是由技术创新与投资所驱动[④]。Upton 等认为，技术创新投资主要根据技术成本、产品消费规模、总贴现净收益、投资回报率等投资评价指标[⑤]。这些观点主要强调投资利润水平是自主创新投资的评估依据，比较关注创新投资的短期经济回报。

2）注重实物期权的柔性投资

Grenadier 和 Weiss 基于完全垄断的创新投资环境，采用期权定价理论分析了企业在技术创新项目上的投资盈利能力及其最优投资策略[⑥]。Kulatilaka 和 Perotti 针对净现值法等现金流现值法的不足，主张运用实物期权来评价技术创新项目的期权收益[⑦]。Carlsson 和 Fullér 针对自主创新存在的模糊环境，运用模糊实物期权和博弈论，构建了技术创新投资的实物期权博弈模型[⑧]。Tseng 等认为，技术创新能力是竞争优势的决定性因素，投资能力可以通过技术创新能力直接影响企业的竞争绩效[⑨]。Büyükbalcı 研究了创新导向的价值链与企业长期绩效之间的关系，认为技术创新在拓展公司资源并创新公司价值等方面发挥了杠

① Tyebjee T T，Bruno A V. A model of venture capitalist investment activity[J]. Management Science，1984，30（9）：1051-1066.

② Fried V H，Hisrichz R D. Toward a model of venture capital investment decision making[J]. Financial Management，1994，23（3）：28-37.

③ 刘常勇，段樵，伍凤仪. 创业投资评估决策程序[J]. 中外科技政策与管理，1996，（12）：64-74.

④ Liao T S，Rice J. Innovation investments，market engagement and financial performance：a study among Australian manufacturing SMEs[J]. Research Policy，2010，39（1）：117-125.

⑤ Upton J，Murphy M，de Boer I J M，et al. Investment appraisal of technology innovations on dairy farm electricity consumption[J]. Journal of Dairy Science，2015，98（2）：898-909.

⑥ Grenadier S R，Weiss A M. Investment in technological innovations：an option pricing approach[J]. Journal of Financial Economics，1997，44（3）：397-416.

⑦ Kulatilaka N，Perotti E C. Strategic growth options[J]. Management Science，1998，44（8）：1021-1031.

⑧ Carlsson C，Fullér R. A fuzzy approach to real option valuation[J]. Fuzzy Sets and Systems，2003，139（2）：297-312.

⑨ Tseng M L，Lin S H，Tuong vy T N. Mediate effect of technology innovation capabilities investment capability and firm performance in Vietnam[J]. Procedia-Social and Behavioral Sciences，2012，40：817-829.

杆效应[①]。Rolik 提出将技术创新的动力参数作为公司技术创新战略的评估要素，以评估公司的技术创新投资吸收力[②]。Zeppini 和 van den Bergh 认为，决策者面临着规模优势和重组创新之间的权衡，通过分析规模报酬递增和分散投资的影响，以获得有关创新投资期权价值的动态行为的解析解[③]。这些研究主要将技术创新投资与企业经营管理的战略及其运营绩效进行有机结合，形成柔性创新投资策略。

3）产权治理关系的创新投资

Gifford 认为，技术创新投资主体可以通过积极干预型和放任自由型等管理模式监控创新投资风险，尤其要监控技术自主创新投资主体的契约风险[④]。Sweeting 和 Wong 认为，技术创新投资主体追求高额利润等投资回报，而高技术企业经营管理团队的目标在于实现个人的货币收入（包括非货币收入）的最大化，其中道德风险是创新投资关注的重要问题[⑤]。杨建君等认为，自主创新投资中的产权治理结构不仅会影响高技术企业的经营行为，同时也会影响技术自主创新绩效。股权集中程度和高层经营团队的激励方式与自主创新投资具有正影响，负债率则会产生负影响[⑥]。这些研究主要从产权治理方面研究了自主创新投资与技术创新管理之间的关系及其对创新投资结构的影响，尤其是对技术自主创新的影响。

4）知识产权风险的创新投资

Lanjouw 和 Schankerman 认为，过于分散的专利权和企业的专利战略行为，容易使高技术企业面临较高的知识产权风险，从而阻碍企业技术创新行为[⑦]。

① Büyükbalcı P. Sustaining firm performance through innovation oriented value investments[J]. Procedia-Social and Behavioral Sciences，2012，41：450-455.

② Rolik Y A. A Complex approach to evaluating the innovation strategy of a company to determine its investment attractiveness[J]. Procedia-Social and Behavioral Sciences，2013，（99）：562-571.

③ Zeppini P，van den Bergh J C J M. Optimal diversity in investments with recombinant innovation[J]. Structural Change and Economic Dynamics，2013，（24）：141-156.

④ Gifford S. On the relationship between the venture capitalist and the entrepreneur[R]. Boston University Unpublished Manuscript，1995.

⑤ Sweeting R C，Wong C F. A UK hand-off venture capital firm and the handling of post-investment investor-investee relationships[J]. Journal of Management Studies，1997，34（1）：125-152；谈毅，冯宗宪. 高新技术风险投资过程中监控模式设计[J]. 中国软科学，2000，（2）：67-69.

⑥ 杨建君，李垣，薛琦. 基于公司治理的企业家技术创新行为特征分析[J]. 中国软科学，2002，（12）：123，124-127；杨勇，达庆利，周勤. 公司治理对企业技术创新投资影响的实证研究[J]. 科学学与科学技术管理，2007，（11）：61-65.

⑦ Lanjouw J O，Schankerman M. Protecting intellectual property rights：are small firms handicapped？[J]. The Journal of Law & Economics，2004，47（1）：45-74.

Horng 等认为，企业的自主创新面临专利侵权和被侵权，并对企业声誉与产品销售产生负面影响[1]。Knott 等基于知识外溢池作用的不对称性，认为在竞争效应的作用下，高知识外溢度的企业技术自主创新投资额更高[2]。Iwaisako 等认为，外商直接投资是由企业的自身定位决定的，加强专利保护可以提高创新投资收益[3]。Gredel 等认为，基于专利投资的基金对专利和专利发明进行创新投资非常关键，强调创新投资组合应关注技术进步和法律进步[4]。Mathew 和 Mukherjee认为，加强专利保护能够激励和增加外商直接投资。这些观点主要强调自主创新专利保护和知识产权风险及其对创新投资产生的不同影响[5]。

国内外学术界关于技术自主创新与创新投资的研究，主要集中于自主创新投资利润水平、柔性创新投资策略、产权治理关系和知识产权风险等方面。这些方面的研究成果对于提高创新投资收益水平具有重要意义，但是忽视了高技术企业自主创新的内在规律和运行机理，尤其是知识创造对技术自主创新的内在作用，容易导致创新投资过分关注显性的技术创新结果，而忽视技术创新投资及其内生性自主创新绩效，不利于高技术企业从根本上培育和增强自主创新能力。技术自主创新是一个厚积薄发的知识集聚过程，因此，围绕高技术企业提升技术自主创新能力，拟从知识创造的角度探讨高技术企业知识创造与创新投资的内在关系，构建基于知识创造的高技术企业自主创新投资模型。

11.2　高技术企业的知识创造与自主创新投资分析

研究表明，高技术企业自主创新成功的可能性包括三个层次：第一层次是自主创新项目实现技术目标的可能性；第二层次是研发产品实现商业化目标的可能性；第三层次是自主创新项目的获利水平达到令企业决策层满意的临界点的可能性[6]。

---

① Horng M S, Chang Y W, Lin Y. Legal liability risk enterprise R&D: the case of high tech industry in Taiwan[J]. The Journal of American Academy of Business, 2006, 9（2）: 99-104.

② Knott A M, Posen H E, Wu B. Spillover asymmetry and why it matters[J]. Management Science, 2009, 55（3）: 373-388.

③ Iwaisako T, Tanaka H, Futagami K. A welfare analysis of global patent protection in a model with endogenous innovation and foreign direct investment[J]. European Economic Review, 2011, 55（8）: 1137-1151.

④ Gredel D, Kramer M, Bend B. Patent-based investment funds as innovation intermediaries for SMEs: in-depth analysis of reciprocal interactions, motives and fallacies[J]. Technovation, 2012, 32（9~10）: 536-549.

⑤ Mathew A J, Mukherjee A. Intellectual property rights, southern innovation and foreign direct investment[J]. International Review of Economics and Finance, 2014, 31: 128-137.

⑥ 谢勒 F M. 技术创新——经济增长的原动力[M]. 姚贤涛，王倩译. 北京：新华出版社，2001.

目前，许多高技术企业在创新投资中评价自主创新项目成功的可能性时侧重于Scherer提及的第二层次和第三层次，如关注短期投资回报、期权收益水平、产权治理关系和知识产权风险等方面，忽视了第一层次实现技术目标的可能性，更没有考虑到实现技术目标的内在机理，即技术自主创新与知识创造的内在关系。这导致了许多高技术企业在创新投资上的短视行为，引致技术自主创新的资金投入规模不足或创新投资缺乏持续性，尤其是对自主创新中核心层次（原始创新）缺乏投资。

高技术企业是以技术自主创新为中心研发高技术，以赢得持续的技术竞争优势。高技术是建立在人类综合科学研究的基础上，处于当代科技前沿的、对发展生产力、促进社会文明和增强国家实力起先导作用的新技术群。高技术企业需要大量的科技开发人员和富有创新精神的经营管理人员，将前沿知识和理论加以综合运用，具有知识高度密集的特点，前沿知识成为企业的关键性生产要素。因此，高技术企业的本质是与时俱进、不断创新，并通过高知识和高智力的创新运用而引领科技发展的时代潮流。所以，注重自主创新中的知识创造，既反映了高技术企业提升自主创新能力的核心所在，也体现了创新型经济以知识为依托的发展趋势。

11.2.1　高技术企业自主创新的知识创造

高技术企业的技术自主创新是企业自主研究和开发全新技术并实现产业化的过程，是学习知识、积累知识和创造知识的知识集聚行为[1]。在自主创新过程中，高技术企业是通过知识创造来完成自主创新所需的知识集聚的，当知识集聚达到一定的水平，高技术企业就实现了知识、技术、产品和市场的综合突破，达成技术自主创新的目的。高技术企业的自主创新就是一种市场导向的知识创造行为，是知识创造达到一定程度且实现价值创造的过程。

高技术企业通过创新投资来创造新知识，以满足技术自主创新对前沿知识的需求。不同于一般的商品生产，高技术企业在自主创新中的知识创造具有非独占性和累积性等特点。其中，非独占性是指在技术自主创新过程中创造的新知识可以同时被多个技术创新项目使用，甚至可以被多个企业同时使用，而不会增加额外的使用成本；累积性是指创新投资生产的新知识具有显著的溢出效应，即随着新知识的集聚规模不断扩大会形成自主创新收益递增效应[2]。因此，知识创造取

---

① 李金生，李晏墅. 高技术企业原始创新风险传递效应模型研究[J]. 中国工业经济，2012，（1）：110-119.

② Romer P M. Endogenous technological change[J]. Journal of Political Economy，1990，98（5）：S71-S102.

决于知识存量和研发人员数量[①]，即

$$\dot{A} = \delta L_A^\lambda A^\varphi \tag{11.1}$$

其中，$\dot{A}$ 为创造的新知识；L_A 和 A 分别为研发人员的数量和知识存量；δ、λ、φ 为常数。在这个知识创造函数中，没有考虑创新投资对知识创造的影响。在此基础上，严成樑等增加了创新投资对知识创造的影响，提出了新的知识创造函数[②]：

$$\dot{A} = \delta R^k L_A^\lambda A^\varphi \tag{11.2}$$

其中，R 为研发经费；k 为常数。这个知识创造函数综合反映了知识存量、研发人员和创新投资与知识创造的关系，但没有考虑到技术自主创新的阶段性及其创造的知识类型。

高技术企业的知识创造不同于一般意义上的科学技术研究，一般意义上的科学研究主要是研究科学理论和开发新技术，较少考虑或不必实现商业化；而高技术企业的知识创新既追求科学和技术上的创新，还要能够在市场上实现其经济价值，知识创造的外延更大，包括科学知识创造、技术知识创造、产品知识创造和经营知识创造等多个方面。因此，高技术企业的自主创新是前沿知识技术化、技术产品化和产品市场化的产物。因此，高技术企业自主创新的知识创造先后经历了三个阶段，即知识技术化阶段（S_1）、技术产品化阶段（S_2）和产品市场化阶段（S_3）[③]。所以，高技术企业自主创新中知识创造总量（$\dot{A}_S$）包含三种阶段的新知识，即技术化新知识（$\dot{A}_T$）、产品化新知识（$\dot{A}_P$）和市场化新知识（$\dot{A}_M$），并且：

$$\dot{A}_S = \dot{A}_T + \dot{A}_P + \dot{A}_M \tag{11.3}$$

在技术自主创新过程中，由于高技术企业的技术化新知识、产品化新知识和市场化新知识是渐次式生成的，因此，根据式（11.2），可以得到技术化新知识（$\dot{A}_T$）、产品化新知识（$\dot{A}_P$）和市场化新知识（$\dot{A}_M$）的函数表达式：

$$\dot{A}_T = \delta_1 R_T^{k_1} L_{AT}^{\lambda_1} A_T^{\varphi_1} \tag{11.4}$$

$$\dot{A}_P = \delta_2 R_P^{k_2} L_{AP}^{\lambda_2} A_P^{\varphi_2} = \delta_2 R_P^{k_2} L_{AP}^{\lambda_2} \left(A_O + \dot{A}_T \right)^{\varphi_2} \tag{11.5}$$

$$\dot{A}_M = \delta_3 R_M^{k_3} L_{AM}^{\lambda_3} A_M^{\varphi_3} = \delta_3 R_M^{k_3} L_{AM}^{\lambda_3} \left(A_O + \dot{A}_T + \dot{A}_P \right)^{\varphi_3} \tag{11.6}$$

在式（11.4）、式（11.5）和式（11.6）中，R_T、R_P 和 R_M 分别为高技术企业在知

① Jones C I. R&D-based models of economic growth[J]. Journal of Political Economy，1995，103（4）：759-784；严成樑，周铭山，龚六堂. 知识生产、创新与研发投资回报[J]. 经济学（季刊），2010，9（3）：1051-1070.

② 严成樑，周铭山，龚六堂. 知识生产、创新与研发投资回报[J]. 经济学（季刊），2010，9（3）：1051-1070.

③ 李金生. 高技术企业自主创新能力的内生演化模型研究[J]. 南京师大学报（社会科学版），2011，（3）：85-95.

识技术化、技术产品化和产品市场化三个阶段的创新投资，L_{AT}、L_{AP} 和 L_{AM} 分别为参与三个阶段新知识创造的研发人员数量，A_T、A_P 和 A_M 分别为这三个阶段新知识创造的知识存量，k_i（$i=1,2,3$）表示各阶段的创新投资对新知识创造的产出弹性。

11.2.2 高技术企业的创新投资与知识产出分析

在假定其他创新要素一定的情况下，高技术企业通过创新投资，研发人员运用原有的知识存量进行知识创造。当技术化新知识（$\dot{A}_T$）、产品化新知识（$\dot{A}_P$）和市场化新知识（$\dot{A}_M$）集聚到一定的水平，就能够使高技术企业依次完成知识技术化、技术产品化和产品市场化，进而实现技术自主创新。在此过程中，连续性创新投资能够对各阶段的知识创造依次发挥作用。

在知识技术化阶段，创新投资对技术化新知识产出量的偏弹性为

$$E_{R_T} = \lim_{\Delta R_T \to 0} \frac{\dfrac{\Delta \dot{A}_T}{\dot{A}_T}}{\dfrac{\Delta R_T}{R_T}} = \frac{R_T}{\dot{A}_T}\frac{\partial \dot{A}_T}{\partial R_T} = \frac{R_T \dfrac{\partial \dot{A}_T}{A_T R_T}}{\dot{A}_T} \qquad (11.7)$$

式（11.7）是创新投资在知识技术化阶段所产生的边际知识产出占新知识产出的比例。对技术化新知识的函数式（11.4）两边取自然对数，得

$$\ln \dot{A}_T = \ln \delta_1 + k_1 \ln R_T + \lambda_1 \ln L_{AT} + \varphi_1 \ln A_T \qquad (11.8)$$

对知识技术化阶段的创新投资（R_T）求偏导，得

$$k_1 = \frac{R_T}{\dot{A}_T}\frac{\partial \dot{A}_T}{\partial R_T} = E_{R_T} \qquad (11.9)$$

其中，k_1 为创新投资 R_T 的新知识产出弹性，代表每增加 1%的 R_T 投入，将有 k_1%的 $\dot{A}_T$ 产出增量。

同理，通过对产品化新知识（$\dot{A}_P$）和市场化新知识（$\dot{A}_M$）的推导，得

$$k_2 = \frac{R_P}{\dot{A}_P}\frac{\partial \dot{A}_P}{\partial R_P} = E_{R_P} \qquad (11.10)$$

$$k_3 = \frac{R_M}{\dot{A}_M}\frac{\partial \dot{A}_M}{\partial R_M} = E_{R_M} \qquad (11.11)$$

其中，k_2 为创新投资 R_P 的新知识产出弹性，代表每增加 1%的 R_P 投入，将有 k_2%的 $\dot{A}_P$ 产出增量；k_3 为创新投资 R_M 的新知识产出弹性，代表每增加 1%的 R_M 投入，将有 k_3%的 $\dot{A}_M$ 产出增量。

11.3　基于知识创造的高技术企业自主创新投资模型

在技术创新过程中，知识是高技术企业的核心生产要素，知识创造及知识收益在高技术企业提升自主创新能力中发挥着决定性作用。知识溢出理论认为，知识是追逐利润的厂商进行投资决策的产物。因此，在提升自主创新能力中，高技术企业的创新投资与知识创造存在着密切的内在联系。

11.3.1　基于知识创造的自主创新风险分析

1）高技术企业自主创新的知识创造效用

在高技术企业的自主创新中，知识创造的效用不同于一般商品生产的效用。对于一般商品生产的效用来说，商品在消费和使用中具有排他性和独占性，即某个消费者获得商品的消费权或使用权后，就把其他消费者和商品生产者排除在获得消费或使用的权益之外。对于技术自主创新的知识创造效用来说，由于知识创造者和知识消费者可以同时使用某类新知识，而且在自主创新过程中高技术企业可以一次或多次重复使用创造的新知识，表现出知识创造的共占性和再利用性。在此基础上，知识创造不仅可以通过自主创新实现新产品或新服务的高附加值（即知识创造的增值性），还可以作为后续知识创造的知识存量，派生出新的知识（即知识创造的派生性）。因此，在技术自主创新过程中，高技术企业在知识创造上的创新投资（R_K）获得的新知识在知识创造、知识消费、知识使用和知识再生等方面具有多重效用，构成了知识创造效用，能够促进企业形成自主创新能力的提升（U_{11}）和技术创新商业化实现的经济收益（U_{12}），即自主创新能力效用（U_1）。高技术企业将新知识在知识产权保护中实现知识寻租（U_2）：一方面通过知识产权保护等方式在市场上获得垄断收益，构成了间接知识租（U_{21}）；另一方面通过专利授权等方式获得相应的经济收益，形成了直接知识租（U_{22}）。因此，高技术企业知识创造效用（U_K）为

$$\begin{aligned} U &= U\left(\dot{A}\right) \\ &= U_1 + U_2 + \xi \\ &= U_{11} + U_{12} + U_{21} + U_{22} + \xi \end{aligned} \tag{11.12}$$

其中，ξ 为知识创造的其他效用。在知识创造的效用中，U_1 构成了高技术企业实

现技术自主创新及其商业化创造的经济效用；U_2构成了在高技术企业之外通过"他创新"来实现知识创造的经济回报。因此，高技术企业知识创造的投资收益具有双重性。

据此提出假设 11.1：高技术企业在自主创新中知识创造投资对知识创造效用具有倍增效应（图 11.1）。

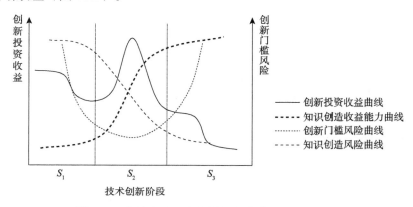

图 11.1 高技术企业自主创新投资曲线的理论假设

2）高技术企业自主创新的知识创造风险

由于高技术企业的知识创造在特定的行业、技术、产品或市场领域中具有较高的前沿性，知识创造的难度决定了知识创造具有较高的不确定性。但是，高技术企业的知识创造风险不同于一般的投资风险：在一般的商业投资中，一旦发生的投资风险事件会造成整个投资项目的损失，因而理论界将投资风险定义为"损失的不确定性"；知识创造风险在高技术企业的知识创造中具有双重性，一方面知识创造中的风险事件会导致创新投资的损失，另一方面知识创造中的风险事件是知识创造的一般方式，即研发人员在知识创造的风险事件中能够验证知识价值、发现新知识或避免更大的创新投资损失。因此，知识创造中的失败是知识学习、知识发现或知识创造的一种途径。因此，在研发人员知识创造能力一定的前提下，高技术企业的知识创造在有足够的资金保证下，知识创造风险在知识创造过程中不断降低（图 11.1）。

据此提出假设 11.2：假定研发人员的知识创造能力不变，高技术企业的知识创造风险在持续的创新投资中呈递减趋势。

3）高技术企业自主创新的知识门槛风险分析

高技术企业的技术自主创新是一个学习知识、积累知识和创造知识的知识集聚过程。尽管高技术企业的自主创新成功获得了自主知识产权，产生了一项新技术、新产品或新服务，但是自主创新并不能完全脱离人类已有的基本科学原理和前沿科研成果，自主创新中的知识创造离不开一定的知识存量（A）。因此，从知识创造的视角来看，高技术企业的自主创新存在一定的知识门槛，进而影响到技术创新的风险评估。

（1）作为一项独立的研发项目，在技术自主创新项目的初期，自主创新实质是一个技术转移的过程，是高技术企业、研发组织和学术研究机构引进新观念、新理论、新设备或新制造流程，乃至与该自主创新项目相关的新数据和新信息被引入自主创新活动之中，作为知识技术化阶段（S_1）主要的存量知识。由于这些存量知识具有较高的公开性和透明度，同类企业同样可以很容易获得同类存量知识，自主创新在知识技术化阶段的知识门槛相对较低，技术创新项目选择的竞争性较高，因此对高技术企业自主创新具有竞争防范功能的知识门槛风险较高。

（2）在技术产品化阶段（S_2），高技术企业对自主创新中产生的新知识增强了保密性，同类竞争企业难以获取或拥有此类前沿知识和信息；同时，高技术企业在自主创新中失败的信息适度向同类企业公布，会使同类企业认识到此类技术创新的难度，从而终止此类技术创新的打算，因此创新风险事件会对企业发挥有效的创新保护作用，形成"创新门槛"。因此，此阶段的知识门槛风险相对较低。

（3）在产品市场化阶段（S_3），高技术企业的自主创新已经申报专利，或者已经公开投放市场，自主创新的新产品或新服务具有较高的透明度。如果自主创新的新产品或新服务具有较好的市场前景，会很容易使同类企业进行创新模仿。因此，此阶段的知识门槛相对较低，知识门槛风险不断升高（图 11.1）。

综合对三个阶段知识门槛风险的分析，据此提出假设 11.3.1、假设 11.3.2、假设 11.3.3：

假设 11.3.1：在知识技术化阶段，高技术企业自主创新的知识门槛风险较高。

假设 11.3.2：在技术产品化阶段，高技术企业自主创新的知识门槛风险相对较低。

假设 11.3.3：在产品市场化阶段，高技术企业自主创新的知识门槛风险较高。

11.3.2　高技术企业创新投资收益的阶段分析

在技术自主创新中，目前我国许多风险投资比较热衷于在自主创新的成长期和成熟期注入资本，在 2012 年这两个阶段的投资项目占到 58.2%，投资金额占到

73.6%[①]。对应于自主创新的知识创造阶段，这两个时期均属于产品市场化阶段。创新投资主体集中在技术自主创新的市场化阶段进行创新投资，其主要原因在于：他们通常认为在产品市场化阶段，技术自主创新的收益风险较低、能够较为清晰地判断出新产品未来的收益能力和盈利水平。这种创新投资观念主要基于投资收益水平，而较少考虑企业的知识创造和自主创新能力。基于知识创造的视角，创新投资进入自主创新的阶段不同，创新投资的风险水平和收益能力具有较大的差异。

1）知识技术化阶段的创新投资收益

在知识技术化阶段，高技术企业在自主创新过程中将前沿知识进行集聚，研究和开发出能够具有一定商业价值的新技术或新工艺，并获得相应的知识产权，自主创新成果能够通过直接或间接的"知识租"获得知识技术化的直接投资收益和间接投资收益。其中，直接投资收益是高技术企业将知识技术化的研发成果（某项新技术或新工艺）进行技术转让，从而获得一定的投资回报；间接投资收益是高技术企业在持续的创新投资中，将知识技术化的研发成果进一步加以技术产品化和产品市场化，从而实现高额的技术创新附加值。与此同时，从知识创造的视角来看，此阶段自主创新由于知识门槛风险较高，导致学习成本较高；并且由于知识技术化的高度确定性，知识创造风险水平也较高。

尽管高技术企业的知识具有倍增效应，但是此阶段创新投资的综合收益水平可以分为两种情况：①若在技术产品化阶段不再追加后续的创新投资，企业仅能获得图 11.1 中在第 S_1 阶段的投资收益（图 11.1）；②若高技术企业开展持续的创新投资，企业可以获得在第 S_2、S_3 阶段的投资收益，实现创新投资综合收益水平的最大化。

据此提出假设 11.4：高技术企业在知识技术化阶段的创新投资收益率呈反 S 形分布，且收益水平相对偏低。

2）技术产品化阶段的创新投资收益

在技术产品化阶段，高技术企业在自主创新过程中将某些新技术或新工艺研发成具有一定商业价值的新产品或新服务，并获得相应的知识产权，自主创新成果通过直接或间接的"知识租"而获得技术产品化的直接投资收益和间接投资收益。其中，此阶段自主创新成果的直接投资收益是将新产品或新服务直接转让而获得相应的投资回报，间接投资收益是将新产品或新服务进一步加以商业化而获得高技术产品（或服务）最终高额的投资收益。与第 S_1 阶段的知识创造效用相比，本阶段的知识创造的边际效用和总效用均呈快速递增趋势，而知识门槛风险

---

① 王元，张晓原，赵明鹏，等. 中国创业风险投资发展报告 2013[M]. 北京：经济管理出版社，2013.

和知识创造风险均处于递减趋势，并且由于研发的新技术或新服务处于显性状态，其研发和市场的不确定性相对较低。

因此，此阶段创新投资的综合收益水平存在三种状况：①若不再进行后续的产品市场化阶段的创新投资，高技术企业可以在新产品或新服务转让中获得较第 S_1 阶段更高的投资回报，即图 11.1 中在第 S_2 阶段的投资收益；②若高技术企业持续追加创新投资，可以获得自主创新第 S_1、S_2、S_3 阶段的整体投资收益；③若高技术企业没有在第 S_1 阶段进行创新投资，仅在第 S_2、S_3 阶段进行创新投资，创新投资收益率最高。

据此提出假设 11.5：高技术企业在技术产品化阶段的创新投资收益呈倒 U 形分布，且创新投资收益率实现最大化。

3）产品市场化阶段的创新投资收益

在产品市场化阶段，高技术企业在自主创新过程中对新产品或新服务进行商业化，实现自主创新的市场价值。如果未在第 S_1 或 S_2 阶段进行创新投资，而仅在第 S_3 阶段进行创新投资，高技术企业在此阶段的创新投资不能获得自主知识产权，而是通过知识产权的交易获得新产品或新服务的所有权或经营权。尽管此阶段知识创造的效用具有倍增效应，但是由于技术入股或知识产权交易，使自主创新高额的增值收益与自主知识产权主体所共占，而创新投资的收益大大降低。同时，此阶段知识门槛风险较高，知识创造的风险较低，降低了产品市场化的难度和不确定性，使此阶段的创新投资收益率较第 S_1、S_2 阶段的创新投资显著降低。

据此提出假设 11.6：高技术企业在产品市场化阶段的创新投资收益率呈边际递减趋势，创新投资收益水平较低。

11.4　高技术企业自主创新投资模型的实证分析

11.4.1　实证研究的调查设计

1）研究样本

为了验证高技术企业创新投资模型的科学性和合理性，需要对国内外有关技术创新投资量表加以借鉴，并根据我国高技术企业知识创造的特点和本章的研究内容适当加以调整，编制利克特量表，对江苏、浙江、安徽、上海等华东地区的高技术企业的技术创新投资情况进行问卷调查。该项调查的内容涉及技术创新投资、创新风险、知识创造、创新投资收益等五个方面，共发放调查问卷 300 份，回收有效调查问卷 282 份。

调查样本企业的技术创新领域涉及电子信息技术（样本占 15.65%）、现代医药技术（样本占 16.78%）、新材料（样本占 22.13%）、高技术服务（样本占 18.47%）、高新技术改造传统产业（样本占 24.85%）和其他技术（样本占 2.12%）；在被调查对象的职务层次上，企业高层领导占 14.13%，研发项目经理占 35.87%，基层研发管理人员占 23.19%，骨干研发人员占 26.81%。

2）调查量表的可靠性分析

为了较为全面地分析和测试调查量表的信度和效度，调查量表针对 16 个变量共 154 个调查题项，预先调查了 57 个样本，运用统计分析软件 SPSS 17.0 中的可靠性分析技术对调查量表的信度和效度进行测试。

（1）调查量表的信度分析。根据可靠性分析结果，总量表的 Cronbach's α 系数模型的 Cronbach's α 系数和拆半系数模型的 Guttman Split-half 系数分别为 0.951 和 0.888，总量表的信度较为理想。各个假设中的自变量和因变量的题项数、Cronbach's α 系数和 Guttman Split-half 系数见本章附表。在附表中，各个假设的自变量和因变量的 Cronbach's α 系数在 0.70 以上，它们的 Guttman Split-half 系数在 0.65 以上。这些分析结果反映了有关高技术企业自主创新投资的调查量表具有良好的信度，在样本调查中具有较高的稳定性和一致性。

（2）调查量表的效度分析。在调查量表的设计中，调查题项来源于有关企业技术创新、创新投资、创新风险和知识创造等方面的文献综述，并根据自主创新投资和知识创造等理论进行适当地调整，同时还征集和听取了 27 名从事创新管理研究的专家和学者以及从事自主创新实践的研发人员的意见，在各个变量的"校正的项总计相关性"达到 0.4 以上；运用 SPSS 17.0 软件进行了因子分析进行探索性检验，同时运用 Amos 结构方程模型进行验证性检验（检验结果见假设11.1~假设 11.6 的实证分析），保证了调查量表的内容效度和结构效度，提高调查结果的客观性和真实性。

11.4.2 假设 11.1 的实证分析

在假设 11.1 中，"知识创造投资"（R）和"知识创造效用"（U）是反映高技术企业自主创新过程中知识创造关系的自变量和因变量。通过对调查样本的各个题项运用统计分析软件 SPSS 17.0 和结构方程模型 Amos 分别进行因子分析和测量模型分析（表 11.1 和表 11.2）。在因子分析中，Bartlett 的球形度检验的 Sig.值为 0.000，小于显著性水平 0.05，说明该各题项变量非单位矩阵；自变量和因变量的 KMO 值分别为 0.827 和 0.802，说明样本数据适合进行因子分析。

表 11.1　各假设的因子分析的 KMO 和 Bartlett 的检验

假设	自变量				因变量			
	KMO	Bartlett 的球形度检验			KMO	Bartlett 的球形度检验		
		近似卡方	df	Sig.		近似卡方	df	Sig.
假设 11.1	0.827	801.653	45	0.000	0.802	671.704	36	0.000
假设 11.2	0.849	735.813	36	0.000	0.855	769.480	45	0.000
假设 11.3.1	0.711	458.727	28	0.000	0.760	462.931	36	0.000
假设 11.3.2	0.850	580.614	36	0.000	0.772	598.268	36	0.000
假设 11.3.3	0.812	615.041	36	0.000	0.841	572.023	36	0.000
假设 11.4	0.852	1 061.608	78	0.000	0.855	1 323.428	78	0.000
假设 11.5	0.852	1 061.608	78	0.000	0.840	1 756.107	153	0.000
假设 11.6	0.793	590.922	28	0.000	0.717	368.710	21	0.000

表 11.2　各假设的 Amos 测量模型分析

假设	CMIN	P	CMIN/DF	RMSEA	GFI	AGFI	PGFI	$F_{因变量}\leftarrow F_{自变量}$ Regression Weights		
								Estimate	C.R.	P
假设 11.1	351.305	0.00	2.311	0.080	0.818	0.772	0.654	0.967	3.660	***
假设 11.2	362.671	0.00	2.146	0.065	0.867	0.835	0.698	0.709	3.503	***
假设 11.3.1	281.898	0.00	2.389	0.074	0.868	0.829	0.670	0.721	4.416	***
假设 11.3.2	279.973	0.00	2.089	0.066	0.874	0.839	0.685	0.763	5.032	***
假设 11.3.3	283.646	0.00	2.117	0.067	0.872	0.837	0.684	1.328	3.957	***
假设 11.4	633.316	0.00	2.215	0.067	0.803	0.768	0.682	0.839	3.555	***
假设 11.5	798.466	0.00	2.102	0.065	0.811	0.761	0.691	0.796	3.876	***
假设 11.6	579.675	0.00	2.309	0.068	0.804	0.766	0.673	0.895	3.819	***

***表示临界值为3.66时的概率小于0.001

在测量模型分析中，卡方自由度比（CMIN/DF）为 2.311，介于 1~3，表示假设模型与样本数据的契合度可以接受；渐进残差均方和平方根（RMSEA）为 0.080，说明模型良好，有合理适配；调整后适配度指数（AGFI）在 0.76 以上，反映了知识创造投资和知识创造效用的模型关系具有良好的适配度。

为了进一步验证知识创造投资因子与知识创造效用之间的关系，采用 Power（幂函数）模型进行非线性回归分析。根据方差分析（ANOVA）结果，回归分析的 F 值为288.404，Sig.值为 0.000，说明回归分析通过了显著性检验；回归方程的 R^2 值为 0.605，调整 R^2 为 0.603，反映了回归方程具有较好的拟合优度。非线性回归方程的常数和知识创造投资的未标准化系数分别 3.493 和 0.592，它们对应的 Sig.值均为 0.000，均通过显著性检验。因此得到：

$$U_K = 3.493 \times R_K^{0.592} \qquad (11.13)$$

根据式（11.13）的分析结果可以看出，由于 0.592 > 0，图形开口向右，U_K 随着 R_K 增大而增大；同时由于 3.493 > 1，图形不经过原点；当 $R_K \in [0, +\infty)$ 时，U_K 是增函数，并在纵轴有正截距，U_K 会随着 R_K 的增大呈现快速增长，具有显著的倍增效应，进而说明在技术自主创新中，高技术企业的知识创造投资对知识创造所取得的有关自主创新的综合效用具有明显的倍增效应。因此，这说明了假设 11.1 的合理性。

11.4.3 假设 11.2 的实证分析

在假设 11.2 中，"持续的创新投资"（R_C）和"知识创造风险"（r_P）是反映高技术企业在知识创造过程中风险变化的自变量和因变量。通过对样本中反映持续的创新投资（R_C）和知识创造风险（r_P）的进行因子分析和测量模型分析（表 11.1 和表 11.2）。在统计分析软件 SPSS 17.0 的因子分析中，持续的创新投资因子和知识创造风险因子的 Bartlett 的球形度检验的 Sig.值均为 0.000，小于显著性水平 0.05，说明符合进行因子分析的条件；它们的 KMO 度量值分别为 0.849 和 0.855，均比较接近于 0.9，均说明这两个变量适合进行因子分析。

在测量模型分析中，自变量和因变量构建的模型的卡方自由度比（CMIN/DF）为 2.146，介于 1～3，表示自变量"持续的创新投资"与因变量"知识创造风险"的假设模型与样本数据的契合度可以接受；同时，该假设模型的渐进残差均方和平方根（RMSEA）为 0.065，介于 0.05～0.08，说明两个变量构成的假设模型良好，具有合理适配度；调整后适配度指数（AGFI）为 0.835；这些检验结果均充分说明了持续的创新投资与知识创造风险之间的假设模型具有良好的适配度。

在假设 11.2 中，持续的创新投资和知识创造风险之间呈递减关系，非线性回归中的倒数曲线模型符合假设 11.2 中两个变量之间的关系。因此，运用统计分析软件 SPSS 17.0 中的倒数曲线模型对 R_C 和 r_P 进行非线性回归分析。根据方差分析（ANOVA）结果显示，回归分析的 F 值为 238.822，Sig.值为 0.000，说明该倒数曲线模型的回归分析通过了显著性检验；同时，回归方程的 R^2 值为 0.547，调整 R^2 为 0.543，反映了回归方程拟合度较好。非线性回归方程的常数和持续的创新投资的未标准化系数分别 38.893 和 -12.694，它们对应的 Sig.值均为 0.000，均通过显著性检验。由此得到

$$r_P = -12.694 + 38.893/R_C \tag{11.14}$$

由此可见，随着持续的创新投资 R_C 不断增加，知识创造风险 r_P 会不断降低，说明高技术企业的知识创造风险在持续的创新投资中呈递减趋势，反映假设 11.2 是合理的。

11.4.4　假设 11.3 的实证分析

假设 11.3 反映了高技术企业在知识技术化、技术产品化和产品市场化三个阶段的存量知识获取可能性（p_i）与技术创新竞争风险（IR_i）之间的关系。运用因子分析和测量模型构建两个变量之间的假设模型，并运用曲线拟合模型进行变量之间的回归分析。

（1）在知识技术化阶段，存量知识获取可能性（p_1）与技术创新竞争风险（IR_1）的 Bartlett 的球形度检验的 Sig.值均为 0.000，小于显著性水平 0.05；同时这两个变量的 KMO 度量值分别为 0.711 和 0.760，说明这两个变量的题项可以进行因子分析。在变量之间的假设模型的构建中，它们的卡方自由度比（CMIN/DF）为 2.389，介于 1～3；渐进残差均方和平方根（RMSEA）为 0.074，介于 0.05～0.08；调整后适配度指数（AGFI）为 0.829（表 11.1 和表 11.2）。这些检验结果说明 p_1 与 IR_1 之间的假设模型具有良好的适配度。

根据 p_1 与 IR_1 的散点分析特征，运用倒数模型对两个变量进行非线性回归分析。在回归分析中，回归分析模型及未标准化系数的 Sig.值为 0.000，小于显著性水平 0.05，说明该回归分析模型及未标准化系数均通过显著性检验；同时回归分析模型的 R^2 和调整后的 R^2 分别为 0.523 和 0.521，说明该回归模型具有较高的拟合优度。因此，可以获得 p_1 与 IR_1 的倒数模型：

$$IR_1 = -38.542 + 246.36/p_1 \tag{11.15}$$

由于常数项小于 0，246.36 大于 0，因此该曲线呈反 J 形分布，IR_1 随 p_1 的增加而递减，说明了此阶段因存量知识获取可能性较高，技术创新竞争风险较大，导致具有竞争保护功能的知识门槛风险较高。

（2）在技术产品化阶段，存量知识获取可能性（p_2）与技术创新竞争风险（IR_2）的 Bartlett 的球形度检验的 Sig.值均为 0.000，小于显著性水平 0.05；同时这两个变量的 KMO 度量值分别为 0.850 和 0.772，说明这两个变量的题项可以进行因子分析。在变量之间的假设模型的构建中，它们的卡方自由度比（CMIN/DF）为 2.089，介于 1~3；渐进残差均方和平方根（RMSEA）为 0.066，介于 0.05~0.08；调整后适配度指数（AGFI）为 0.839（表 11.1 和表 11.2）。这些检验结果说明 p_2 与 IR_2 之间的假设模型具有良好的适配度。

根据 p_2 与 IR_2 的散点分析特征，运用二次曲线模型对两个变量进行非线性回归分析。在回归分析中，回归分析模型的 Sig.值为 0.000，小于显著性水平 0.05，说明该回归分析模型通过显著性检验；同时回归分析模型的 R^2 和调整后的 R^2 分别为 0.519 和 0.513，说明该回归模型具有较高的拟合优度。在模型未标准化系数的检验中，常数（2.791）的 Sig.值为 0.640，大于 0.05，未通过显著性检验；模型的一次项系数（−1.640）和二次项系数（0.020）的 Sig.值分别为 0.001 和 0.027，均小于显著性水平 0.05，通过显著性检验。因此可以获得 p_2 与 IR_2 的二次曲线模型：

$$IR_2 = -1.640p_2 + 0.020p_2^2 \qquad (11.16)$$

由于一次项系数小于 0，二次项系数大于 0，因此该曲线是开口向上的抛物线分布，说明此阶段因存量知识获取可能性较小，技术创新竞争风险降低，导致具有竞争保护功能的知识门槛风险较小。

（3）在产品市场化阶段，存量知识获取可能性（p_3）与技术创新竞争风险（IR_3）的 Bartlett 的球形度检验的 Sig.值均为 0.000，小于显著性水平 0.05；同时这两个变量的 KMO 度量值分别为 0.812 和 0.841，说明这两个变量的题项可以进行因子分析。在变量之间的假设模型的构建中，它们的卡方自由度比（CMIN/DF）为 2.117，介于 1～3；渐进残差均方和平方根（RMSEA）为 0.067，介于 0.05～0.08；调整后适配度指数（AGFI）为 0.837。这些检验结果说明 p_3 与 IR_3 之间的假设模型具有良好的适配度。

根据 p_3 与 IR_3 的散点分析特征，运用增长曲线模型对两个变量进行非线性回归分析。在回归分析中，回归分析模型的 Sig.值为 0.000，小于显著性水平 0.05，说明该回归分析模型通过显著性检验；同时回归分析模型的 R^2 和调整后的 R^2 分别为 0.672 和 0.671，说明该回归模型具有较高的拟合优度。在模型未标准化系数的检验中，常数项（2.430）和自变量系数（0.031）的 Sig.值为 0.000，均小于显著性水平 0.05，通过显著性检验。因此可以获得 p_3 与 IR_3 的增长曲线模型：

$$IR_3 = e^{2.430+0.031p_3} \qquad (11.17)$$

根据该增长曲线模型的未标准化系数值，此曲线呈 J 形分布，说明此阶段因存量知识获取可能性较大，技术创新竞争风险增大，导致具有竞争保护功能的知识门槛风险较大。

综合这三个阶段的分析结果可以看出，高技术企业在技术自主创新过程中知识存量获取的可能性和技术创新竞争风险呈现"两头高、中间低"的分布特点，所以高技术企业自主创新的知识门槛风险呈 U 形分布，说明了假设 11.3 是合理性。但是，需要指出的是，这三个阶段的知识门槛风险在三个阶段之间存在突变性，并不是一条连续性曲线，第二阶段的 U 形出现下沉。这说明假设 11.3 在图 11.1 中的曲线需要进行修改（图 11.2 ）。

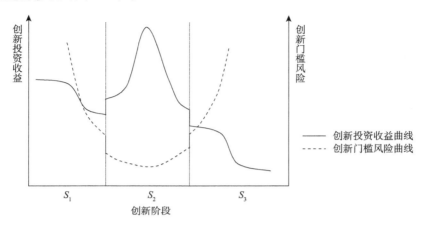

图 11.2　验证后的高技术企业自主创新投资曲线

11.4.5　假设 11.4、假设 11.5 和假设 11.6 的实证分析

假设 11.4、假设 11.5 和假设 11.6 反映了高技术企业在三个知识创造阶段的创新投资（R_i）与创新投资收益（I_i）之间的变化关系。这里先对这三个阶段的自变量和应变量分别进行因子分析，再分别构建变量的假设模型，对样本的分析因子进行形成性和验证性分析，以检验变量之间假设模型的合理性。通过分析得到，高技术企业在这三个阶段的 R_i 与 I_i 的 Bartlett 的球形度检验的 Sig.值均为 0.000，小于显著性水平 0.05，同时这些变量的 KMO 度量值均大于 0.710，说明这些变量的题项在实际分析样本中的因子分析通过了显著性检验。在变量之间的假设模型的适配度检验中，它们的卡方自由度比（CMIN/DF）范围为 2.000～2.310，介于 1～3；渐进残差均方和平方根（RMSEA）处于 0.050～0.072 变动区间，介于 0.05～0.08；调整后适配度指数（AGFI）均达到0.760以上（表11.1和表11.2）。这些检验结果说明 R_i 与 I_i 之间的假设模型具有良好的适配度。在此基础上，这里对假设 11.4、假设 11.5 和假设 11.6 中的创新投资收益水平进行回归分析。

1）假设 11.4 的实证分析

在假设 11.4 中，高技术企业在知识技术化阶段的创新投资（R_1）与创新投资收益（I_1）之间呈现反 S 形分布。根据 R_1 与 I_1 的散点分布特征，采用三次曲线模型进行非线性回归分析。在回归分析中，回归模型的 Sig.值为 0.000，小于显著性 0.05，说明 R_1 与 I_1 的三次曲线模型通过显著性检验；回归模型的 R^2 和调整后的 R^2 分别为 0.663 和 0.657，说明回归分析具有良好的拟合优度。R_1 与 I_1 三次曲线模型的常数项（21.632）、二次项系数（−15.971）和三次项系数（3.356）的 Sig.值分别为 0.000、0.021 和 0.013，均小于显著性水平 0.05，通过显著性检验；而一次项系数（13.391）的 Sig.值为 0.233，大于显著性水平 0.05，未通过显著性检验。因此，R_1 与 I_1 三次曲线模型的表达式为

$$I_1 = 21.632 - 15.971R_1^2 + 3.356R_1^3 \tag{11.18}$$

模型中，三次项系数、Δ 均大于 0，该模型呈反 S 形分布，R_1 呈递减趋势。这说明了假设 11.4 的合理性。

2）假设 11.5 的实证分析

在假设 11.5 中，高技术企业在技术产品化阶段的创新投资（R_2）与创新投资收益（I_2）之间呈倒 U 形分布。根据 R_2 与 I_2 的散点分布特征，这里同样采用三次曲线模型进行非线性回归分析。在回归分析中，回归模型的 Sig.值为 0.000，小于显著性 0.05，说明 R_2 与 I_2 的三次曲线模型通过显著性检验；回归模型的 R^2 和调整后的 R^2 分别为 0.644 和 0.638，说明回归分析具有良好的拟合优度。

R_2 与 I_2 三次曲线模型的常数项（75.834）、一次项系数（−21.024）、二次项系数（3.835）和三次项系数（−0.185）的 Sig.值分别为 0.000、0.006、0.001 和 0.000，均小于显著性水平 0.05，均通过显著性检验。因此，R_2 与 I_2 三次曲线模型的表达式为

$$I_2 = 75.834 - 21.024R_2 + 3.835R_2^2 - 0.185R_2^3 \tag{11.19}$$

模型中，三次项系数小于 0，Δ 大于 0，该模型呈开口向下的倒 U 形分布，R_1 呈递减趋势。同时，与假设 11.4 和假设 11.6 的三次曲线模型相比，本阶段的创新投资收益水平均高于其他两个阶段的创新投资收益水平，这说明了假设 11.5 的合理性。

3）假设 11.6 的实证分析

在假设 11.6 中，高技术企业在产品市场化阶段的创新投资（R_3）与创新投资收益（I_3）之间呈边际递减趋势。根据 R_3 与 I_3 的散点分布特征，这里同样采用三次曲线模型进行非线性回归分析。在回归分析中，回归模型的 Sig.值为 0.000，小于显著性 0.05，说明 R_3 与 I_3 的三次曲线模型通过显著性检验；回归模型的 R^2 和调整后的 R^2 分别为 0.612 和 0.607，说明回归分析具有良好的拟合优度。

R_3 与 I_3 三次曲线模型的常数项（2.960）和一次项系数（−1.558）的 Sig.值分别为 0.125 和 0.766，均大于显著性水平 0.05，未通过显著性检验；模型的二次项系数（9.565）和三次项系数（−4.189）的 Sig.值分别为 0.036 和 0.001，均小于显著性水平 0.05，均通过显著性检验。因此，R_3 与 I_3 三次曲线模型的表达式为

$$I_3 = 9.565R_3^2 - 4.189R_3^3 \tag{11.20}$$

模型中，三次项系数小于 0，Δ 大于 0，该模型是开口向下的抛物线分布，R_3

先呈边际递增，再呈递减趋势。这说明了假设 11.6 仅仅反映了此阶段创新投资部分情况；同时与知识技术化阶段的三次曲线回归模型相比，此阶段的回归模型明显偏低，反映了此阶段的创新投资收益水平较低，说明假设 11.6 中关于"高技术企业在产品市场化阶段的创新投资收益水平较低"的假设是合理的。因此，假设 11.6 需修改为"高技术企业在产品市场化阶段的创新投资收益率呈倒 U 形分布，创新投资收益水平较低"（图 11.2）。

综合假设 11.4、假设 11.5 和假设 11.6 的实证分析结果，高技术企业的创新投资（R_i）与创新投资收益（I_i）之间在三个阶段之间并非是连续的平滑曲线，在技术创新阶段之间存在创新投资收益水平的突变或跳跃，而在理论假设中并没有反映这一特点，因此需要将假设 11.4、假设 11.5 和假设 11.6 的分布曲线进行修正（图 11.2）。

11.5　管　理　启　示

高技术企业的自主创新是一种以市场为导向的知识创造行为，也是一种在知识创造中追求和实现技术创新价值的过程。从培育和提升自主创新能力的角度来看，自主创新投资不能仅仅考虑自主创新的经济收益或知识产权保护等现实利益问题，而应关注自主创新的本源——知识创造，以真正有效地促进自主创新能力的提升。从知识创造的视角，高技术企业的创新投资对自主创新的综合效用具有明显的倍增效应，知识创造风险在持续的创新投资中呈递减趋势；高技术企业自主创新的知识门槛风险呈 U 形分布，并且这种 U 形分布在不同阶段之间的演进中可能出现突变；高技术企业在技术产品化阶段的创新投资收益呈倒 U 形分布，且创新投资收益率实现最大化；在知识技术化阶段的创新投资收益率呈反 S 形分布，且收益水平相对偏低；在产品市场化阶段的创新投资收益率呈边际递减趋势，创新投资收益水平较低。这些关于高技术企业自主创新投资风险与创新投资收益等方面的基本趋势，构成了基于知识创造的高技术企业自主创新投资模型。

基于上述理论分析和实证研究的结果，这里对基于知识创造的高技术企业自主创新投资模型的运用，对高技术企业的自主创新投资乃至技术创新管理提出以下几个方面的建议。

1）高技术企业的自主创新投资应确立"知识创造观"

在传统观念中，创新投资是通过投资新产品来获得高额利润。这种创新投资观念只是看到自主创新投资的外在形式，而没有看到自主创新投资的内在机理。

在发展创新型经济中，高技术企业的自主创新是以知识和人才为依托，实现生产新知识、研究新技术、开发新产品和创造新价值的综合过程。在这一过程中，生产新知识是自主创新的根本，研究新技术是自主创新的核心，开发新产品和创造新价值是自主创新的商业化。因此，高技术企业的创新投资应从根本入手，关注自主创新过程中的知识创造，将创新投资作为自主创新过程中各阶段知识创造的资金支持，从根本上培育和提升自主创新能力，从而确立创新投资的"知识创造观"，形成"资本追逐知本"的创新投资新模式。

2）高技术企业应综合开发和利用知识创造效用

知识创造不同于一般商品生产，在消费和使用中不具有排他性和独占性；自主创新过程中生产的新知识也不同于传统认识上的书本知识，不是脱离商业实践的抽象理论。在自主创新过程中，高技术企业生产的新知识不仅具有共占性和再利用性，而且是商业化的产物，并追求和实现商业化。因此，高技术企业在创新投资中应注重综合开发和利用知识创造效用，对知识学习、知识创造、知识消费、知识使用和知识再生进行全程化、闭环式管理，既在知识创造中实现企业自主创新能力的提升，也要通过"知识租"来获取直接或间接的经济回报，使知识创造融于企业价值链。

3）高技术企业应权变地测度创新投资中的知识风险

创新投资的风险很大程度上来源于自主创新中信息不对称，尤其是对知识创造风险和知识门槛风险的认知。在自主创新过程中，知识创造风险随持续的创新投资而呈递减性；知识创造的风险事件可能不会造成创新损失，反而形成"创新保护"；等等。高技术企业的创新投资应权变地测度创新投资中的知识风险，结合知识创造效用的综合开发与利用，不仅要审慎监控自主创新中的知识创造风险，更要善于将知识创造风险转化为知识创造收益，从而提高创新投资的风险管控能力。

4）高技术企业应确立创新投资的"阶段前移策略"

许多风险投资主体热衷于自主创新的产品市场化阶段（即自主创新的成长期和成熟期）资本投入，而忽视技术产品化和知识技术化阶段。根据基于知识创造的高技术企业创新投资收益曲线，高技术企业在技术产品化阶段（即第 S_2 阶段）的创新投资能够获得高额的投资收益，在知识技术化阶段（即第 S_1 阶段）的创新投资能够获得持久的投资收益。无论是规避创新投资风险，还是追求高额的创新投资利润，高技术企业在创新投资中应采取"阶段前移策略"，即创新投资重心从第 S_3 阶段前移到第 S_2 阶段，最终前移到第 S_1 阶段（即自主创新的种子期和起步期），实现创新投资的战略转型。

附表　调查量表的信度检验结果

	变量	题项	Cronbach's α	Guttman Split-half
假设 11.1	知识创造投资（R）	公司从外部客户处学习到的产品制造、设计知识可以很容易应用于工作中 公司很清楚自己要获取什么技术知识 公司能准确评估外部的技术知识的价值 公司在接受外部技术知识时投入了充足的人力资源 公司在接受外部技术知识时配备了充足的设备 公司在接受外部技术知识时投入了充足的资金 公司在接受外部技术知识时参与人员投入了充足的时间 公司经常进行市场调查研究，以了解顾客需要 公司创造了一个工作环境，适合员工通过示范和实践等方法来学习，理解专家经验和技能 公司提供了不同的工具和技术来促进知识共享	0.854	0.872
	知识创造效用（U）	公司能不断改变市场业务，能顺应市场和消费者的变化 公司能根据自身情况对获取的知识进行适应性改进并加以运用 公司获取知识后，改进了现有技术水平和进行新产品研发的能力 公司拥有的独特技术或专利的数量与其他企业基本相同 公司的技术水平、科研能力等能领先于其他企业 公司与合作企业增进了业务联系 公司与合作企业处于同一行业促进了知识转移 我能够在公司学会研究工作所需的相关知识 公司要通过长期经验积累才能适应科研工作要求	0.771	0.638
假设 11.2	持续的创新投资（R_C）	完成科研工作需要员工之间的经常性沟通与协作 对新招募的员工开展短期培训就能迅速掌握工作相关知识 我经常参加公司内部的知识共享活动 公司多年来一直坚持让员工学习和接受外部知识 我通常需要花费很多时间和同事分享工作业务知识 公司多年来一直给予员工的知识学习和共享提供资金支持 公司多年来定期去院校和科研机构收集技术信息 公司多年来定期对其他企业的产品或技术进行详细分析 大多数员工有很好的教育或培训背景，能具备熟练的技能	0.829	0.659
	知识创造风险（r_p）	公司在认识到技术、市场变化后，能较快地分析解释变化的原因和趋势 公司能适应其他技术、跟上行业技术更新速度 公司能迅速辨识技术、市场的变动 公司对获取的知识进行应用时不会受到阻力 公司获取的某种知识涉及多个知识领域或知识类型 公司获取某种知识或技术更新速度非常快 公司获取的大多是专业化程度较高的技术或知识 公司与合作企业一直保持良好的合作关系 公司产品制造/设计知识非常复杂，员工无法掌握知识体系	0.808	0.758
假设 11.3.1	存量知识获取可能性（p_1）	公司多年来定期去院校和科研机构收集技术信息 公司经常进行市场调查研究，以了解顾客需要 公司员工的专业背景与其所从事的业务相差很远 公司强调以书面规则和程度来整合知识 公司的知识传递是通过既定规则制定的 公司在获取知识后，能够理解知识如何处理和使用 公司通过员工在企业内外的"走动"学习发现新知识和市场机会	0.753	0.827

	变量	题项	Cronbach's α	Guttman Split-half
假设 11.3.1	技术创新竞争风险（IR_1）	公司获取知识后，改进了现有技术水平和进行新产品研发的能力 公司从外部客户处学习到的产品制造、设计知识可以很容易应用于工作中 员工与客户技术代表在专业领域的交流上存在很大障碍 公司拥有自主创新所需的社会网络关系和基础性知识 公司员工与他人合作的意愿随着培训和工作轮换而增加 公司在认识到技术、市场变化后，能较快地分析解释变化的原因和趋势 公司通过整理原有知识并开发新知识来适应环境变化 公司是本行业中自主开发、引进新工艺的企业 公司获取某种知识或技术更新速度非常快	0.811	0.834
假设 11.3.2	存量知识获取可能性（p_2）	公司要通过长期经验积累才能适应科研工作要求 公司在接受外部技术知识时，没有配备专门的技术人员处理或筛选相关的技术知识 从公司中分享的知识主要是书面知识，包括来自报纸、期刊、专业书、手册、网站、说明书、设计蓝图等 只有极少数员工具有与现从事工作相关的高级技术职称 公司产品需要多方人员共同合作才能完成 公司制定了一套共同分享的制度与理念，并获得员工认同 从公司中分享的知识属于个人私有的技能、经验、体会和工作诀窍 公司成员间了解彼此的专长领域 公司在接受外部技术知识时，没有配备专门的技术人员处理或筛选相关的技术知识	0.853	0.781
	技术创新竞争风险（IR_2）	公司比较了解主要竞争对手的技术发展情况 公司能适应其他技术、跟上行业技术更新速度 公司能迅速辨识技术、市场的变动 公司的产品开发与功能设计技术能力较强 公司愿意进行技术创新投资，但缺乏研发人才 公司愿意进行技术创新投资，但没有相关的技术准备 公司在进行技术创新投资，但对生产工艺改进没把握 公司在进行技术创新投资，但对生产能力没把握 公司的产品开发与功能设计技术能力较强	0.808	0.811
假设 11.3.3	存量知识获取可能性（p_3）	公司经常进行市场调查研究，以了解顾客需要 公司能准确评估外部的技术知识的价值 公司多年来定期对其他企业的产品或技术进行详细分析 公司在认识到技术、市场变化后，能较快地分析解释变化的原因和趋势 公司整理并保存有关客户经营目标的书面材料 公司整理客户销售、研发和市场竞争地位等资料 公司制定了一系列处理客户常规订单的工作章程 公司比较了解主要竞争对手的技术发展情况 公司制定了一套共同分享的制度与理念，并获得员工认同	0.825	0.732
	技术创新竞争风险（IR_3）	员工与客户技术代表在专业领域的交流上存在很大障碍 公司在进行技术创新投资，但对新产品的市场前景没把握 公司在进行技术创新投资，但对获得市场竞争优势没把握 公司在进行技术创新投资，但对顾客接受时间没把握 公司在进行技术创新投资，但对社会公众影响程度没把握 公司经常开发一些被市场接受的新产品或服务 公司绝大多数的利润是来自新开发的产品或服务 公司新产品成功上市或新技术广泛被应用的机会很高 公司的新产品或新技术在市场上创造出许多商机	0.809	0.831

续表

	变量	题项	Cronbach's α	Guttman Split-half
假设 11.4	创新投资（R_1）	公司在接受外部技术知识时投入了充足的人力资源 公司在接受外部技术知识时投入了充足的资金 公司在接受外部技术知识时参与人员投入了充足的时间 公司提供了不同的工具和技术来促进知识共享 公司要通过长期经验积累才能适应科研工作要求 公司多年来一直坚持让员工学习和接受外部知识 公司多年来一直给予员工的知识学习和共享提供资金支持 公司多年来定期去院校和科研机构收集技术信息 公司多年来定期对其他企业的产品或技术进行详细分析 公司不惜代价聘用核心技术人才 在招聘中，公司更看重应聘者的创新思维和能力 公司的研发投入呈递增趋势	0.861	0.902
	创新投资收益（I_1）	公司能根据自身情况对获取的知识进行适应性改进并加以运用 公司拥有的独特技术或专利的数量与其他企业基本相同 公司的技术水平、科研能力等能领先于其他企业 公司与合作企业处于同一行业促进了知识转移 公司在进行技术创新投资，但对技术创新的先进性没把握 公司一直能申请并获得新的产品专利 公司是本行业中自主开发、引进新工艺的企业 公司推出的新产品常采用先进的技术 公司能适应其他技术、跟上行业技术更新速度 公司获取某种知识或技术更新速度非常快 公司获取的大多是专业化程度较高的技术或知识 公司的技术水平、科研能力等能领先于其他企业 公司比较了解主要竞争对手的技术发展情况	0.867	0.690
假设 11.5	创新投资（R_2）	公司定期会对研发活动进行投资 公司创造了一个工作环境，适合员工通过示范和实践等方法来学习，理解专家经验和技能 公司的研发投入呈递增趋势 公司的研发经费高于同行平均水平 公司主要开展短期（1~2 年）和中期（3~4 年）研发投资 公司非常注重长期（>4 年）研发投资 公司不惜代价聘用核心技术人才 公司积极引进高学历、高职称的人才 研发成本太高，造成公司不轻易进行技术创新 公司提供了不同的工具和技术来促进知识共享 公司在接受外部技术知识时配备了充足的设备 公司多年来一直给予员工的知识学习和共享提供资金支持 公司多年来定期对其他企业的产品或技术进行详细分析	0.851	0.796

续表

	变量	题项	Cronbach's α	Guttman Split-half
假设 11.5	创新投资收益（I_2）	公司经常开发一些被市场接受的新产品或服务 公司参与制定本行业的技术标准和产品质量标准 公司能在短时间内调整生产的产量 公司在产品创新方面是相当有名的 公司的新产品曾得过创新方面的奖项 公司很少推出和目前产品截然不同的新产品或服务 公司研发的新技术使旧产品重新改良、上市的机会增加 公司新产品成功上市或新技术广泛被应用的机会很高 公司的产品开发与功能设计技术能力较强 公司是本行业中自主开发、引进新工艺的企业 公司很少推出和目前产品截然不同的新产品或服务 公司能适应其他技术、跟上行业技术更新速度	0.867	0.730
假设 11.6	创新投资（R_3）	公司经常进行市场调查研究，以了解顾客需要 我通常要花费很多时间和同事分享工作业务知识 公司在认识到技术、市场变化后，能较快地分析解释变化的原因和趋势 公司整理客户销售、研发和市场竞争地位等资料 公司愿意进行技术创新投资，但缺乏足够的相关信息 公司在进行技术创新投资，但对新产品的市场前景没把握 公司在进行技术创新投资，但对获得市场竞争优势没把握 公司在进行技术创新投资，但对顾客接受时间没把握	0.783	0.817
	创新投资收益（I_3）	公司现有的技术能提升顾客对产品的认同感 公司在产品研制上经常借鉴市场上同类产品特点 公司的新产品或新技术在市场上创造出许多商机 公司绝大多数的利润是来自新开发的产品或服务 公司经常开发一些被市场接受的新产品或服务 公司新产品成功上市或新技术广泛被应用的机会很高 公司研发的新技术使旧产品重新改良、上市的机会增加	0.719	0.785

第 12 章　高技术企业自主创新投资的风险管理

随着我国经济发展进入新常态，经济发展方式正由要素驱动和投资驱动向创新驱动转型，高技术企业的自主创新投资作为创新的前提和基础，为我国发展创新型经济提供了内生动力。近年来，我国的 R&D 投资逐年攀升，2016 年我国 R&D 经费支出为 15 676.7 亿元，比上年增加 1 506.9 亿元，增长 10.6%，增速较上年提高 1.7 个百分点；R&D 经费投入强度（与国内生产总值之比）为 2.11%。[①]据统计，我国规模以上工业企业 R&D 投资强度仅为 0.9%，表明我国企业基础研究投资不足的局面尚未实现根本转变，许多企业期望通过"搭便车"来获取发达国家的科学知识。高技术企业自主创新是创造一系列新知识的过程，具有高度的不确定性，因而自主创新投资具有高风险性，使得高技术企业自主创新在投资时动力不足。如何科学合理地认知自主创新投资风险，成为激发企业创新投资内生动力、提升高技术企业的自主创新水平亟待解决的问题。

高技术企业的技术自主创新是提升企业技术创新水平、增强高技术企业的原始创新能力的不竭源泉。然而，高技术企业自主创新是具有高度不确定性的技术创新活动，许多企业缺乏创新投资动力。本章针对高技术企业自主创新过程中的创新投资风险，基于 R&D 生命周期将高技术企业的自主创新分为基础研究阶段、技术开发阶段、产品设计和工艺创新阶段；同时，结合知识创新理论分析各个阶段的创新投资特征，进而识别出各个创新阶段面临的创新投资风险；在此基础上，运用价值创造理论构建以知识价值投资、使用价值投资、顾客价值投资、社会价值投资为指导的企业创新投资风险管理模型，并为高技术企业规避创新投资风险提出相关的管理建议。

---

① 国家统计局，科学技术部，财政部. 2016 年全国科技经费投入统计公报[EB/OL]. http://www.stats.gov.cn/tjsj/zxfb/201710/t20171009_1540386.html，2017-10-10.

12.1 国内外关于高技术企业自主创新投资风险的研究综述

近年来，国内外理论界关于高技术企业自主创新投资风险的研究主要有三种观点。

1）关于自主创新投资风险体系的研究

苗雨君依据企业的自主创新投资的不同阶段，将企业自主创新投资风险分为技术创新的构思和实施阶段的风险、研发成果的中试和工业化试验过程的风险、研发结果商品化及进入市场阶段的风险①；赵文红和许圆根据企业对风险的承受能力，将企业的自主创新投资风险分为可承受风险和不可承受风险②；刘晓伟将自主创新投资风险分为研发过程固有风险和研发过程意外风险③；Swanepoel 和 Pretorius 为企业的自主创新项目开发了结构化的头脑风暴风险识别方法，引导自主创新团队提高风险管理水平④；Bromiley 等运用企业的 R&D 强度、R&D 支出与传统风险措施的关联来研究投资风险的有效指标，发现 R&D 强度、R&D 支出不适合作为风险指标⑤。

2）关于自主创新投资风险决策模型的研究

谷晓燕等运用实物期权理论分析研发项目寿命期内面临的市场风险、技术风险和突发风险对研发项目潜在现金流的影响，构建了研发项目多阶段评价模型⑥；张俊光和徐振超通过建立研发项目风险期望函数，将贝叶斯风险值作为测度风险大小的工具，建立了一个基于贝叶斯风险决策理论的研发模型⑦；曹博洋和姜明辉利用欧氏复合期权理论与博弈论分析了企业自身和竞争者的自主创新投资决策，建立了相应的研发项目投资决策数学模型，对企业的研发投资时机

---

① 苗雨君. 企业技术创新过程中的风险及其防范策略研究[J]. 科技管理研究，2010，（7）：1-3.

② 赵文红，许圆. 企业研发活动的影响因素及失败原因分析[J]. 科技进步与对策，2011，28（4）：70-74.

③ 刘晓伟. 制造企业新产品开发构思阶段风险评估研究[J]. 技术经济与管理研究，2012，（1）：60-63.

④ Swanepoel E，Pretorius L. A structured approach to risk identification for projects in a research environment[R]. 2015 Portland International Conference on Management of Engineering and Technology，2015.

⑤ Bromiley P，Rau D，Zhang Y. Is R&D risky? [J]. Strategic Management Journal，2017，38（4）：76-891.

⑥ 谷晓燕，何锋，蔡晨. 风险条件下基于实物期权的研发项目多阶段评价模型[J]. 中国管理科学，2011，19（4）：68-75.

⑦ 张俊光，徐振超. 基于贝叶斯风险决策理论的研发项目风险评估方法[J]. 工业技术经济，2012，（12）：66-70.

和决策收益进行评估进而得到企业最优投资决策[①]；Kapoor 和 Klueter 将企业的突破性技术变革行为分为上游研究和下游发展两部分，引入两种偶然性来解释突破性技术的 R&D 投资对产品开发的作用[②]；Peters 等运用德国高技术制造业企业的数据估算自主创新投资的动态模型，研究发现企业的财务实力影响其自主创新投资决策[③]。

3）关于自主创新投资风险和投资绩效关系的研究

Patel 和 Chrisman 采用风险消减模型分析了家族企业如何进行自主创新投资，发现当投资绩效低于期望时家族企业会增加自主创新投资[④]；刘振研究了高管薪酬契约设计对高管人员自主创新投资行为及高管人员自主创新投资行为对公司财务绩效的影响，发现增加公司当期自主创新投资会降低当期财务绩效，但会提高公司未来财务绩效[⑤]；Chen等研究了董事会性别多样性与企业自主创新投资风险的关系，发现女性董事有助于降低自主创新投入与未来投资绩效波动之间的正相关性[⑥]；李伟等研究发现政府给企业的科技投入、政府给科研院所的科技投入和政府给高校的科技投入对企业自主创新投资有杠杆作用，同时良好的知识产权保护能促进企业自主创新投资[⑦]；Amoroso 等基于奈特理论研究风险和不确定性对利润的影响，发现歧义（特定类型的不确定性）对自主创新投资回报有影响[⑧]。

从上述研究现状可以看出，理论界普遍认识到对自主创新投资进行风险管理的重要性和必要性，但是学者们大多将自主创新和自主创新投资看作高技术企业单一的项目管理过程，未意识到企业自主创新投资实际上是一个基于 R&D 生命周期的知识生产、知识整合、知识应用、知识扩散的系统、动态的过程。同时，许多学者主要从经济效益视角来识别企业自主创新投资的风险，忽略了

① 曹博洋，姜明辉. 多种风险下研发项目投资决策博弈分析[J]. 运筹与管理，2015，24（5）：66-74.

② Kapoor R，Klueter T. Decoding the adaptability-rigidity puzzle：evidence from pharmaceutical incumbents' pursuit of gene therapy and monoclonal antibodies [J]. Academy of Management Journal，2015，58（4）：1180-1207.

③ Peters B，Roberts M J，Vuong V A. Dynamic R&D choice and the impact of the firm's financial strength [J]. Economics of Innovation and New Technology，2017，26（1）：134-149.

④ Patel P C，Chrisman J J. Risk abatement as a strategy for R&D investments in family firms [J]. Strategic Management Journal，2014，35（4）：617-627.

⑤ 刘振. 高管薪酬契约设计、研发投资行为与公司财务绩效[J]. 经济与管理研究，2014，（2）：23-31.

⑥ Chen S M，Ni X，Tong J Y. Gender diversity in the boardroom and risk management：a case of R&D investment[J]. Journal of Business Ethics，2016，136（3）：599-621.

⑦ 李伟，余翔，蔡立胜. 政府科技投入、知识产权保护与企业研发投入[J]. 科学学研究，2016，34（3）：357-365.

⑧ Amoroso S，Moncada-Paternò-Castello P，Vezzani A. R&D profitability：the role of risk and knight an uncertainty [J]. Small Business Economics，2017，48（2）：331-343.

高技术企业自主创新投资在技术创新中的其他收益及其风险，如知识创造收益及其风险。

因此，本章结合知识创新理论，剖析高技术企业自主创新投资的特征进而识别创新投资风险，并运用价值创造理论构建高技术企业自主创新投资风险管理模型，以期指导高技术企业增强创新投资风险管理能力。

12.2　基于 R&D 生命周期的自主创新投资特性分析

生命周期理论已被广泛应用于企业技术创新的研究，R&D 生命周期是指企业自主创新投资所处的不同阶段，这里将高技术企业的自主创新分为基础研究阶段、技术开发阶段、产品设计阶段和工艺创新阶段。知识创新是企业在探索、发现新知识的基础上进行技术、产品、流程和服务等知识创造的过程，知识是企业开展自主创新活动的基础。从知识创新的视角看，高技术企业自主创新投资实际上是基于 R&D 生命周期进行的知识生产、知识整合、知识应用、知识扩散的动态过程。在此过程中，高技术企业将积累的明示性知识和默示性知识具体化为新的明示性知识，在明示性知识和默示性知识的不断转化中完成高技术企业自主创新知识的螺旋式上升。因此，高技术企业自主创新投资的每个阶段既是特定知识的形成过程，也是上一阶段发展的自然延续。

1）自主创新投资的基础研究阶段

基础研究是认识自然现象、揭示科学规律，获取新知识、新原理、新方法的研究活动。基础研究阶段是高技术企业自主创新投资的开端。在此阶段，高技术企业内部的研发人员运用已经掌握的明示性知识和默示性知识对前沿知识进行深入研究，以期获取新知识、新原理和新方法。在这一阶段，高技术企业的研发人员需要对前沿知识进行识别、分析、运用和交流，通过头脑风暴、小组讨论、自我反思等方法将头脑中杂乱的默示性知识按照一定的逻辑明晰化，并以科研成果的形式表现出来。高技术企业对基础研究进行投资，能获得支撑高技术企业开展原始创新的原理性知识，这些知识具有很强的超前性，是高技术企业进行原始创新的先导，基础研究阶段的知识创新为技术进步开辟新的方向，给高技术企业带来领先一步的创新能力。

2）自主创新投资的技术开发阶段

技术开发是指高技术企业吸收基础研究阶段获得的最新科研成果，并根据技术规则、收益、可行性等条件对科研成果进行整合，最终开发出高技术企业的新技术的活动。技术开发阶段是高技术企业自主创新投资的关键，并非所有的科研成果都能进行技术开发。所以，在这一阶段高技术企业要根据企业战略和任务对基础研究中的明示性知识进行筛选，筛选后还要结合企业现有技术能力对明示性知识进行逻辑组合，组成一个新的有序的知识系统，从而产生能够符合组织需要的技术开发知识。对技术开发进行自主创新投资，高技术企业能独占发明专利、技术专利以及拥有独特专长的发明创造者，这些知识资源被企业垄断后就成为高技术企业进一步进行知识价值创造的源泉。

3）自主创新投资的产品设计阶段

产品设计是高技术企业运用技术开发知识，并结合高技术企业捕捉到的市场需求、行业变化、竞争现状等知识进行产品创新及产品知识创造的过程。产品设计阶段是高技术企业自主创新投资的重点。在此阶段，高技术企业将已有的明示性知识转化为产品设计理念、服务创新等默示性知识，在这些默示性知识的基础上创造出产品或服务的原型，并进行产品或服务测试，进一步形成明示性知识。对产品设计进行自主创新投资，高技术企业不但可以形成有关整个产品策略、外观、结构、功能的全部知识，而且可以把知识创造者的规划设想以理想的形式表达出来，实现默示性知识的转化，为高技术企业带来巨大的商机和效益。

4）自主创新投资的工艺创新阶段

工艺创新是高技术企业将研究设计的成果进行推广并实现大规模生产的过程。工艺创新阶段是高技术企业自主创新投资的延伸。在这一阶段，产品设计中的明示性知识转化为大规模制造中的生产工艺、操作技能等默示性知识，并且这些默示性知识通过现场学习、观摩实践、在职培训等方式实现了默示性知识的共享和扩散，从而进一步升华为高技术企业中新的默示性知识，新的默示性知识为高技术企业后续自主创新活动奠定了深厚的知识基础，促成新一轮的知识创造。对工艺创新进行投资，能够促进企业内部知识的应用，实现知识价值增值，进而提高企业整体绩效水平。

12.3　基于 R&D 生命周期的自主创新投资风险结构分析

经济学一般都假设投资者是理性的，按照最大效用原则开展投资活动，并且具有风险厌恶的特质，那么高收益低风险的自主创新项目更容易获得投资者的青睐。经济学家从行为金融学的角度研究影响投资者投资行为的因素，发现投资者的投资行为受到主观风险认知的影响[①]。许多企业不愿进行自主创新投资，是因为企业投资决策者认为自主创新是一种高风险低收益甚至是高风险负收益的活动，这说明高技术企业投资决策者在自主创新投资中过分强调短期利益，损失规避心理使其更多地关注损失，而不是自主创新投资给企业带来的机会与收益。其实，在自主创新投资的不同阶段，创新投资风险处于动态的发展变化中。

随着自主创新过程的不断深入，自主创新投资信息的不确定性递减，高技术企业对投资风险的预见和应对能力会逐渐增强；并且自主创新投资是高技术企业一种最为典型的学习行为[②]，自主创新中知识投入递增时，高技术企业的学习成本会逐渐降低。所以，在自主创新投资后期风险损失会逐渐降低，风险收益会逐步提高。因此，自主创新投资风险是高技术企业自主创新投资决策者对自主创新投资各个阶段价值创造的认知风险（图 12.1），具体包括以下几点。

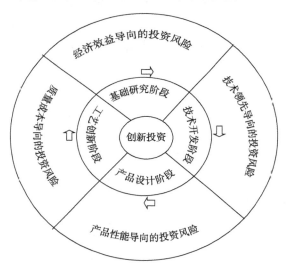

图 12.1　基于 R&D 生命周期的高技术企业自主创新投资风险构成

1）基础研究阶段的自主创新投资风险分析

基础研究阶段获得的知识具有超前性和稀缺性，这一阶段的知识创造需要大量资金的投入且投资周期较长。因此，大多数企业将基础研究视为高风险的知识创造活动，企业对基础研究的刻板印象使得其缺乏投资基础研究的热情，在此阶段形成经济效益导向的投资风险。经济效益导向的投资风险是指高技术企业在基

---

① 舍夫林 H. 超越恐惧和贪婪：行为金融学与投资心理诠释[M]. 贺学会译. 上海：上海财经大学出版社，2005.

② Koussis N，Makrominas M. Growth options，option exercise and firms' systematic risk[J]. Review of Quantitative Finance and Accounting，2015，44（2）：243-267.

础研究阶段只强调自主创新投资在经济效益层面的投资回报，而忽视此阶段除经济效益之外的技术创新收益，如基础研究中创造的新知识、新原理等产生的创新收益，从而在此阶段不进行自主创新投资，导致高技术企业基础研究缺失的风险。基础研究是知识密集型活动，并且持续时间较长、不确定性比较高，高端的研究设备、研究试验以及大量的试错等都需要巨大的资金投入，基础研究成果的非独占性和公共性可能会给高技术企业带来投资损失。鉴于基础研究的高风险及其难以评估性，高技术企业缺乏投资基础研究的内在动力。

2）技术开发阶段的自主创新投资风险分析

技术开发阶段创造的知识具有垄断性和单一性，此阶段的知识以基础研究阶段的知识为依托，冲破了原有的技术开发路径，开始探索新技术的可行性。这些新技术知识不同于企业以往的技术知识，它们不是传统技术的改造和提高，而是前沿科学的产物。在这一阶段，高技术企业在占领高新技术的前沿阵地时会面临技术领先导向的投资风险。技术领先导向的投资风险是指高技术企业在此阶段致力于从基础研究阶段获得的新知识、新原理中开发出先进的技术，但忽视了新技术在未来产品开发中实际性能的实现，从而导致后续新产品开发的可行性降低的风险。在技术开发阶段，高技术企业进行投资时往往依赖技术人员来识别新的潜在机会，技术人员对新机会的识别是建立在他们现有的研究活动之上的，他们不断推动技术朝着高、精、尖方向发展。然而，由于研究开发人员的视野有限，技术开发经常被导向新技术的突破而忽略了技术的落地和使用，导致高技术企业虽然有先进的技术但无法进一步开发出满足市场需求的产品，或者在市场上缺少相关的应用场景。

3）产品设计阶段的自主创新投资风险分析

产品设计阶段获得的知识具有独特性和创新性，这些知识使企业能够捕捉新的市场机遇，甚至创造消费需求。在此阶段，高技术企业过度关注产品的功能创新，可能会面临产品性能导向的投资风险。产品性能导向的投资风险是指高技术企业只强调新产品所带来的功能和质量的改进，忽视了消费者对高技术企业所提供的新产品的价值判断，从而导致新产品得不到消费者认可和接受的风险。新产品虽然在功能和质量上有所改进，但这种改进未必能提高顾客感知价值。根据顾客感知价值理论，顾客感知价值是顾客对高技术企业提供的产品或服务所具有价值的主观认知，是顾客所能感知到的利益与其在获取产品或服务时所付出的成本进行权衡后对产品或服务效用的总体评价[①]。新产品相较于旧产品虽然在一定程度上提高了顾客总价值，但也会增加顾客总成本，如新产品

---

① 赫林森 S. 全球营销精要[M]. 2 版. 许维扬，唐健译. 北京：清华大学出版社，2015.

的附加价值不强而顾客需要为新产品付出更多的货币成本，最终导致消费者感知到的顾客价值降低。

4）工艺创新阶段的自主创新投资风险分析

工艺创新阶段的知识具有重复性和经验性，这些知识使高技术企业能够加快对成熟产品的改进速度和应用能力，重点围绕降低生产成本、提高生产效率进行渐进性创新，然而在这一阶段高技术企业会面临质量成本导向的投资风险。质量成本导向的投资风险是指高技术企业在此阶段的投资只重视提高产品的生产质量、生产效率，注重降低产品生产成本，但忽视了生产过程与生态环境、社会环境之间的关系，从而导致非绿色投资行为的风险。这一阶段的绿色投资需要耗费企业大量资金去购置环保设备或开发节能环保的工艺流程，且高技术企业在此阶段的投资往往较为隐形，大都不为广大利益相关者所知，因而为高技术企业带来的直接经济收益低。高技术企业绿色投资追求的是涵盖经济效益、环境效益和社会效益的综合效益，但结果往往是经济效益低于环境效益和社会效益。因此，高技术企业在工艺创新阶段的环保投入不足，社会责任意识淡薄。

12.4　基于 R&D 生命周期的自主投资风险管理模型构建

个人性格特征和组织文化都会影响对风险的感知（规避、接受风险或寻求冒险的倾向）[①]。尽管高技术企业运用正式的技术（如失效模式和影响分析、潜在问题分析、故障树分析法）能对风险管理起到一定的作用，但是许多来自组织文化层面的更为广泛的信息和支持会比具体的某个工具更为重要。高技术企业的创新投资观念是其投资文化的重要组成部分，树立正确的思维方式，形成长期稳健、高效发展的投资理念，是高技术企业开展自主创新投资活动的前提。从价值创造的视角来看，高技术企业的自主创新投资是一系列价值创造的过程，主要包括知识价值、使用价值、顾客价值和社会价值的创造。因此，在价值投资的投资理念指导下，进一步结合企业业务流程、管理体制，才能使 R&D 生命周期中的创新投资风险得以规避，见图 12.2。

---

① 蒂德 J，贝赞特 J. 创新管理——技术变革、市场变革和组织变革的整合[M]. 4 版. 陈劲译. 北京：中国人民大学出版社，2012.

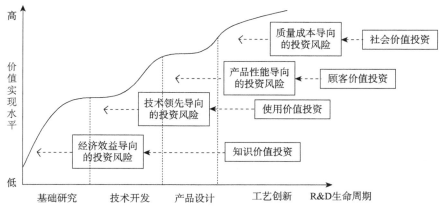

图 12.2　基于 R&D 生命周期的创新投资风险管理模型

12.4.1　基础研究阶段的投资观念：知识价值投资

基础研究的潜在收益是双重的，不仅要看到基础研究的重大突破所带来的技术进步和巨大的经济利润，更要意识到基础研究为高技术企业带来的特有知识，尤其是隐性知识（如在基础研究过程中形成的新的思维方式、创新思想）。一方面，这些知识增强了高技术企业的吸收能力，Cohen 和 Levinthal 指出，企业吸收能力取决于高技术企业自身的自主创新活动获得的基础知识，自主创新活动不仅能产生新知识，还能帮助高技术企业提升吸收能力，而且隐性知识的吸收水平取决于高技术企业吸收能力[①]。

若高技术企业知识吸收能力不足且现有知识存量不够，将无法实现对基础研究的成果充分利用，尤其是其中所包含的隐性知识，而与显性知识相比，隐性知识往往能够为高技术企业的发展做出更持久的贡献，为高技术企业保持长期的竞争优势奠定基础[②]。另一方面，高技术企业将基础研究中积累的知识融入后续自主创新过程中，应用各种新知识解决突破性技术创新中的关键难题，能够大幅度压缩创新的时间和成本，加速新技术的市场开发能力。知识不同于高技术企业的其他资产，随着基础研究投资的增加，高技术企业拥有的知识存量、增量、质量不断增加，且知识具有边际收益递增的特点，因而其更具有长久性、基础性和投资性。

① Cohen W M，Levinthal D A. Absorptive capacity：a new perspective on learning and innovation[J]. Administrative Science Quarterly，1990，35（1）：128-152.

② Pavitt K. Public policies to support basic research：what can the rest of the world learn from US theory and practice（and what they should not learn）[J]. Industrial and Corporate Change，2001，10（3）：761-779.

高技术企业在基础研究阶段的知识价值投资在华为集团的自主创新投资实践中得到验证。华为作为全球领先的信息与通信技术解决方案供应商，拥有超前的知识价值投资观念，2016 年华为创新研究计划（Huawei Innovation Research Program，HIRP）资助超过 200 个创新研究项目。华为通过资助数学、物理、化学等基础理论的研究，探索理论突破对 ICT（information and communication technology，信息和通信技术）行业技术发展的重大创新。例如，与全球物理学家，包括诺贝尔物理学奖得主及其团队在内的众多学者合作，在下一代新型存储系统和介质的关键技术领域，一起推动器件建模仿真和新存储器接口协议应用等在学术界的技术进步，并在系统软硬件层面实现了新介质应用成本和寿命的突破，提升了华为在下一代新型存储系统领域的技术地位。由于重视对基础研究的投资，截至 2016 年 12 月 31 日，华为累计获得专利授权 62 519 件，其中 90%以上为发明专利[①]。正是因为华为公司重视对基础研究的知识价值投资，才使得其能够持续地为客户和全社会创造价值。

12.4.2　技术开发阶段的投资观念：使用价值投资

高技术企业的自主创新从新技术的开发到新产品的诞生会面临一系列的不确定事件，先进的技术未必能被后续的产品开发所采用。一方面，新技术可以开发出多个产品，而成功的新产品开发必须关注市场需求变化、关注多种知识来源，更多地依赖与创新相关的不同创新主体的相互作用、彼此竞争和共同学习，而非依赖于单纯的技术进步。在此阶段，高技术企业树立使用价值投资观念，才能实现技术开发和产品开发的互动，才能将新技术顺利地应用于新产品开发中。另一方面，技术的不断深化会阻碍多种技术的融合以及企业中跨部门合作的联动，而有些新产品的开发需要多项技术的综合运用才能成功，树立使用价值投资观念才能防止高技术企业在此阶段片面追求技术领先的做法，才能利用好创新技术并从中分辨出真正有使用价值的技术。

一些高技术企业由于在技术开发阶段忽略了使用价值投资而遭受毁灭性打击。曾经盛极一时的摩托罗拉正是由于在技术开发时忽视了使用价值投资，导致新技术无法开发出成功的新产品，为其后的衰败埋下了伏笔。20 世纪，摩托罗拉公司的铱星移动通信技术突破了星间链路等关键技术问题，成为当时世界上拥有最先进的移动通信技术的公司。但当摩托罗拉公司将卫星移动通信技术投入使用时却发现普通数字移动通信技术已经完全占领了市场，基于铱星移动

---

① 蒋均牧. 华为 5216 亿年收入背后：厚积薄发追求有质量增长 以全云化加速数字化转型[EB/OL].
http://www.c114.net/news/22/c18483.html，2017-03-31.

通信系统开发的卫星移动电话无法形成稳定的顾客群。摩托罗拉公司自恃技术先进，忽视了市场潜量和消费者的购买能力，低估了其他竞争技术在市场上的地位，结果导致开发的技术毫无使用价值。在公司巨额亏损的情况下，摩托罗拉宣布终止铱星服务。虽然铱星通信技术代表了未来通信技术发展的方向，摩托罗拉公司凭借该技术建立了当时全球最大的无线通信系统，但最终没有得到市场的认可[①]。

12.4.3　产品设计阶段的投资观念：顾客价值投资

随着消费者需求日趋多样化，高技术企业理解顾客需求、确认市场趋势成为产品设计阶段不可或缺的环节。设计产品的目的并非仅重视产品的功能和质量，还要考虑产品是不是顾客真正想要的，是不是能提高顾客的感知价值。消费者感知到的顾客价值越高，就会对消费过程越满意，就越容易表现出重复购买、交叉购买等忠诚行为；反之，则会招致他们的不满、抱怨乃至于转移到竞争对手一方[②]。高技术企业光靠产品质量是无法传递优异的顾客感知价值的，必须持续与顾客互动，了解其偏好，识别顾客价值的关键驱动因素及其动态变化，并找出对顾客来说最重要的价值领域。因此，高技术企业需要树立顾客价值投资观念，重视顾客在产品设计阶段的参与，才能清楚地知道顾客在购买产品时是如何考虑得失并进行选择的，才能理解哪些是关键的顾客价值驱动因素，从而有针对性地提高顾客购买总价值，降低顾客购买总成本。

海尔集团的成功印证了在产品设计阶段坚持顾客价值投资才能使高技术企业在此阶段避免陷入产品性能导向的投资风险。海尔之所以能持续不断地创造令消费者满意的产品，不仅仅是因为其产品具有过硬的质量和良好的性能，更与其在产品设计阶段坚持顾客价值投资分不开。海尔通过 HOPE（Haier open partnership ecosystem）平台实现了与消费者的即时互动[③]，其产品天樽空调就是一款消费者与海尔的产品设计师全流程交互的作品。该产品实现了顾客感知价值最大化，满足了消费者希望空调可以"微信操控告别遥控器""吹送自然风避免空调病""更美观作为家具装饰品"等要求。因此，这款空调在上市当日就以 20 000元/台的价格在网上售出 1 228 套，创下空调线上销售史中单价最高、销售最快、销量最大的多重纪录。

① 曹细玉，覃艳华. 陨落的铱星带给我国高新技术投资的思考[J]. 华东经济管理，2001，15（1）：63-64.

② 张新安. 中国消费者的顾客价值形成机制：以手机为对象的实证研究[J]. 管理世界，2010，（1）：107-121.

③ 余菲菲，燕蕾. 创新社区中用户创新的创新效应及意见探究：以海尔 HOPE 创新平台为例[J]. 科学学与科学技术管理，2017，38（2）：55-67.

12.4.4　工艺创新阶段的投资观念：社会价值投资

当前全球经济发展逐步呈现典型的高碳特征，随着环境问题日益恶化，越来越多的企业开始实施绿色创新[①]，若高技术企业仅以质量和成本为导向，将会忽略生产原料和制造过程带来的环境污染问题。同时，消费环保主义在世界范围内日渐流行，越来越多消费者更愿意关注绿色产品[②]，绿色产品不仅是指产品本身无环境污染、可回收利用，还强调产品在生产过程中能实现清洁生产，即省能、节料、无废的物资循环型生产。随着公众环保意识的提高，消费者对那些高耗能的产品会产生抵触心理。

因此，高技术企业在工艺创新阶段不仅要保证产品的质量和成本，也应该遵循生态原理选用环保的原料，采用节能的生产流程，自觉履行社会责任。若高技术企业忽视资源节约和环境保护，将面临剧增的资源瓶颈约束，高昂的环境治理费用，最终会导致高技术企业利润增长速度减慢。树立社会价值投资观念，不仅能提升高技术企业的社会形象，还能为高技术企业带来可持续发展。

苹果公司在工艺创新阶段的自主创新投资践行了社会价值投资理念。苹果公司坚信真正的技术自主创新过程必须兼顾方方面面，尤其是在进行工艺创新时坚持社会价值投资。例如，苹果公司与 The Conservation Fund 携手创新合作共同培育和保护可持续作业的森林种类，用于制造其产品包装用纸；同时，为了采用来源更清洁的能源，苹果公司开发了可再生微型水电项目，为其位于美国俄勒冈州普莱恩维尔的数据中心供电；除此之外，为了减少生产过程中有毒有害物质的排放，苹果公司实施了"Clean Water Program"项目；帮助苹果公司的供应商的工厂进行废水检测和处理[③]。苹果公司坚持社会价值投资，积极履行社会责任，最终实现了经济、社会、环境的三重盈余。

12.5　管理启示

在经济全球化与知识经济迅猛发展的背景下，R&D 成为高技术企业生产与发展的根本动力，同时也是实现高技术企业可持续发展的根本保障。随着科学技术

---

① Chen Y S. Green organizational identity：sources and consequence[J]. Management Decision，2011，49（3）：384-404.

② Chen Y S，Chang C H. Enhance green purchase intentions：the roles of green perceived value，green perceived risk，and green trust[J]. Management Decision，2012，50（3）：502-520.

③ 孙聪颖. 苹果的三次升级[N]. 中国经营报，2016-01-18，C05.

的日益进步，高技术企业在技术创新过程中不断遇到新的壁垒和瓶颈，对自主创新投资的依赖性表现得越来越明显。本章运用知识创新理论重新认识高技术企业 R&D 生命周期，从知识创造的视角看，高技术企业的自主创新投资经历了基础研究阶段、技术开发阶段、产品设计阶段和工艺创新阶段的知识生产、知识整合、知识应用、知识扩散过程。

在这些阶段，高技术企业投资决策者风险认知的偏差给四个阶段的投资带来了不同的风险，分别是经济效益导向的投资风险、技术领先导向的投资风险、产品性能导向的投资风险和质量成本导向的投资风险。根据价值创造理论，高技术企业在创新投资过程中可运用知识价值投资、使用价值投资、顾客价值投资和社会价值投资来指导 R&D 各个阶段的自主创新投资，形成基于 R&D 生命周期的创新投资风险管理体系。基于以上研究，对高技术企业的自主创新投资提出以下几点建议。

（1）现代企业在自主创新管理中应确立价值投资理念。自主创新不仅是一个资源投入的过程，也是一个价值创造的过程。高技术企业在进行创新投资时不能仅注重投资回报率，更应从长远的战略高度把握创新投资的复杂多变。

（2）高技术企业的自主创新投资应注重R&D的周期性动态优化。在R&D生命周期的演进中，高技术企业会面临自主创新投资风险的周期性波动，遭遇自主创新投资瓶颈。高技术企业应根据 R&D 的周期性动态演化把握其投资风险的变化规律。

（3）高技术企业应树立权变的价值投资理念规避各阶段投资风险。在自主创新过程中，高技术企业会面临不同的组织内外部环境，应根据自主创新投资所处的不同阶段，分别确立知识价值投资理念、使用价值投资理念、顾客价值投资理念和社会价值投资理念。

（4）高技术企业应关注复杂系统下自主创新管理及其创新投资风险的叠加与交叉。在高技术企业实践中，自主创新并非完全是基于其生命周期按部就班进行的，此时各阶段创新投资风险具有较高的模糊性，甚至会发生交叉融合，派生出新的投资风险。所以，高技术企业应适时变革管理制度、创新组织结构。

由于本章构建的高技术企业自主创新投资风险管理模型仅停留在理论分析层面，因此在今后的研究中将运用系统动力学、博弈论、风险价值等理论和技术，进一步探究有关自主创新投资的风险管理模式，从而建立起可量化的创新投资风险管理体系。

后　记

　　作为一项探索性研究，本书对高技术企业的自主创新能力、创新风险与创新投资关系进行了系列研究，这些研究是我们科研团队长期从事高技术企业自主创新管理研究成果积累而成的。本书的写作受到国内外许多专家和学者的管理思想的启发，在此谨向对本书研究和写作提供研究素材的专家和学者、企业和科研机构致以衷心感谢！

　　本书系国家自然科学基金项目"高技术企业自主创新的风险传递、公众风险认知和创新投资关系研究"（项目批准号：71372181）和江苏省社会科学基金重点项目"江苏高新技术企业突破性创新的动力机制研究"（项目批准号：18EYA002）的相关研究成果，并获得这些科研项目的资助，在此向国家自然科学基金委员会致以最诚挚的谢意！

　　在本书的研究和写作过程中，我们的研究生为此收集了丰富的研究资料，并开展了系列研究。这些研究生主要有曹彬彬、杨云涵、胡荣、宋丹丹、张迪、杜慧、来顺玲、赵圆圆等同学，在此感谢他们为本书写作的辛勤付出！

　　特别感谢科学出版社的编辑对本书的出版给予的热心指导和大力支持。

　　由于笔者的研究水平有限，书中难免有不足之处，敬请专家和学者批评指正！

著　者

2019 年 9 月 10 日